論語

存在正道平解

下卷

譚家哲

責任編輯 胡瑞倩
裝幀設計 麥梓淇
排　　版 肖　霞
印　　務 龍寶祺

論語・存在正道平解（下）

作　者 譚家哲
出　版 商務印書館（香港）有限公司
香港筲箕灣耀興道三號東滙廣場八樓
http://www.commercialpress.com.hk
發　行 香港聯合書刊物流有限公司
香港新界荃灣德士古道二二〇至二四八號荃灣工業中心十六樓
印　刷 中華商務彩色印刷有限公司
香港新界大埔汀麗路三十六號中華商務印刷大廈
版　次 二〇二三年十一月第一版第一次印刷

ISBN 978 962 07 4686 4
Printed in Hong Kong

下卷目次

鄉黨

平居之道

平居道理主要有四方面：儀容容色、衣服、食事、行（事情行作之重視與應變）。縱使只與物事有關，生活仍須有其理性與人性，故與義與禮有關。由〈鄉黨〉，故見生活之微。

〈鄉黨〉沒有對「住」作說明。「住」由貧富而有所差異、亦受環境制約非能自主。其道理主要為「居敬」與「居簡」，前者與富裕有關、後者則境況一般時。【見〈雍也〉】。因「君子食無求飽，居無求安」〈學而〉、「士而懷居，不足以為士矣」〈憲問〉，故實不宜對「住」考慮。

〈鄉黨〉之分組主題如下：

一、儀容與容色之道（一至五句）

二、服飾之道（六至八句）

三、食事之道（九至十四句）

四、事情應對之道（十五至三十二句）

*

儀容與容色

人在他人前，首先亦儀容容色而已。儀容容色非只外表，從中更見人內心態度。面容非只「他者」之顯示，更先為一己對向世界與他人時心態。儀容容色故首先應從這樣意義解，為人對向外在時心況之表現：人之存在姿態。

一般言，人唯以衣、食、住、行為平居；然與物品無關之儀容容色實更為重要，人與人態度首見於此（「色」）。人對人多「難色」，故「色思溫」〈季氏〉、「易色」〈學而〉為正。此外，色亦可有偽，如「巧言令色」〈學而〉〈陽貨〉、「色厲而內荏」〈陽貨〉、「色取仁而行違」〈顏淵〉等便是。

一、孔子於鄉黨，恂恂如也（溫恭），似不能言者。其在宗廟朝廷，便便言（言語明白流暢），唯謹爾。

〔儀容容色之道有四。一：在外處所與端正場合〕

「孔子於鄉黨」與「其在宗廟朝廷」表出孔子在外一般處所與在端正場合時，二者均對向他人，故非如燕居，後者亦：「子之燕居，申申如也，夭夭如也」【身心舒展和悅】，及心境「坦蕩蕩」〈述而〉而已。

「似不能言者」言孔子於外，縱使未能融入對方世界與心況，仍不以自我姿態自居，或對不如己者低貶。孔子故仍盡其溫恭：「恂恂如也」。而一旦處於熟識熟習環境，如在宗廟朝廷，孔子即「便便言」：言語明白流暢；然始終仍有所謹慎。

二、朝，與下大夫言，侃侃如也（和樂）；與上大夫言，誾誾如也（中正、亦作和敬而諍之意）。君在，踧踖如也（恭敬），與與如也。

三、君召使擯（接待賓客），色勃如也（變色起敬），足躩如也（速行）。揖所與立，左右手（與賓辭問轉身相揖，左則移手向左、右則移手向右），衣前後，襜如也（迴旋左右而衣有儀容；襜，動也）。趨進，翼如也（趨進之速如鳥翔舒翼）。賓退，必復命，曰：賓不顧矣。

〔儀容容色之道有四。二：恭敬姿態〕

有關恭敬姿態，〈鄉黨〉藉由「與下大夫言」、「與上大夫言」、「君在」、及「君召使擯」幾種情況表達。恭敬姿態有多種：對上時中正、對下時和樂、對君則隨行應對、迎賓則莊重敏捷、禮問相揖時衣左右迴旋而仍整齊、趨進之速袖如鳥翼般舒展、賓退復命以告以為己任；如是種種，亦本於恭敬而已。

四、入公門，鞠躬如也，如不容（如門狹不見容）。立不中門，行不履閾（門檻）。過位，色勃如也，足躩如也（過君位，變色起敬而速行，君不在仍然），其言似不足者（漸近君故而言語細下似不足之狀）。攝齊升堂（摳提裳前為妨履輟行），鞠躬如也，屏氣似不息者（屏氣如無息者）。出，降一等，逞顏色，怡怡如也（下堂出降一等而氣申，顏色亦呈怡悅）。沒階，趨進，翼如也。復其位，踧踖如也。

〔儀容容色之道有四。三：「入公門」：處最嚴肅處、見最高位之人〕

入君門鞠躬如門狹不能容身、不立於中如擋君之行、不踐踏門檻以出入、過位容貌莊重而行動敏捷、近君前語細似言不足、升堂攝提裳前以妨履行受絆、鞠躬至如憋氣無息、下堂一階顏色回復怡悅、至平地步履復速袖如鳥翔舒展、復位仍然恭敬……，對至尊者之漸近及遠去過程如此。如此禮敬，實人類恆久，非獨孔子。禮恭敬姿態，故非由於個人，更有其自然懿美在，此儀禮所由出。

五、執圭，鞠躬如也，如不勝（執持君之圭聘問鄰國，圭雖輕然曲身如己不勝其重）。上如揖（取玉上授與人時俯身如揖），趨如授（授時如趨）。勃如戰色，足踧踧如有循（舉玉行時變色如有戰，不敢廣步速進，足前如有緣循）。享禮，有容色（聘後獻物之禮敬事稍輕，故有容貌采章）。私覿，愉愉如也（公禮已竟，別日私見非公，故容儀自若而和悅）。

〔儀容容色之道有四。四：「執圭」：代表君為主者時之姿態〕

作為主者，人姿態多自居自大或自我而不恭。人多以為對尊者尊敬有所卑微，然不知作為尊者亦須謙下，故除「事君盡禮」外，「君使臣（亦須）以禮」〈八佾〉。恭敬與是否卑微實無關。〈鄉黨〉故以孔子為例，說明主者應有之恭敬，其描述如下：持着君圭鞠躬至如圭重不勝舉之狀、取玉上授與人時如揖、其授時心專注如疾行、【「趨如授」即《儀禮．聘禮．記》「上介執圭，如重，授賓。賓入門，皇；升堂，讓；將授，志趨」之「志趨」，言授時精神專注而小步疾行】、色敬如有戰、步細如有循。以上為於聘禮時所表示尊敬。

至於聘禮後之享禮，容顏可改其戰色，復至如有容。於私下時，容色更可和悅而愉快。

從以上可見，容貌態度主要亦從恭敬言而已，問題因而只是：敬謹至何程度、敬意是否真誠、是否仍有自我之態……，容貌問題實如此而已。舉鄉黨、宗廟朝廷、君召使擯、入君門或升堂時、聘禮享禮等時刻，因如是場合，實已盡儀容敬謹之時刻。

如我們所說，恭敬非只下對上之事，縱使居上，仍須有敬，故《論語》有：「臨之（民）以莊則敬」〈為政〉、「為禮不敬，臨喪不哀，吾何以觀之哉」〈八佾〉。

萊維納斯從「承受他者」言面容，孔子相反，容色於恭敬時無我，有我時仍只怡怡、愉愉而無所壓迫，如是仍是一種恭敬。

儀容容色雖一如「面孔」似只為表面，然多麼是人棲居於世時所首先者；人對人所顯態度，在一般衣食住行外，仍多麼重要而根本，此中國以禮立國首先原因。

*

服飾

衣服之道有三方面：美觀與恰當性、實用性、及禮與衣物之意義。

六、君子不以紺（玄為齋服色）緅（淺絳為喪服色）飾（衣之領袖緣），紅紫不以為褻服（私褻之服，非正衣）。當暑，袗絺綌（葛），必表而出之（外出加上衣）。緇衣羔裘，素衣麑裘，黃衣狐裘（中與外之服色相稱：黑配黑、白配白、黃配黃）。

〔服飾之道有三。一：美觀與恰當性〕

服飾之美感與恰當性有關，非服飾自身之事。如以齋喪服色為衣飾，縱使僅為領袖緣，其不恰當仍然，故與美感無關。又如紅紫非不美，然作為家居服則不宜，過於鮮豔奪目故。從恰當性言美感，故有不及與太過之失，美如是仍有中庸之必須。美與不美，實往往由此。除美觀視乎恰當性外，恰當性亦應有美感考慮。如暑熱時單服，若外出，仍須加有上衣，此觀感之恰當性。若是視朝、喪、祭等情況，更須考慮衣服配搭之美感。裘與衣或黑配黑、白配白、黃配黃，使衣色不致駁雜。

作為總結，衣服之美感，在飾與色外，更先在是否恭敬，此暑熱外出仍加衣之原因。以上為服飾觀感與美觀問題。

七、褻裘長，短右袂。必有寢衣，長一身有半。狐貉之厚以居。

〔服飾之道有三。二：實用性〕

衣物之使用性有二：求溫與求便利。前者為衣物之主要功能，後者為衣物與使用環境之配合。

「褻裘長」，為使居家時溫暖能覆蓋全身；「短右袂」，為使行作便利。二者均見物之理性。強調「必有寢衣，長一身有半」及「狐貉之厚以居」，一使寢被覆蓋有餘，不因輾轉而露體；二因室居少動，對老弱者須以厚保溫，其考慮在人、非為物之貴重而求節省。【狐貉貴重，見「衣敝緼袍，與衣狐貉者立，而不恥者」〈子罕〉】。《論語》其人性如此。

八、去喪無所不佩。非帷裳必殺之（裁剪）。羔裘玄冠不以弔（吉凶異服故不以弔）。吉月（月朔），必朝服而朝。齊，必有明衣布（齋不用常浴布）。

〔服飾之道有三。三：禮與衣物之意義〕

衣服之禮或意義，多為人忽略。然因為外表、為人與人交接所首先表示，雖僅為物，然實形同禮。「去喪無所不佩」：玉為德或文德表徵，佩玉其意義重大，為對向人而首示者，故唯有喪或遇凶荒之時始不佩而已。「非帷裳必殺之」：若非朝祭服（帷裳）、若非因與禮制有關，一般衣裳若能裁切即裁切（「殺」：斜殺），求為減省。禮若只制度，仍應考慮其實際，此所以孔子說：「麻冕禮也。今也純，儉，吾從眾」〈子罕〉。

「羔裘玄冠不以弔」：不以朝服行於大斂；吉喪有別，哀死故不以朝服弔，衣服之義不能亂故。「吉月，必朝服而朝」：禮服非只吉喪有別，亦有其特殊意義。告朔之禮雖不再，孔子其朝服依然，求為以服喚醒告朔之禮故。亦參考〈八佾〉：「子貢欲去告朔之餼羊。子曰：賜也，爾愛其羊，我愛其禮」。「吉月，必朝服而朝」句故非言朝服之禮；因其禮已去，所言故只朝服之意義而已。

「齊，必有明衣布」：浴衣雖似與禮無關、只為潔淨而用，然仍可為自身心之體現，如於齋時示特殊敬意，以別於常浴布以表其誠敬之心，此服所有特殊甚至個人意義。如是，服非只對人，對己亦可有如禮般意義。

*

食事

食事之道有六：一、食色作為欲望；二、衛生；三、烹飪之重視；四、食事之樂與自律；五、食與健康；六、食事之禮。

九、齊必變食，居必遷坐。食不厭精，膾不厭細。

〔食事之道有六。一：食、色作為欲望〕

食、色往往落為人類欲望之體現，而其節制，即「齋」所有意義。「齋」意為欲望之淨化，提醒人對潔淨與不宜過度之自覺，此於齋中變食之原因。齋之變食，或針對蔥韭薤蒜等臭菜，為古代不茹葷之意；或言不食肉、不飲酒。孔子對肉與酒非不無所好，變食更應從此言。

至於「居必遷坐」，因自天子至於士，其常居在燕寢，唯齋與疾始居正寢，「居必遷坐」指此。《禮記・月令》每提及君子齋戒均言：「君子齋戒，處必掩身，毋躁；止聲色，毋或進；薄滋味，毋致和；節耆欲，定心氣」、「君子齋戒，處必掩身，身欲寧，去聲色，禁耆慾，安形性，事欲靜一」；黃式三《論語後案》引金鶚《求古錄禮說》：「古人將祭必齋。齋者，致精明以交鬼神也。故君子之齋，沐浴以潔其身，嚴肅以澄其心，不御內，不聽樂，居必遷於外寢，服必明衣玄端，皆所以致其精明。而味之濁者足以亂我清明之氣，亦必戒之，故《論語》云『齋必變食』也」。「齊必變食，居必遷坐」所言，故明對向食、色二事，使知對欲望應有節制態度、知潔淨之義。

「食不厭精，膾不厭細」更單純針對「食」言；「厭」為「饜」，指欲望之滿足飽足。食膾故不應求精細，以此為滿足。故孔子「飯疏食、飲水，曲肱而枕之，樂亦在其中矣」〈述而〉。「君子食無求飽」〈學而〉，是不可能有對食事求其精細之道理的。

十、食饐而餲，魚餒而肉敗不食。色惡不食，臭惡不食。失飪不食。不時不食。

〔食事之道有六。二：衛生〕

經久而腐臭（饐）、而味惡（餲）；臭壞（餒）而肉敗；一言蔽之，色惡、臭惡均不食，此為食事衛生常識。

「失飪不食」：烹煮未熟或過熟（失飪）不食。

「不時不食」：非其時節當有者不食，此可能與食物保存困難有關。

十一、割不正不食，不得其醬不食。

〔食事之道有六。三：烹飪之重視〕

雖不過求精細，然烹煮亦不能任意隨便。「割不正」或不以正確方法烹煮者（「不得其醬」），不宜食用。若隨便烹煮，更未知其是否潔淨，故不食。

十二、肉雖多，不使勝食氣。唯酒無量，不及亂。

〔食事之道有六。四：食事之樂與自律〕

食事始終為樂。《論語》亦曾記說：「子在齊聞〈韶〉，三月不知肉味。曰：不圖為樂之至於斯也」〈述而〉。縱使只「飯疏食、飲水」〈述而〉，孔子仍以樂形容（「樂亦在其中矣」）。

食而有樂，莫過於肉多而酒無量。然「樂而不淫」，對食事其樂故仍須節制：一在「不使勝食氣」、另一在「不及亂」：不因肉之美味而勝於他食、不因酒之無量而致亂。「唯酒」之「唯」，因酒非食，可無量計，故「唯」；食無法言無量故。

十三、沽酒市脯不食。不撤薑食。不多食。祭於公，不宿肉。祭肉不出三日，出三日不食之矣。

〔食事之道有六。五：食與健康〕

於衛生或處理外，食事仍有與健康有關問題。此有四：一、重視其來源出處、防食物之有害；二、縱使非喜好，仍不撤有益之食物；三、不多亦不暴食；四、注重食物之時限與情況。

「沽酒市脯不食」：酒可偽造、肉可不潔，故不買而食用。此我們今日更是明白。【「沽」仍應解為「買」，見〈子罕〉：「有美玉於斯，韞匵而藏諸？求善賈而沽諸？子曰：沽之哉。我待賈者也」】。

薑雖辛辣，然因有益，故不去。

食應有時、有量，不宜過、亦不宜多。

祭若在外，肉不過宿。若為自家祭肉，出三日仍不食。肉食保存對健康之損害須慎。

十四、食不語，寢不言。雖疏食、菜羹，必祭，必齊如也。

〔食事之道有六。六：食事之禮〕

食雖為樂、為飽足，然仍有禮在：一為食宜專注，睡宜安靜。言語動心，故宜少，更不承興喧鬧。其二為：縱使只蔬食菜湯，心應存敬與感謝，仍先祭，如齋時那樣。

*

事情應對之道：重視之態度與應變

一、事情之「總原則」

二、對事情「所需」之重視

三、對事情「所託付人」之重視
四、對事情「真實性」之重視
五、對事物「價值重要性」之重視
六、對事情「必須性」之重視
七、對事情「變通性」之重視
八、對「份位」之尊重
九、對事情「責任性」或迫切性之重視
十、對事情「禮」之尊重
十一、對「義」之尊重
十二、對「事物意義」之尊重
十三、對情況「突發性」之警惕
十四、對情況「平常性」之順隨
十五、對情況「特殊性」之反應
十六、對情況「異常性」之應對

十七、對「環境狀況」異常性之應對

十八、對「時令」轉變之察知

衣食住行，「行」事多複雜，所涉面相最廣：如所需、所託付之人、事之真實性與價值性、其必須性與變通性、其份位性與迫切性、其禮與義、事物之意義；甚至，事亦有平常性、突發性、特殊性、異常性等情況，更有環境狀況與時令變化之關注必須。此所以事情須有應對之道。此外，事所可能對向之人亦多樣：鄉人、平素一般交接之人、君或居上者、朋友、情況特殊之人等（如齊衰者、絻者、瞽者、凶服者、負版者）。

從〈鄉黨〉本組詞語中，更見事情所有層面與開展性：「鄉人飲」「鄉人儺」、「拜而送之」「拜而受之」、「君賜食」「君賜腥」「君賜牲」、「侍食於君」「君視」「君命召」、「朋友死」「朋友之饋」、「寢不尸」「居不容」、「雖狎必變」「雖褻必以貌」、「式之」「式」、「必變色」「必變」，如是由鄉人至一般人、由君至朋友甚至情況特殊人物、由平常之拜至變色變貌……，如是種種事情應對之變化，見《論語》編訂之精微，其對「行」之透徹。

十五、席不正不坐。

〔對事情應對之道有十八。一：事情之「總原則」〕

行作處事之總原則，亦「席不正不坐」而已：盡整齊有序、簡潔俐落。此「整理」所以極重要，從物至心仍然。處事混亂而無序，無以為能力之真實。

十六、鄉人飲酒，杖者出，斯出矣。鄉人獻，朝服而立於阼階。

〔對事情應對之道有十八。二：對事情「所需」之重視〕

縱使只為鄉人，其重視仍可至如：其飲如一己之飲、其獻如一己之獻。事非必與己有關始為重要。「鄉人飲酒」與「鄉人獻」作為事雖最與己無關、亦似無所必需，然其中仍可有「杖者出，斯出矣」道義之必須；若如孔子之更為大夫，則有「朝服而立於阼階」從旁參與恭敬之必需。

若如傳統解釋以孔子因為主祭者故「朝服而立於阼階」，《論語》何須特言「朝服」？若為鄉飲酒禮（「黨正蜡祭飲酒」），《論語》則何須言「鄉人飲」？又：「獻」言物事祭獻，於〈八佾〉故對比「文」而言「文」「獻」。孔安國好鬼神、好言命故讀為「儺」，以為逐疫鬼之祭祀。故更擅改〈述而〉之「亦」為「《易》」。然孔子「不語怪、力、亂、神」〈述而〉。

十七、問人於他邦，再拜而送之。

〔對事情應對之道有十八。三：對事情「所託付人」之重視〕

事亦有必求人、有需人幫助之時，人與人故非只與鄉人般關係而已。人求於人有二：或為事、或為物。「問人於他邦」：人求於人之事，可完全與物無關。而對所託付之人，「再拜而送之」，如是重視與恭敬，道理明白而平常。然仍須注意：於此不能再論身份地位。

十八、康子饋藥，拜而受之，曰：丘未達，不敢嘗。

〔對事情應對之道有十八。四：對事情「真實性」之重視〕

「康子饋藥」所言向度，有上與下、授與受、物之價格與價值、及知與不知等差異性。然有關物事真實性問題，不能因對方為上位者、為饋贈、為在價格外更有價值意義等而妄顧其事之真實性。舉饋藥為例，既因饋藥似有善意、亦因藥物至為必需，然正因藥物若有所未知時，其害至大，故其真實性問題凌駕一切其他考慮，此所以孔子仍說：「丘未達，不敢嘗」。對如藥物之饋贈，其不知，故「不敢嘗」；然對其善意，仍須「拜而受之」。

「丘未達，不敢嘗」仍可有別意，如孔子應對陽貨那樣。【見〈陽貨〉首句】。季康子未為有道之人，「饋藥」之善意可只表面，此所以孔子回答：「丘未達，不敢嘗」。【有關季康子，見：「季康子患盜，問於孔子。孔子對曰：苟子之不欲，雖賞之不竊」〈顏淵〉、「季康子問政於孔子曰：如殺無道以就有道，何如？孔子對曰：子為政，焉用殺？子欲善而民善矣。君子之德，風；小人之德，草；草上之風必偃」〈顏淵〉、「子言衛靈公之無道也。康子曰：夫如是，奚而不喪？」〈憲問〉】。

十九、廄焚。子退朝，曰：傷人乎？不問馬。

〔對事情應對之道有十八。五：對事物「價值重要性」之重視〕

除真實性外，事物亦有價值性問題。《論語》刻意舉「廄焚」，因所涉馬亦為生命。子貢便「欲去告朔之餼羊」，對餼羊之生命有所惜。然孔子仍說：「賜也，爾愛其羊，我愛其禮」〈八佾〉。事物間價值，始終有先後重要性差異；縱使同為生命，仍應以人之生命為先。【又：非孔子不愛惜生命，只告朔之餼羊意義重大而已，畢竟，若非為祭獻，羊仍為人食而終有一死】。

於災難時，人人知價值之先後，知人生命之重要，然於平素，人所重視，唯自身財物而已、非人或他人。此人所以仍應反省者。

二十、君賜食，必正席先嘗之。君賜腥，必熟而薦之。君賜牲，必畜之。

〔對事情應對之道有十八。六：對事情「必須性」之重視〕

事物作為事物有一定必須性。縱使所對為君賞賜，仍應如實地考慮物之必須性而行。故若為「食」（熟食）則「先嘗」、若為「腥」則「必熟」、若為「牲」（活口）則「畜之」。三者之「必」，由於物而已，非由於君。縱使所對為先祖仍然，故「必熟」而後始「薦之」。

二十一、侍食於君，君祭先飯。

〔對事情應對之道有十八。七：對事情「變通性」之重視〕

事除必須性外，亦須講求變通性。「侍食於君」雖重要，然「飯」（自身之飯食）亦同樣重要。若能二者兼顧，仍應知變通地行。故於「君祭」之空隙，能「先飯」仍應「先飯」。《論語》所言明為「侍食」，非作客；明為「飯」，亦非為膳宰之嚐食。《論語》「辭達而已矣」〈衛靈公〉。傳統解釋非是。

於孟子眼中，孔子因知變通，故為「聖之時者」：「可以速而速，可以久而久，可以處而處，可以仕而仕，孔子也」〈萬章下〉。《論語》亦記：「子絕四：毋意、毋必、毋固、毋我」〈子罕〉。

二十二、疾，君視之。東首，加朝服拖紳。

〔對事情應對之道有十八。八：對「份位」之尊重〕

事所涉若單純為人、與物無關，其中份位差異將為決定因素。舉「疾」與「君視之」這兩情況言，若非至不能動彈地步，因來探視者為君，故仍須盡禮以對，此「君視之。東首，加朝服拖紳」所言。我們可設想，若來拜訪者絲毫無誠，那相反，可以疾辭見，如孔子對孺悲：「孺悲欲見孔子，孔子辭以疾」〈陽貨〉。陽貨亦然：「陽貨欲見孔子，孔子不見，歸孔子豚。孔子時其亡也而往拜之」〈陽貨〉。對如陽貨，縱使孔子不見，始終仍「時其亡也而往拜之」，孔子仍是禮，是無以只自我地不作回應。此於事情中對份位之尊重。

二十三、君命召，不俟駕行矣。

〔對事情應對之道有十八。九：對事情「責任性」或迫切性之重視〕

對一己所負責任職責，應視如迫切性地執行。單純「君命召」本非事本身，然孔子仍視如迫切地「不俟駕行矣」。以「不俟駕行矣」言，故見孔子對所負責任無條件般盡力、及其不拖延之心。子夏故更極端地說：「事君能致其身」〈學而〉。

二十四、入大廟，每事問。

〔對事情應對之道有十八。十：對事情「禮」之尊重〕

事往往非只事，於其中仍有「禮」在，如輔祭者對主祭者之尊重，每事必先問。「每事問」如此之禮，故仍為事根本之道。事情中之禮，往往亦因所事為人，故只為「每事問」如此舉動，此實已是事人之禮其全部。事中之禮，為對人尊敬尊重而已。

又：「每事問」非言無知，故孔子對或人之問：「孰謂鄹人之子知禮乎？」其回答是：「是禮也」〈八佾〉。

二十五、朋友死，無所歸，曰：於我殯。

〔對事情應對之道有十八。十一：對「義」之尊重〕

事非唯「禮」，亦有「義」。死而葬如同生而養同樣為義。縱使只為朋友，其死若無所歸，仍應「於我殯」。義實從生、老、病、死之事言而已。

二十六、朋友之饋，雖車馬，非祭肉不拜。

〔對事情應對之道有十八。十二：對「事物意義」之尊重〕

物非只有貴賤，更有意義上之差別。事物之意義由人心對其事本來之重視程度，非由物本身如貴賤等定奪。肉與祭肉，其意義非一；後者與對死者之重視有關。縱使車馬貴重，然若非與人之意義攸關，孔子故「不拜」，「非祭肉不拜」之意。祭肉與死者之敬重有關故。

同樣，如前「君賜腥，必熟而薦之」；所以對先祖薦，因為君所賜。若只「朋友之饋」，是無薦之義，其意義一般而非特殊故。如是而「子貢欲去告朔之餼羊」而孔子說：「賜也，爾愛其羊，我愛其禮」〈八佾〉，其中餼羊所代表意義，甚於其生命。然始終，因意義由人，故須分辨其是否虛妄，不應因虛妄意義而妄作為。

二十七、寢不尸。

二十八、居不容。

〔對事情應對之道有十八。十三與十四：對情況「突發性」之警惕，及對情況「平常性」之順隨〕

事有其模態，如平常性、突發性、特殊性與異常性，作為故仍應參照此而行。寢與居本日常，然日常仍可有突發事，故「寢不尸」。「尸」喻不再醒寤，非如傳統以為「四體布展手足似死人」。死與手足姿態無必然關係，更非彬彬君子如孔子所能有。「寢不尸」故言寢睡時仍應保持一定警覺性，對突發事情有所知覺。如此警覺之心，仍為對事之義。

相反，「居」指平居、平常家居。平常家居時無須時刻保有儀容容色或顏色。孔子燕居故亦「申申如也，夭夭如也」而已〈述而〉。「居不容」所對反，為如「在宗廟朝廷」時「踧踖如也」、「鞠躬如也」、「色勃如也」、「有容色」（見前）等色與貌，甚或從衣飾言之講究。平素故仍應有平素自處釋然之態，唯保有警覺性便是，無須如小人般「長戚戚」〈述而〉。能順隨而處，此亦為事情應對之道。

二十九、見齊衰者，雖狎必變。見絻者與瞽者，雖褻必以貌。

〔對事情應對之道有十八。十五：對情況「特殊性」之反應〕

若所遇有特殊，應特殊以對。對狎褻者，本無須「必變」或「必以貌」。唯若情況特殊，如狎褻者有喪、或為絻者瞽者，始因其情況特殊而改變態度：「必變」、「必以貌」。此所以〈述而〉形容：「子食於有喪者之側，未嘗飽也」。對方若有喪、若有殘疾之特殊，雖褻狎，孔子仍「必變」、「必以貌」。〈子罕〉亦有：「子見齊衰者、絻衣裳者、與瞽者，見之，雖少必作，過之必趨」。

有關「絻」一詞，《論語》已有用「冕」字，如〈泰伯〉之「惡衣服而致美乎黻冕」、〈子罕〉之「麻冕禮也」、〈衛靈公〉之「服周之冕」。從文意觀，「絻」無官職之意，故不應解作「冕」。有以用布包裹髮髻者為「絻」，可能與勞動者有關。

至於「褻」，若如傳統解為「數相見」，將與〈子罕〉句「過之必趨」相矛盾；若為「數相見」，更不應「過之必趨」。「褻」「狎」無論如何非正面，如：「君子有三畏：畏天命，畏大人，畏聖人之言。小人不知天命而不畏也，狎大人，侮聖人之言」〈季氏〉。「褻」一如「狎」，故或言穢者、或言慢而無禮者、或與「媟」通，言狎近者。

三十、凶服者式之。式負版者。有盛饌，必變色而作。

〔對事情應對之道有十八。十六：對情況「異常性」之應對〕

事非唯有特殊，更有異常情況可能。縱使異常，仍應盡回歸平常常態以對，此為對異常性應有之道。

句所言為：若遇有災難者或見受刑人，孔子仍規以應走之路、應循之法，使脫離災難及罪行之絕望困境，得以回歸平常。

傳統以「凶服」仍為喪服；《論語》鮮重複例子、更少見更改詞語。「凶服」有指為鎧甲，「凶」更多用與災難有關，如《禮記》之「凶旱」、「凶饑」、「凶災」、「凶年」、「歲凶」。

「版」可單純解為「板」，用於建築、棺槨，無必為國家圖籍，更不可能見人揹負國家書契版圖於路上。解疏者均以「式」為車前木，見於《周禮》，以人乘車憑依前木俛首致恭為「式」。然「式」自《詩》至《孟子》唯解「法」而已：取法、度、制。若為憑式而敬，何不亦言「負版者式之」？又何以多用「式」字言「敬」？示恭敬又何須必從乘車為例？若從前後文觀，前有「雖狎必變」，後有「必變色而作」及「迅雷風烈必變」；「凶服者式之。式負版者」故必非言敬，而應與異常有關，仍前後文之「變」義。

以「凶服者」為遇災難者、「負版者」為如受刑人，【故不言「負版者式之」而言「式負版者」，因為孔子主動往視，非其所遇】，對如此類異常人物，孔子示以應走之路、應循之法、勸勉其改變，使脫離災難及罪行之絕望困境；如是「式」仍從「法」解而更為有意義。

非獨負面有異常，正面亦然。對異常驚喜，如「有盛饌」，孔子故「必變色而作」，既有驚異之色、亦起而行動，此異常中之平常，人人均如此。孔子遇聞〈韶〉樂亦如此驚喜，故《論語》記說：「子在齊聞〈韶〉，三月不知肉味。曰：不圖為樂之至於斯也」〈述而〉。盛饌雖無以與〈韶〉樂可比，然始終，盛饌仍可致人驚喜地步，既平常又不平常，故為事情從正面言時所見之異、為編者教人之道理：事亦可有其異常之一面或可能，仍應盡求平常以對。

三十一、迅雷風烈必變。升車，必正立執綏。車中內顧，不疾言，不親指。

〔對事情應對之道有十八。十七：對「環境狀況」異常性之應對〕

異常亦可從疾速言，如氣候自然之「迅雷風烈」與車行之疾速。對二者之應對，仍「必變」。「迅雷風烈必變」，指如雷電交加下之盡快躲避。然若為「升車」，為能避免危險發生，故「必正立執綏。車中內顧，不疾言，不親指」：乘車之安全防範，須正立執綏、盡環顧照顧車內他人安全、【孔安國改為「車中不內顧」，以為禮，實狹隘】、盡少有對人及駕馭者之影響。如此對意外與危險之防範，明為正確。

三十二、色斯舉矣，翔而後集。曰：山梁雌雉，時哉時哉。子路共之，三嗅而作。

〔對事情應對之道有十八。十八：對「時令」轉變之察知〕

天地自然亦有其節氣時令之變。對如春夏秋冬，仍應有所察知與覺識。作為平居道理，〈鄉黨〉以孔子對時令之感興結束。句記孔子遊於山中，見季節時令與雌雉翔而後集景象之美，故歎說：這於山中橋木上之雌雉，真知時節時令之美（或：真是時節時令之美）。子路不解其意，【子路對孔子感歎之誤會，非只一次，亦參考〈公冶長〉：「子曰：道不行，乘桴浮于海，從我者其由與。子路聞之，喜」】，以為孔子欲得雌雉為時令之食，故設食以張之。然鳥性警惕，雖三嗅，始終不食其供而作，去危就安。故事既言時節變化之美，亦言孔子與雌雉之感知與警覺，無論對天地、抑對人事危機仍然。

公元二零二零年二月二十五日

先進

師徒之道（孔子與先進）

《論語》上部道理（一至十篇）與每人自身有關。縱使如〈八佾〉言禮樂之道，仍為人人基本。下部十篇，則從較特殊方面或主題言。〈先進〉縱使言教學，於古代仍屬特殊，多只為仕之事。下部其他篇更環繞政事為中心：〈顏淵〉言德行作為天下之道，〈子路〉直言政治之道，〈憲問〉論現實，〈衛靈公〉與〈季氏〉一言至致、另一言總覽之道，〈陽貨〉則對虛假性作總說，而〈微子〉與〈堯曰〉，一言隱士逸民、另一言君王之道。若君王因超乎一般人故而視如附錄置於最後，那〈子張〉篇所記，因為孔子弟子（而非孔子）之言，故亦視同附錄般，置於各篇之後，僅先於〈堯曰〉而已。作為非孔子語而置於後，其位置自然。【〈子張〉篇另有特殊目的，我們在後面再作說明】。如是下部主題多與政治現實或相關面相有關。

雖與政治有關，然政治本身不應視為人人基本事，百姓平素生活始是唯一真實。一如權力非為正道，德行始是，我們是不應視政治為人性道理根本。政治似為根本只從現實言而已，而現實，無論多似平常，都不應視為人類真實。〈為政〉故有言：「或謂孔子曰：子奚不為政？子曰：《書》云：『孝乎惟孝，友于兄弟』，施於有政，是亦為政。奚其為為政」。是沒有在人倫平實道理外，以為有所謂政治或權力自身之道者；若有，這與人性本然之道始終無關。《論語》下部所言，故仍扣緊德行言而已，非如西方思想，視政治為獨立甚至首先真實。

〈先進〉之分組主題如下：

一、師徒之道（一至三句）
二、孔子對弟子之切望（四至七句）
三、論孔子對弟子之情感（八至十一句，以顏淵為例）
四、師徒侍奉及相處之道（十二與十三句）
五、孔子弟子實況與評論（十四至十八句）
六、孔子對弟子事人（依從）真實性之重視（十九至二十三句）
七、孔子對弟子志之重視（二十四句）

從以上分組主題可以看到，有關教學，《論語》所見層面較一般教學關係更為廣闊，其中內容更是重要：除教學內容外，更有生命跟隨、弟子對師及師對弟子能力性向等關注、為師之期盼（師個人及對弟子之期盼）、師徒間情感與對待、其間侍奉及相處關係、弟子實況與師對弟子評論之嚴厲、「事人跟隨」其道理所有面相（對歷史傳統價值之跟隨至對事實之依從）、對弟子志向與品性性情之重視……，如此種種，均於教學重要。教學非只知識傳授，更是「人與人」真實，與人生命及成人攸關。教學一如其他層面（共體禮樂、人倫），故以人性為根本，非只物事關係、或個人自我與利益之事。借由教學，《論語》故再次揭示「人與人」關係，作為對人性具體說明。

*

一、子曰：先進於禮樂，野人也。後進於禮樂，君子也。如用之，則吾從先進。

〔師徒之道有三。一：弟子之劃分與特色〕

孔子教學為成人之教，非為知識。師徒生命間跟隨因而根本。成人之教由禮樂而立。【見「子路問成人。子曰：若臧武仲之知，公綽之不欲，卞莊子之勇，冉求之藝，文之以禮樂，亦可以為成人矣」〈憲問〉】。

「文」之素質故為教學根本，亦孔子對學生首先評價。句故以「禮樂」劃分先進後進。先進弟子有顏淵、子路、冉有、仲弓等，後進弟子則有子游、子夏、曾子等。於二者間，後者更為擅於禮樂。然因「人」外仍有「事」，故在成人外，仍需有成事之實質能力，此所以「質」仍如「文」重要，亦孔子「如用之，則吾從先進」所指。

文與質，一成人、一成事；存在之美善由文、生存之義由質；若於人，故「質勝文則野，文勝質則史。文質彬彬，然後君子」〈雍也〉。「事」若更從人性本性言（人事多如此），則：「文猶質也，質猶文也」〈顏淵〉，二者同一。【故治國亦首先在禮而已】。

若（成人之）教先從文言：「博我（顏淵）以文，約我以禮」〈子罕〉，【對子伯魚仍然，見「陳亢問於伯魚曰：子亦有異聞乎？對曰：未也。嘗獨立，鯉趨而過庭。曰：學《詩》乎？對曰：未也。不學《詩》，無以言。鯉退而學《詩》。他日又獨立，鯉趨而過庭。曰：學禮乎？對曰：未也。不學禮，無以立。鯉退而學禮」〈季氏〉】，此時「文」所指主要亦《詩》而已。而之所以從禮文而學，因如顏淵說：「（博學於文，約之以禮），亦可以弗畔矣夫」〈雍也〉〈顏淵〉。然若非從成人之教，由「事」故仍須從「用」言：「如用之，則吾從先進」，此亦見孔子對弟子能事之重視。畢竟，除人自身外，「為人」而用仍是教學最終目的。人其存在，始終在「為他人」故。

句所言故為教學過程與目的，【因而弟子之劃分】，而此，一在禮樂（文）、另一在用。

二、子曰：從我於陳蔡者，皆不及門也。

〔師徒之道有三。二：師徒跟隨之道〕

孔子初仕魯後，周遊於衛、曹、宋、鄭、陳、蔡等地，其間跟隨者，為先進弟子。「門」所言，仍為孔子教學中「禮樂」（文）一範圍。能政事之子路因非以文為學，故若以瑟為喻，稱不上孔子之門：「由之瑟奚為於丘之門」〈先進〉。若前句「如用之，則吾從先進」明言對「用」之肯定，本句「從我於陳蔡者，皆不及門也」則相反從「文」對先進否定，本句故與前句一體互補。所言更是：先進弟子非以禮樂求學於孔子、非因孔子禮樂名望而跟隨。【孔子名望在「文」：「夫子之文章，可得而聞也」〈公冶長〉】。先進之跟隨，單純為孔子其人而已，非求學於禮樂。連顏淵之「博我以文，約我以禮」，故本仍有「欲罷（不能）」〈子罕〉之意，可見顏淵起初亦無求學於文之意圖。然本句所喻，則為在師徒或教學間，以人而非只以學問為師，更是真實、更直是如父子般親近跟隨關係。無論孔子抑先進弟子、其師徒關係，故非唯以學問、更是以人為對象：孔子無選擇弟子之學問、弟子亦唯由孔子之人而跟隨，此「從我於陳蔡」間接所喻。非求為門下（禮樂）之跟隨，如此跟從更為真實，「皆不及門」故反喻此。教學從內容言雖應為禮樂（文），然師徒關係、人對人跟隨，更是教學之本。教學故應基於人與人，非如今日只限定在學問上。

三、德行：顏淵、閔子騫、冉伯牛、仲弓。言語：宰我、子貢。政事：冉有、季路。文學：子游、子夏。

〔師徒之道有三。三：孔子教學事實範圍〕

雖以文教，然孔子教學事實範圍有四：德行、言語、政事、文學，弟子均有求為仕故。四者之分，亦見弟子各人擅長、各所在乎：子路、冉有不在乎德行，宰我更是；雖好文學，然子游、子夏非善於政事，子游便有「割雞用牛刀」〈陽貨〉之嫌。

從教育本身言，孔子之教在「文、行、忠、信」〈述而〉。「文」從《詩》、《書》、禮；【「子所雅言：《詩》、《書》、執禮，皆雅言也」〈述而〉】；「行」指德行，如孝悌或君子之道；「忠」言為事時對人其善之忠實；而「信」則言自身學會事事真實。本句多出言語與政事，因跟隨孔子者多求為仕，故對二者重視。然從一般教育言，「文、行、忠、信」始為正。本句故唯就孔子弟子、非從教育本身言。四者故不宜視為科目，更與弟子是否賢德無關，宰我便明顯非賢德。【且四者中已有「德行」，其他弟子故不能視同必與此有關】。甚至，雖同擅於言語，宰我之善言語只佞巧善辯類，非如子貢，其言詞譬喻美麗，亦孔子比喻為「瑚璉」之原因。【見〈公冶長〉。二人言語，從《論語》可見一斑】。

若從科目言，醫學為疾病、農學為種植，均不同知識能力。對如此科目知識，孔子不予肯定，只直言「不如」：「吾不如老農」、「吾不如老圃」〈子路〉、「君子不器」〈為政〉。孔子之多能多藝，如其自己解釋：「吾少也賤，故多能鄙事。君子多乎哉？不多也」〈子罕〉。【亦參考「子云：吾不試，故藝」〈子罕〉】。如是，與人作為人自身（而非從物事）較有關者，唯德行、言語、政事、文學等方面而已。

德行於人至為基本，亦存在唯一真實所在；人一切言行，均不能離此。文使人明白人性與道理，為人升進時必須。德行與文學（行與文）如是應為人人首先學問，亦「行有餘力則以學文」〈學而〉所言。言語為應對之道，較政事更廣泛，其與人關係在此。至於政事，雖與人人生存有關，然非本然真實；其為知見，只針對現實處境，似與人人有關由此。如是嚴格言，德行與文學始人人所應學、為「人」之真實學問，言語與政事只與為仕者之用有關。其似普遍，因作為天下事似與人人存在有關而已。

四者之排列（德行、言語、政事、文學），原因有三：一、從平素言，德行與言語應對基本，文只「行有餘力」始學，甚至非一般鄉人所能。二、德行與政事為「質」、言語與文學為「文」；此所以德行先於言語、政事先於文學，「如用之，則吾從先進」故。三、政事為德行之更推廣，文學為言語之更成文，此所以政事與文學列於後，德行與言語列於前：德行與言語一般、政事與文學則較專門。

以上為孔子師徒教學中，與具體內容有關方面。

*

四、子曰：回也，非助我者也，於吾言無所不說。

〔孔子對弟子之切望有四。一：弟子對自己努力之幫助〕

除學問，師徒關係亦先見於對弟子之切望。因有所努力，為師故必切望學者能對自己有所幫助，此〈學記〉所言「教學相長」。學問中之相長，非只學問之事，更是師徒依存與信任關係，如父子般由相互激蕩而悅樂。

尼采以真實老師必求學生遠去而獨立，雖亦正確，然人畢竟非聖人，必有期望他人協助自己能更善，在相互鼓舞下成就一更大生命。若以為師自必事事正確、無所錯過，如此已非真實。從「回也，非助我者也」故見孔子為師時心懷與期盼之平凡真實：於孤獨努力中，更求為弟子對己指正與幫助，由相互激勵而致學問之悅樂生命。此亦「有朋自遠方來，不亦樂乎」〈學而〉所言。

五、子曰：孝哉閔子騫，人不閒於其父母昆弟之言。

〔孔子對弟子之切望有四。二：弟子之孝悌〕

感歎於閔子騫之孝，明見孔子對人倫美善多麼期盼；為師對弟子之切望，故亦首先在孝悌如此平凡德行，非在學問之高深。如是孔子非只為師，更先單純為人而已。

閔子騫之孝必亦已對人仁，始人無間（異議）其孝悌事實、及無「閒於其父母昆弟之言」，此亦孔子讚歎之原因。又從「人不閒於其父母昆弟之言」可見，孔子對學生之關注非止於二人間，更如「退而省其私」〈為政〉那樣，從他人眼中或言論而觀。孔子為師對弟子之關懷如此。

六、南容三復白圭，孔子以其兄之子妻之。

〔孔子對弟子之切望有四。三：弟子之謹慎言行〕

在對己、對人外，孔子所首先重視，亦弟子言行之謹慎。如此切望，仍為人而平凡，非求為學問。南容三復之句為：「白圭之玷，尚可磨也；斯言之玷，不可為也」《詩．大雅．抑》；〈公冶長〉亦記：「子謂南容：邦有道不廢，邦無道免於刑戮」，由此可見孔子對人知潔淨自守之重視。雖只平穩生命，然於現實社會能謹身自潔，實多麼已是德行。

如南容於《詩》之領悟，實已為學文首先之道：盡求領悟而已。以文與學問為對人平實之教、非在學問本身之高深，此見孔子《詩》教及為師之真實。由南容「三復白圭」而孔子察知其心想，亦孔子對人心觀察之微細。

七、季康子問弟子孰為好學？孔子對曰：有顏回者好學，不幸短命死矣，今也則亡。

〔孔子對弟子之切望有四。四：弟子之好學〕

作為老師最終亦最根本期盼，莫過於人之好學。學是人真實所由，為生命長遠而根本事。好學故亦人德行首先所在，更是師徒關係之基礎。而真正好學，實亦「敏於事而慎於言，就有道而正焉」〈學而〉而已。

雖似本然，然好學多麼稀見，故孔子歎說：「十室之邑，必有忠信如丘者焉，不如丘之好學也」〈公冶長〉。對如顏淵之好學，其逝沒故使孔子感慨說：「今也則亡」，「未聞好學者也」〈雍也〉。從孔子對顏淵懷念可見，孔子實對好學者多麼期盼與重視，故始有「今也則亡」如此感歎。

從師徒間生命、弟子對德行與自潔之重視、至如對好學期盼，教學緊要者非其內容與方法，更是對人之明白，此「跟隨關係」所以重要。教學故非求為成就，更在心懷：為師之心懷、弟子「無所不悅」「三復」等心思、及對學之所好等等。心懷之真實始是教學之真實。教學故非只事、更是人作為人之生命，此〈先進〉有關教學道理所首先揭示者。

＊

八、顏淵死，顏路請子之車以為之椁。子曰：才不才，亦各言其子也。鯉也死，有棺而無椁。吾不徒行以為之椁，以吾從大夫之後，不可徒行也。

〔論孔子對弟子之情感有四。一：一視同仁無所偏袒〕

文中所言椁，乃殯而非葬時之椁。於葬，「君葬用輴」、「大夫葬用輴」、「士葬用國〔團、輇〕車」《禮記・喪大記》。然於殯，「君殯用輴，欑至于上，畢塗屋。大夫殯以幬，欑置于西序，塗不暨于棺。士殯見衽，塗上，帷之。」《禮記・喪大記》。於殯唯君用車以為椁；顏淵只士，其殯應當「見衽，塗上，帷之」，不當用車。顏路請車，為殯時菆塗為椁，實過而非禮。

〈先進〉以下四句均以「顏淵死」啟，為一組，故有謂其順序顛倒，應「天喪」第一、「哭之慟」

第二、「請車」第三、「厚葬」第四。然若明「請車」句義，《論語》序始正確。「請車」句雖與下同為一事（「顏淵死」），然仍續前組問題，言孔子對弟子態度，亦啟孔子對弟子情感關係一問題。以顏淵為例，更是明白。

作為師，孔子對弟子一視同仁、期望亦一致同樣，無所偏袒差異。故於顏路為厚殯顏淵而請車，孔子以「鯉也死，有棺而無椁」及「吾從大夫之後，不可徒行也」為由拒其要求。一以鯉也無椁【若連兒子也僅如此、弟子間因平等故更無以差異】、二若以顏淵獨為有才，因而與其他弟子異，作為大夫之孔子，仍「不可徒行也」，後者明為拒絕之借口，亦孔子不因個己情感而對弟子有所差別對待，縱使優異如顏淵仍然。「才不才，亦各言其子也」意思故明白：人各對其子有所偏袒而已。非孔子對顏淵無特殊鍾愛，唯不因鍾愛而有偏袒之舉。情感只內在事，見於外已為寵幸。句故承上，言孔子對弟子態度人人一致、不因才而偏袒。【有關孔子無私之心，亦可參考：「陳亢問於伯魚曰：子亦有異聞乎？對曰：未也。嘗獨立，鯉趨而過庭。曰：學《詩》乎？對曰：未也。不學《詩》，無以言。鯉退而學《詩》。他日又獨立，鯉趨而過庭。曰：學禮乎？對曰：未也。不學禮，無以立。鯉退而學禮。聞斯二者，陳亢退而喜曰：問一得三：聞《詩》，聞禮，又聞君子之遠其子也」〈季氏〉、及「子曰：二三子以我為隱乎？吾無隱乎爾。吾無行而不與二三子者，是丘也」〈述而〉】。

九、顏淵死，子曰：噫！天喪予！天喪予！

〔論孔子對弟子之情感有四。二：視弟子如自己〕

無所偏袒而一視同仁只從作為弟子言，然作為個人，孔子對顏淵確有特殊鍾愛。「天喪予」所言，即孔子視顏淵猶如自己。前「非助我」如是，今「天喪予」亦如是。在師徒關係外，二人間生命之內在至此。

十、顏淵死，子哭之慟。從者曰：子慟矣。曰：有慟乎？非夫人之為慟而誰為？

〔論孔子對弟子之情感有四。三：情感之深及對人之賞識〕

若「天喪予！」為對己生命之慨歎，「子哭之慟」則為對人之不捨：既因深摯情感、亦因痛惜其才，故言「非夫人之為慟而誰為？」此見孔子對弟子（顏淵）情感之深。

十一、顏淵死，門人欲厚葬之，子曰：不可。門人厚葬之。子曰：回也，視予猶父也，予不得視猶子也。非我也，夫二三子也。

〔論孔子對弟子之情感有四。四：師徒情感為內在事，如父子〕

情感，甚至對至情之痛惜，始終應只內在，不應求為外在表現，後者已與情感之真摯再無關。舉「門人欲厚葬」而孔子不欲，二者其差異在：欲厚葬者非由於情感，有真實情感者反不欲對情感外在化而求表現。真實情感始終純然內在，與外在表現絲毫無關。從「回也，視予猶父也」可見情感之內在性，如小孩與母親懷抱那樣。「予不得視猶子也。非我也，夫二三子也」則見外在性對情感之破壞：厚葬只表現時之欲望而已，非真情。句故言孔子與顏淵情感如父子般內在。

*

十二、季路問事鬼神。子曰：未能事人，焉能事鬼。曰：敢問死？曰：未知生，焉知死。

〔師徒侍奉及相處之道有二。一：事人之總則：事人，非事鬼神〕

在生命跟隨、心之切望、與內在情感關係後，師徒關係其外在體現首先即為侍奉或相處。侍奉為事人關係最直接者：事人往往由侍奉言而已。而事人原則，從根本言，在：「未能事人，焉能事鬼」。之所以須先提及此，因人類自我從不願謙下於人，寧願事鬼神亦不願事更有需要之「人」，甚至以服務他人為恥。事人所以必須，因如老弱不能自我照料，人於事情應對亦有所限制時刻，予以扶助故仍必須。人類存在事實上實以事人為務而已，侍奉只其具體。相反，事鬼神所以偽，原因有三：一、鬼神多只虛妄虛構，非切實存在，故無「義」之必須；二、鬼神之事多只由於欲望：或向慕神性、或求為超越於人，二者均有違逆人性道之虞；三、鬼神之事作為價值對人類真正價值有所扭曲，導引人類努力之錯誤付出，游離「人」作為根本價值。然所以有鬼神如此虛構，因人有死。死亡一事實，使人類對鬼神崇尚。故若以虛構為由否定鬼神，其反駁將是：「敢問死」，即以人對死亡之畏懼為對鬼神之事作辯護。然生與死本應為價值、非為事實。言價值與人性有關，言事實則與人性無關。「未知生，焉知死」故非從事實、而是從價值，甚至純然出自我們對人之人性責任，非如物之求實用，此始價值之唯一，任何其他存有無能對此責任扭曲。故若未盡〔知〕如此價值與責任，何能求索與此無關之其他事？非死亡不為事實，與人價值無可比較而已，一切故仍應以人生命為本，否則所求索始終只虛妄。事故以事人為主；而事人，先在事生而已，鬼神無須事。用「知」與「未知」言，只表其事之嚴重性：若連必須事仍未知，何以先事那無緊要者。本句故為對「事人」價值之辯護，為「事」其原則與方向之總說。

十三、閔子侍側，誾誾如也。子路，行行如也。冉有、子貢，侃侃如也。子樂。若由也，不得其死然。

〔師徒侍奉及相處之道有二。二：弟子之侍及相互間相處〕

本句簡約地勾勒弟子侍奉孔子、及弟子之相互相處。作為道理有三〔二〕：一、事人首先亦如閔子侍於側而已。其基本即「誾誾如也」：正直恭敬貌。【誾亦解和敬而諍】。二、〔弟子間〕相處，其基本亦「侃侃如也」：和樂貌。【以上二者亦孔子於朝中與上大夫及下大夫之貌：「朝，與下大夫言，侃侃如也；與上大夫言，誾誾如也」〈鄉黨〉】。三、自我姿態：作為上二者對比，《論語》仍舉子路為例，而此因人通常各以自我為態，故如子路之「行行如也」，意指無論對上對下，人由自我均顯得剛強強勢。以上三點，一、二為道，三只事實，為對比用。句故已言人與人間「事人」與相處道理與面貌之基本。

所以舉閔子騫為代表，因閔子以孝稱，事人故應如此，「誾誾如也」，中正而恭敬，若須諫諍，亦和敬以對。

之所以舉子路為反例，因事人必以人安危為先，「行行如也」之剛強自我，無顧及他人死生，故非事人正道。子路故曾為孔子斥為「暴虎馮河」、「死而無悔者」〈述而〉，【亦參考：「子曰：由也，好勇過我，無所取材」〈公冶長〉】，如是對死生無懼，亦孔子言「若由也，不得其死然」原因。句所反映，反而是孔子對子路死生之憂。對人生死之憂本為事人所首先，然非為子路所在乎，孔子其憂在此。【對「行行」不懼死生者之子路言，其問「敢問死？」（見前句）故實偽，本應對死生無懼故】。

舉冉有與子貢而言「侃侃如也」，所言實為人與人相處之基本：和樂而已，此所以亦見「子樂」之原因：人與人相處，本應侃侃而樂而已。

*

十四、魯人為長府。閔子騫曰：仁，舊貫如之何？何必改作？子曰：夫人不言，言必有中。

〔孔子弟子實況與評論有五。一：閔子騫〕

「長府」為兵器貨賄之藏庫。時魯君欲伐季氏，故居長府，亦有欲改作以為不虞之備。然季氏非能以力制，閔子故微言其不可：若為仁，仍應如舊，何必改作。縱使鮮對政事評論，然閔子觀察與判斷均是，故為孔子評說為「夫人不言，言必有中」。

十五、子曰：由之瑟奚為於丘之門？門人不敬子路。子曰：由也升堂矣，未入於室也。

〔孔子弟子實況與評論有五。二：子路〕

瑟喻禮樂文教，而成人之教在「文質彬彬」〈雍也〉。子路「行行」而剛強，作風與孔子違，故為孔子評為「由之瑟奚為於丘之門？」對門人因而不敬子路，孔子故修正說：子路其為事能力已升堂，唯未及室而已。「堂」喻楷模、為事時之表現力。子張好大而求極端，其性情與子路近似，故曾子亦曾評為「堂堂乎張也」〈子張〉，言作為之表現有所格局。孔子以「升堂」喻此。「室」喻道、事情之正。「入於室」如下面「子張問善人之道。子曰：不踐迹，亦不入於室」，意為：縱使似為善，若未從古人之道而學，所作為未必為道之真實。子路雖「升堂」，然仍未及道，甚至與孔子所教非同路。

〈先進〉以閔子與子路對比，一如前「閔子侍側，誾誾如也。子路，行行如也」，教人見縱使為孔子弟子，其差異仍大，非因同門而相同。

十六、子貢問：師與商也孰賢？子曰：師也過，商也不及。曰：然則師愈與？子曰：過猶不及。

〔孔子弟子實況與評論有五。三：子張與子夏〕

子張好大、似有氣度，子夏氣度小、甚至似有所自限而狹隘，故孔子評為過與不及。然過猶不及，非因較大而為優越。道在中而已，如閔子之「言必有中」那樣。

有關子張與子夏之過與不及，除〈子張〉篇二人語外，《論語》亦記有：

一、子張：「子張問十世可知也？（…）」〈為政〉、「子張問明。子曰：浸潤之譖，膚受之愬，不行焉，可謂明也已矣。浸潤之譖，膚受之愬，不行焉，可謂遠也已矣」〈顏淵〉、「子張問：士何如斯可謂之達矣？子曰：何哉爾所謂達者？子張對曰：在邦必聞，在家必聞。子曰：是聞也，非達也。（…）」〈顏淵〉、「子張問仁於孔子。孔子曰：能行五者於天下，為仁矣。（…）」〈陽貨〉、「子游曰：吾友張也，為難能也，然而未仁」〈子張〉、「曾子曰：堂堂乎張也，難與並為仁矣」〈子張〉、「子張問於孔子曰：何如斯可以從政矣？子曰：尊五美，屏四惡，斯可以從政矣（…）」〈堯曰〉。

二、子夏：「子謂子夏曰：女為君子儒，無為小人儒」〈雍也〉、「子夏為莒父宰，問政。子曰：無欲速，無見小利。欲速則不達，見小利則大事不成」〈子路〉、「子游曰：子夏之門人小子，當洒掃、應對、進退則可矣。抑末也，本之則無，如之何？子夏聞之，曰：噫！言游過矣。君子之道，孰先傳焉？孰後倦焉？譬諸草木，區以別矣。君子之道，焉可誣也。有始有卒者，其唯聖人乎？」〈子張〉。

十七、季氏富於周公，而求也為之聚斂而附益之。子曰：非吾徒也，小子鳴鼓而攻之可也。

〔孔子弟子實況與評論有五。四：冉有〕

冉有藝，亦為季氏宰。【「求也藝」〈雍也〉。冉有所以「藝」，因能於國賦稅事】。冉有助無道之季氏賦稅聚斂富於周公，亦不諫其作為之無道，故孔子深責其罪。〈先進〉記此，明見孔子無對弟子罪有所姑息。【孔子對冉有之責，亦可見於〈季氏〉：「季氏將伐顓臾。冉有季路見於孔子曰：季氏將有事於顓臾。孔子曰：求，無乃爾是過與？（…）今由與求也相夫子，遠人不服而不能來也，邦分崩離析而不能守也，而謀動干戈於邦內。吾恐季孫之憂不在顓臾，而在蕭牆之內也」】。

十八、柴也愚，參也魯，師也辟，由也喭。子曰：回也其庶乎？屢空。賜不受命，而貨殖焉，億則屢中。

〔孔子弟子實況與評論有五。五（總評）：子羔、曾子、子張、子路、顏淵、子貢〕

在以上對閔子、子路、冉有、子張、及子夏評論外，《論語》更記說：孔子弟子中子羔毫不聰明、曾子遲鈍、子張偏僻極端、子路粗鄙魯莽。

子羔愚而子路仍使「子羔為費宰」，故孔子責子路說：「賊夫人之子」（見下）。從子路之回答「何必讀《書》然後為學？」可見，子羔必無能從文而學，此其所以愚。

曾子之魯鈍，可見於孔子對曾子之提點：「子曰：參乎，吾道一以貫之。曾子曰：唯。子出。門人問曰：何謂也？曾子曰：夫子之道，忠恕而已矣。」〈里仁〉，亦可能為曾子一生「戰戰兢兢，如臨深淵，如履薄冰」〈泰伯〉之原因。我們更可從如曾子言：「君子思不出其位」〈憲問〉、其於責任之執着【「可以託六尺之孤，可以寄百里之命，臨大節而不可奪也。君子人與？君子人也」、「死而後已，不亦遠乎？」〈泰伯〉】、以子張為「堂堂乎」、甚或於道理多次言「吾聞諸夫子（…）」〈子張〉等見其魯鈍性情。

子張之偏僻極端（「辟」），使其自大自視難與並為仁、【「曾子曰：堂堂乎張也，難與並為仁矣」〈子張〉】、甚至未仁：「子游曰：吾友張也，為難能也，然而未仁」〈子張〉。

子路之喭（粗鄙粗俗），無論從其「行行」性格、其使「子羔為費宰」〈先進〉、其好以勇為事：「由也，好勇過我，無所取材」〈公冶長〉、其「『暴虎』『馮河』，死而無悔」〈述而〉、其似無所計較：「子路曰：願車馬、衣輕裘，與朋友共，敝之而無憾」〈公冶長〉、其自恃：「子路率爾而對曰：千乘之國，攝乎大國之閒，加之以師旅，因之以饑饉，由也為之。比及三年，可使有勇，且知方也。夫子哂之」〈先進〉、其武斷性格：「片言可以制獄者，其由也與。子路無宿諾」〈顏淵〉、其自以為是：「子路曰：衛君待子而為政，子將奚先？子曰：必也正名乎。子路曰：有是哉？子之迂也，奚其正？子曰：野哉由也！君子於其所不知，蓋闕如也」〈子路〉、甚至其對孔子多次不悅、【「子見南子，子路不說」〈雍也〉、「公山弗擾以費畔，召，子欲往。子路不說」〈陽貨〉】、或其有所偽作與求虛假等行為均可明見。【見「子疾病。子路請禱。子曰：有諸？子路對曰：有之。〈誄〉曰：禱爾于上下神祇」〈述而〉、「子疾病，子路使門人為臣。病閒，曰：久矣哉，由之行詐也。無臣而為有臣。吾誰欺？欺天乎？」〈子罕〉、「季路問事鬼神」〈先進〉、「子路問事君。子曰：勿欺也，而犯之」〈憲問〉等】。

除德行與性情未為是外，於生存能力，弟子亦有貧如顏淵、富而不知足如子貢者。「回也其庶乎？屢空」是說：顏淵難道是生活充足嗎？事實是其往往有所匱乏而已。這可能針對人以為顏淵「回也不改其樂」〈雍也〉故似充足而發之言。子貢富有，然仍「不受命」、不接受任命而從商、如不知足地求富，故「貨殖焉」。然其臆測準確：「億則屢中」，此其所以富有並有所收獲之原因。

上述〈先進〉五句明可看到孔子弟子其真實樣貌、及孔子對弟子之評論與態度。以為七十子均賢德，實迂腐甚至虛妄地自欺而已。

*

在孔子弟子實況評論後，〈先進〉所記，為孔子對弟子其能跟隨之重視。能謙下跟隨，已非自以為是，自以為是或自我者是人其德行與能學最大障礙，亦是人所以未能客觀真實主要原因。〈先進〉有關跟隨之道理有五方面：一、對道與古人迹之跟隨；二、見所需（聞義）而立即作為；三、對人照顧時之緊隨；四、為臣對君之跟從；五、對事實之依從。

十九、子張問善人之道。子曰：不踐迹，亦不入於室。子曰：論篤是與，君子者乎？色莊者乎？

〔孔子對弟子跟隨或依從之重視有五。一：依循道與古人而真實〕

我們一般以為，能善（已為善人）已足夠、亦難得。然縱使為善、甚至為仁，仍可因愚或不學而失去真實性。【見〈陽貨〉「六言六蔽」】。善可只表面，唯能依道而行，善始為真實善。對「子張問善人之道」，孔子之回答故是：「不踐迹，亦不入於室」，即仍須跟隨古人做法、跟隨道本身而作為，否則善仍未為真實德行、未為道（「入於室」）。孔子舉例說：「論篤是與，君子者乎？色莊者乎？」意思是：如求為德行時之篤行，仍須分辨：是真實者（君子）之作為、抑只外表莊重而已。莊重者看似德行，然所作為仍可只表面，德行仍須從是否真實判別；若不明道、不跟隨古人跡，【如子貢所言「文武之道」〈子張〉】，無論怎樣，始終只表面、無以為真實。道其意義正在此：非只表面或（善之）表現，更須針對人類存在而有所真實，非只（偶爾）善行而已。

二十、子路問聞斯行諸。子曰：有父兄在，如之何其聞斯行之？冉有問聞斯行諸。子曰：聞斯行之。公西華曰：由也問聞斯行諸，子曰有父兄在；求也問聞斯行諸，子曰聞斯行之。赤也惑，敢問。子曰：求也退，故進之；由也兼人，故退之。

〔孔子對弟子跟隨或依從之重視有五。二：徙義與從人而真實〕

「聞斯行諸」所指，應為行義之事，如《論語》所言「徙義」〈顏淵〉：「聞義（不）能徙」〈述而〉。對「聞斯行諸」，包氏故解為：「賑窮救乏之事」。除依循道外，人亦應據「義」而行。以子路與冉有對比，因子路好勇無謀、「死而無悔」〈述而〉，其作為多求勝於人（「兼人」），故於問「聞斯行諸」時，孔子抑之。冉有過於計算而謹慎，【如「方六七十，如五六十，求也為之。比及三年，可使足民。如其禮樂，以俟君子」〈先進〉】，故同樣於問「聞斯行諸」時，孔子「進之」。「有父兄在」所喻，為人於行動時因對身邊其他人亦有責任，故仍須有所顧慮。縱使為義或有所急需，仍應冷靜應對，非一意孤行。子路之作為從不顧慮他人，冉有相反過於顧慮而往往不作，此所以孔子對一者「退之」、另一者「進之」。句故一方面言作為應從義，但另一方面於作為時，縱使為義，仍應有對人（身邊其他人）

顧慮，此「有父兄在」時從人而作為所應有考慮，如是作為（行）始真實。

二十一、子畏於匡，顏淵後。子曰：吾以女為死矣。曰：子在，回何敢死？

〔孔子對弟子跟隨或依從之重視有五。三：緊隨之真實〕

孔子所以似對顏淵斥責，固然出於對其安危有所擔憂，亦見孔子對顏回之鍾愛，然〈先進〉引此事於此，是為說明事人時其對人之照顧應緊貼不離。特別在其緊急時。

有關「子畏於匡」一事，【亦見於〈子罕〉】，包咸注說：「匡人誤圍夫子以為陽虎。陽虎嘗暴於匡，夫子弟子顏剋時又與虎俱往。後剋為夫子御，至於匡，匡人相與共識剋，又夫子容貌與虎相似，故匡人以兵圍之」。

二十二、季子然問：仲由、冉求可謂大臣與？子曰：吾以子為異之問，曾由與求之問。所謂大臣者，以道事君，不可則止。今由與求也，可謂具臣矣。曰：然則從之者與？子曰：弒父與君，亦不從也。

〔孔子對弟子跟隨或依從之重視有五。四：「以道事君」之真實〕

事人無所謂對錯，唯是否盡跟隨照顧而已。然事君則不同：真正為臣者，只求為君之善，故遇有錯誤應諫，非更諂媚。「大臣者」，故「以道事君，不可則止」。如子路、冉有之事君，雖盡力於委任之事，然因只從君所欲、非求為有道，故只「具臣」而已，【即具為臣之表現】，非為真實直諫之大臣。正因僅如此，故季子然更問：二人作為臣是否任君所欲而盲目跟隨？孔子故回答：「弒父與君，亦不從也」。

事君所涉，非只君個人、更有人民在，故不能盡跟隨其私意，仍須以道。縱使非如此者，仍本知「弒父與君」逆倫之非，故不應盲目。從本句道理故可明白，對人之依從，現實只依據對方之地位與勢力，如不敢得罪權勢那樣，故往往造成欺善怕惡或趨炎附勢等現象。而道理應是：

對無權勢者始應事事跟從，對有權勢者之跟從仍應唯以道；權勢可造成傷害，個人事始終只止於個人而已。事君故不能任憑其意欲而行。

跟隨古人跡、跟隨父兄及義、甚至單純因事人其個體而緊跟隨，都因無害故言盡其一切可能，唯君雖至尊，然因涉百姓，事君仍不能無道地行（跟隨）。跟隨之道須有如此區別始真實，非如現實，唯由權勢定奪而已。

二十三、子路使子羔為費宰。子曰：賊夫人之子。子路曰：有民人焉，有社稷焉，何必讀《書》然後為學？子曰：是故惡夫佞者。

〔孔子對弟子跟隨或依從之重視有五。五：依從能力事實而真實〕

在依循古人跡、父兄與義、及事人而緊隨、事君以道等方面最後，仍有一與真實性有關之依從，即對事實本身之顧及（依從），不能為所欲為地任意。

使子羔為費宰似有益於人（子羔），然子羔本愚無智，為宰對人對己均無益，故不應作如是推薦，仍應考慮事實而非任意妄為。「子路使子羔為費宰」故形同欺騙，不顧其人能力與事情事實。此所以孔子斥為「賊夫人之子」。

子路之辯是說：就算沒有能力，仍「有民人焉，有社稷焉」；換言之，子路以政事只無關緊要，只事神與治民之事而已，無須真實從學（如讀《書》）、從知德行與道而行。縱使從政未必須讀《書》，然始終，從政仍須有對道之反省與學，甚至有所德行，不能因視百姓為螻蟻或視神靈為虛構而自欺欺人。我們今日政治，由求黨同伐異，用人實仍以私而非以實，一種「使子羔為費宰」而已。任何作為，故仍須視乎事情真實或依據事實，不能以私意妄作，此為事起碼真實性所在。

〈先進〉以上五句，既從跟隨之道、亦從作為之真實性言。對道、義、人、君、與事實之依從，已涵蓋依從或依據之對象層面。因「依從」或「依據」為人人根本之事，故其道理重要。若以為原創可不依從，這實如「不踐迹，亦不入於室」那樣，始終未為正確、未為真正價值。依從之道理，故為為事時真實性之本。五者次序，亦反顯其先後重要性：道（含歷史傳統價值）與義最先，事人與事君其次，依據事實最後。五者列舉於此（〈先進〉篇），明為孔子對弟子之要求，為於事人及為事時所必須遵守者。

* 二十四、子路、曾皙、冉有、公西華侍坐。子曰：以吾一日長乎爾，毋吾以也。居則曰：不吾知也。如或知爾，則何以哉？子路率爾而對曰：千乘之國，攝乎大國之閒，加之以師旅，因之以饑饉，由也為之。比及三年，可使有勇，且知方也。夫子哂之。求，爾何如？對曰：方六七十，如五六十，求也為之。比及三年，可使足民。如其禮樂，以俟君子。赤，爾何如？對曰：非曰能之，願學焉。宗廟之事，如會同，端章甫，願為小相焉。點，爾何如？鼓瑟希，鏗爾，舍瑟而作，對曰：異乎三子者之撰。子曰：何傷乎？亦各言其志也。曰：莫春者，春服既成，冠者五六人，童子六七人，浴乎沂，風乎舞雩，詠而歸。夫子喟然歎曰：吾與點也。三子者出，曾皙後。曾皙曰：夫三子者之言

何如？子曰：亦各言其志也已矣。曰：夫子何哂由也？曰：為國以禮，其言不讓，是故哂之。唯求則非邦也與？安見方六七十如五六十而非邦也者？唯赤則非邦也與？宗廟會同，非諸侯而何？赤也為之小，孰能為之大？

〔孔子對弟子志之重視：志於道與一己性情之真實〕

〈先進〉雖表面為孔子與弟子零散記錄，細讀實不然。無論是師徒跟隨、孔子教學重點、為師期盼、師徒侍奉與相處、對弟子（事人與依從道理）真實性之重視等等，都反映教學為「人與人」真實，為在學文外，「學」之具體。在〈先進〉最終一句中，編者更指出孔子對弟子自身之重視，而此即每人志向及其個人性情。人始終由志向與性情顯其自身，志向與性情亦各人所獨立，二者差異唯在：志向對向外（求為外在作為）、而性情則純從人自己生命言，為求為個己生命時之志。〈先進〉以子路、冉有、公西華說明前者，而以曾晳（及孔子）說明後者。

有關志向與性情：若志對向世界與他人，那性情則單純自己。道理因多與前者有關，故性情這一面似被忽略。儒學雖多從事人為事之道言，然始終，一如對隱士逸民之肯定【見〈微子〉】，儒學沒有否定人作為自己時與外在無關純然自己時之性情與存在，唯此因各從其自己，故多只如「知者樂水，仁者樂山。知者動，仁者靜。知者樂，仁者壽」〈雍也〉地無需多說。相反，心志因為心而似只為一，然由可設想情況之不同，心實有不同志向可能：縱使為同一人，設想為君與設想為庶人，其時心志可完全不同，所欲不同故，其他情況之想像均然。故不能以為是心志便只一而已。性情與心志之結合始近於一，為人自己本然對存在價值之性向向往，然這又與外在作為可再無關。如是我們不能說，對向世界他人之心志必然真，而單純對向自身時之心志必然假。

因對弟子志向重視，孔子故於弟子侍時，常喜好問各人之志，如「顏淵、季路侍。子曰：盍各言爾志」〈公冶長〉。本句志向之問，亦從「子路、曾皙、冉有、公西華侍坐」言起。「子曰：以吾一日長乎爾，毋吾以也。居則曰：不吾知也。如或知爾，則何以哉？」是說：平素弟子多怨歎人不知、不知每人自己之能力與心志。孔子故說，若不以孔子為長者而有所避忌，假設人知自己心志，這時自己心志又將如何？孔子所望故為每人表達心中根本所想：從每人自我之真實、非從顧慮道義而附和地說。

若「人知之」與「人不知」兩種情況前者較為真實、更似是心所欲，那也只因人有求為作為，故求「人知之」，否則，若只自己心，無論「人知」抑「不知」，對心而言無分真實。若有求作為而

「人不知」多似不得已、不能自已，那「如或知爾，則何以哉」？此孔子之問。這樣提問，與單純對心志提問仍然不同，多出「如或知爾」這樣設想。如子路，其在〈公冶長〉中之志為「願車馬、衣輕裘，與朋友共，敝之而無憾」。這樣志向單純就子路當下言，沒有從「人知之」這一角度切入。若是「人知之」、若處境完全不同，那志向可因此而完全改變。那時志向，故為一己志向之最大者，亦顯人自我真偽之事實。孔子之提問，正是就這樣情況言。然明知「人知之」只虛構情況，因而人多只求為自我自視而易不實，【曾點無求「人知之」，故較三人謙虛而真實】，若非弟子平素多有「不吾知也」怨歎，否則孔子不會這樣提問，只更揭示人心之虛假而已。對「人不知而不慍」者，是再無須這樣提問的。孔子之提問，故明顯有求對人真實性之觀察，非單純問志而已。故除哂子路外，孔子起初也不多作評論，明知人自我必自大故。對曾點言「何傷乎？亦各言其志也」故亦反映：志向於人多只為非、鮮平實，故「何傷」，亦「各言其志」而已。於曾點志後而孔子「喟然歎」，明有無奈在：其志向本與三人類似，未必如曾點，唯內容與方向不同而已：孔子仍必以為人為本，非只求為一己。

孔子怎樣評論三人志向？對子路「千乘之國，攝乎大國之間，加之以師旅，因之以饑饉，由也為之。比及三年，可使有勇，且知方也」志向之評論是：「為國以禮，其言不讓，是故哂之」。

孔子之批評非在子路所言內容；其內容，如協助弱國面對強國時之困境，明顯仍為道。唯其以為以勇為國亦同可使民知方（如有禮樂教養），不知自身（性情）之不是，故孔子哂之並說：「為國以禮，其言不讓」。這實子路之自相矛盾，其不知「為國以禮」是何義。

對冉有「方六七十，如五六十，求也為之。比及三年，可使足民。如其禮樂，以俟君子」這樣志向，孔子之評論是：「唯求則非邦也與？安見方六七十如五六十而非邦也者？」傳統把「唯求則非邦也與？」讀為曾點之問，然《論語》問者雖有省略「問」或「曰」等詞，回答者從沒有省去「曰」或「對曰」。唯二處：一、〈季氏〉「陳亢問於伯魚曰」句中伯魚轉述孔子時有省「曰」；二、〈陽貨〉「宰我問：三年之喪」句中孔子直斥宰我時為表示忿責而省「曰」。在一切正常對話中，《論語》從未見如此。句故應為孔子自問自答，換言之，對冉有及公西華之語，非如傳統以為贊許，而同樣是批評。冉有以為舉「方六七十」之小國便已是一種謙虛表現，然把「方六七十」比喻為「如五六十」更小之國實已顯示其自大：不把小國放在眼裡，以之為更小。此其對自身能力之驕傲，故為孔子批評為：以為小國便非邦國，因而自大（「安見方六七十如五六十而非邦也者？」）。

同樣，公西華之「非曰能之，願學焉。宗廟之事，如會同，端章甫，願為小相焉」這樣志向表面似更謙虛，故言「非曰能之，願學焉」。然其以為祭祀及諸侯會盟時之承輔為小事、以為如此承輔者為「小相」，實已是一種自大。對孔子言，祭祀或諸侯會盟均是大事，其中一切承輔者都不能輕微看待。公西華故實仍自大，以自己為必能勝任如此國事，故孔子之評論是：「唯赤則非邦也與？宗廟會同，非諸侯而何？赤也為之小，孰能為之大？」這是說：宗廟會同等事，是與諸侯層級有關者。如赤以為小事，那誰敢視為大事？公西華如是口氣，實自大甚至無識而已。

至於曾點之志與孔子之贊同：三子與曾點之差異，實非在行道救世與獨求曠達自得如此差異上。如我們所說，志本身可隨所設想情況而變化，非篤行一志便為真實。問題因而非在行道救世與獨求曠達二者作為志上，而更先在：在任何志向之先，人自身是否自大虛妄（不真實）？問題故非是否在行道救世，在人自身是否虛妄虛偽而已。言曠達者亦非因曠達而必然真實，在其人是否忠於自身心或性情（而真實）而已。問題故在弟子其人，非在其志、非在救世抑求自樂如此差異，而在是否真實真誠、是否謙虛不妄自尊大而已。孔子之喟然而歎所針對是人、非其志。志本「何傷」，亦各言其自己而已。所歎因而是人由自大自恃而絲毫無所真實，以自己為在行道。若如此，不如謙虛地隨心及性情而只求一己樂趣：「莫春者，春服既成，冠者五六人，童子六七人，浴乎沂，風乎舞雩，詠而歸」：既知時節之美、亦由穿戴輕便春服而感怡悅、更由伴着友朋或人倫而樂，「浴乎沂，風乎舞雩」，甚或可能飽嚐美食後詠歌地歸程，感受着人間至樂。我們不應以為，在行道救世與自我享受着人倫之樂兩者間，前者必為是而後者必為非。事實上，行道救世只因世無道而苦難而已，若世有道而天下平，人人仍終只能從一己之樂而盡其生命。孟子故說：「仁之實，事親是也。義之實，從兄是也。(⋯)樂之實，樂斯二者。樂則生矣，生則惡可已也。惡可已，則不知足之蹈之、手之舞之」〈離婁上〉。換言之，仁義其最終真實，於天下平之際，也只「事親」與「從兄〔事親〕」而已，因此時「惡可已」，故人亦唯「足之蹈之、手之舞之」而樂而已。縱使為君如舜，其終極亦在自身人倫，非在天下世間：「天下大悅而將歸己。視天下悅而歸己猶草芥也，惟舜為然。不得乎親，不可以為人；不順乎親，不可以為子。舜盡事親之道而瞽瞍厎豫；瞽瞍厎豫而天下化。瞽瞍厎豫而天下之為父子者定，此之謂大孝」〈離婁上〉。行道救世雖偉大，然若於「天下悅」與「天下化」之時，人也唯能「冠者五六人，童子六七人，浴乎沂，風乎舞雩，詠而歸」而已。

在師徒跟隨與教學最終，孔子所重視，仍唯弟子其人之真實性。無論從道抑從一己性情言，一切真實性，先在人而非在其事。藉由「人不知」與志向、藉由行道救世與曠達胸懷，所顯故仍先是人心〔自我〕之是否真實。孔子於教學，最終所重視，亦此而已。

以上為〈先進〉分析。

公元二零二零年三月十四日

顏淵

天下之道：德行之意義

〈泰伯〉已有對德行論述。〈顏淵〉再言德行，是從德行於天下之意義言。作為天下事根本，德行即道。〈顏淵〉故為德行對所有人、對種種存在層面之意義與真實，自君王至百姓、每人自己、相對現實、為政、從政者、甚至最終從德行本身之所得言。

以「顏淵」命名，因孔子弟子中，唯顏淵具有深明天下之能力、亦弟子中至為向往德行者。《論語》以德行為天下之道更意謂：以政治為天下之道非正確；若非由德行，無論君王抑政制治理，均無以為真實。〈顏淵〉先從德行之根本性與對全面（天下）之意義言，緊隨之〈子路〉，則從狹義之政治道理言。

〈顏淵〉之分組主題如下：

一、德行對天下人之意義（一至三句）

二、德行對個體之意義（四至六句）

三、德行對現實之意義（七至十句）

四、德行對治道之意義（十一至十三句）
五、德行對從政者之意義（十四至十六句）
六、〔上位者〕德行對百姓之意義（十七至十九句）
七、德行對所得之意義（二十至二十二句）
八、德行對平素之意義：如交友（二十三與二十四句）

*

《論語》成文簡約，首三句雖同為「問仁」，然句旨明從君王於天下、為仕者於邦家、及百姓個體三層次言，此「天下」這最高層級所包涵者。德行所涵蓋之人故有三：君王於天下、為仕者於邦家、及百姓其個人；此「顏淵問仁」、「仲弓問仁」、「司馬牛問仁」分別所言，由是見德行之涵蓋性或全面性。【孟子亦說：「天下之本在國，國之本在家，家之本在身」〈離婁上〉。三者之本亦在德行：「三代之得天下也以仁，其失天下也以不仁，國之所以廢興存亡者亦然。天子不仁，不保四海；諸侯不仁，不保社稷；卿大夫不仁，不保宗廟；士庶人不仁，不保四體。今惡死亡而樂不仁，是由惡醉而強酒」〈離婁上〉】。

一、顏淵問仁。子曰：克己復禮、為仁。一日克己復禮，天下歸仁焉。為仁由己，而由人乎哉？顏淵曰：請問其目？子曰：非禮勿視，非禮勿聽，非禮勿言，非禮勿動。顏淵曰：回雖不敏，請事斯語矣。

〔德行對天下人之意義有三。一：對君王於天下〕

顏淵問仁而孔子回答以「天下歸仁」，顏淵之問明針對天下言。從「天下」至高層面言德行，亦二而已：禮與仁。「義」作為物事需要本必然，故無須從德行言。禮與仁始與人自身有關，為從人方面言，德行於天下之兩面。二者亦〈八佾〉與〈里仁〉二篇所論。禮與仁二者，一為共體之立、另一為天下之道，二者為從存在普遍性言之德行。從「天下」言德行故非困難，亦禮與仁而已：一為人與人人性之落實、另一為人作為人之本。禮因為人性之落實，從最終言，故仍以成就仁為目的。禮故可只視為〔達致仁之〕途徑方法，仁始人類最終德行所在。

對顏淵之問天下如何始歸仁，孔子之回答簡明，亦「克己復禮」而已。之所以單純「克己復禮」便可使「天下歸仁」，因此時「克己復禮」，明針對至高者言；換言之，至高者若能「克己復禮」，如是天下即歸仁。何以如此？首先，從「復」與「歸」二字可見，無論是禮抑仁，都是人類本然所有，為人類人性真實，唯在錯誤價值導向下，如現實之以利與強力，始扭曲甚或泯滅。故若至高者能引導人民復禮，甚至，若至高者只由一己先復禮：「一日克己復禮」，如是天下自然歸仁，存在實由上位者導致而已，「復禮」其事故非困難致不能。又因仁只需由人與人復禮而致，此見禮之重要，及其事實上之闕如。

若〔人類之〕仁由禮而復，那君王自身之仁、其個人之「為仁」，則為其個人自己事。【「為仁」實為一詞，多針對在位者之作為言、其作為是否與仁有關。見「孝弟也者，其為仁之本與」〈學而〉、「子貢問為仁」〈衛靈公〉、「曾子曰：堂堂乎張也，難與並為仁矣」〈子張〉。君王是否「為仁」，「由己」而已，「而由人乎哉？」」。縱使非從君王之至高性言，「為仁」與否本只個體自身事，沒有任何事物對人限制致不能「為仁」者。仁單純由己，既不因他人而不能、亦無須從他人中倣效始能致】。從「為仁」與否只個體事可見，禮與仁雖一者為途徑、另一者為本，然因禮對向外（為外在事），故反為「天下歸仁」之關鍵，特別從上位者之領導言更是如此。從「克己」而言「復禮」更可見，不能「復禮」多由於人好權力強力而已，此特言「克己」之原因：權力多無視對方，故唯由去權力強力甚至暴力始復歸仁。由此可見，縱使仁為本、禮為途徑方法，然因禮對向人，故反而更為根本，連君王亦先從「復禮」言而已，非從其個己之仁或為仁言。「天下歸仁」如此問題，關鍵故唯在君王對人（民）之態度，甚至非先在其個己之仁不仁。【「克己」

除針對君主權力言外，於人人自我間，亦多由於自我自視與突顯而無視他人，此自我心態姿態與禮違背之原因，如是對人性之違逆，亦可從「克己」（克去自我）言。人克去自我，故亦為「復禮」之本】。

若「為仁」純由己而無一定（限制），而為君於禮又直可從其「克己」言，那對一般平凡百姓，除仁與否是自己事外，其『對向天下』時之禮問題，又應如何？『對向天下』，非獨至高者而已，縱使非主導，仍有作為百姓之可能。禮畢竟非（如仁）止於個人自己，由有天下，故亦有對外之一面，此《論語》藉由顏淵再問，所問為人人於天下禮普遍一面，此「請問其目？」所指。作為對向天下，除個人平素言行外，禮於人人仍有類如「克己」一面，即個人之「非禮勿視，非禮勿聽，非禮勿言，非禮勿動」。「非禮勿言，非禮勿動」道理明白：禮所針對首先直是言行故。然更言「非禮勿視，非禮勿聽」這是因為：對向世界，人類文明創制仍是一種作為，其本身未必合乎禮義，對人亦可構成迷惑誘惑。對向人類如是作為，雖非主動由己、亦與人與人相互對待無關，然始終仍有禮在：對象若非由禮、若有非禮在，不應視聽以致惑亂。此「非禮勿視，非禮勿聽」意思。人，從其對向世界與他人言，其受動與其主動這兩面，於禮，故一為「非禮勿視，非禮勿聽」、另一為「非禮勿言，非禮勿動」。除事事作為須以禮外，【如「生事之以禮。死葬之以禮，祭之以禮」〈為政〉】，在接受外來人為創制時，仍須「非禮勿視，非禮勿聽」，此始禮從天下言時之全部，縱使平凡個體（百姓）仍然，亦顏淵所以回答：「回雖不敏，請事斯語矣」。

從〈顏淵〉本句故可見，從天下歸仁這成就言，德行（「克己」與「復禮」）其意義唯一而重大。然就算不從這角度，對每人個體言，德行（禮）仍是其全部，無論主動被動均然。我們甚至可看到，人類創為之一切，其是否真實，亦由禮這樣德行定奪而已。此德行（禮）於天下之全面性，及其對存在一切之根本意義。

二、仲弓問仁。子曰：出門如見大賓，使民如承大祭。己所不欲，勿施於人。在邦無怨，在家無怨。仲弓曰：雍雖不敏，請事斯語矣。

〔德行對天下人之意義有三。二：對為仕者於邦家〕

若（從天下言）德行有禮與仁兩面，那在（一般）家與邦國間，德行亦同樣有禮與仁兩面，唯此時其形態更為具體，直針對身旁所遇或交接者言而已。若天下為君王，那邦家層面則為士，此「仲弓問仁」所問。

相對邦家（而非天下）言，禮以「出門如見大賓，使民如承大祭」表出，此時之仁，即「己所不欲，勿施於人」。

禮其本在敬、和與愛，三者亦人性性向所求，於人於事均然。然針對為仕者，因求其盡對人盡禮，故禮即以「出門如見大賓，使民如承大祭」表出。藉由「如見大賓」「如承大祭」，為仕者對向邦人，表達其敬與和之盡禮。一般人之禮無須言「如見大賓」「如承大祭」，唯仕因有「使民」，故應如此。作為士人，對民其禮更應有誠，故「如見大賓」「如承大祭」；前者單純從「見」、後者更從「使」言，故「如承大祭」地恭敬。

至於為仕之仁，孔子以「己所不欲，勿施於人」言。「己所不欲，勿施於人」亦見於子貢之問：「子貢問曰：有一言而可以終身行之者乎？子曰：其恕乎？己所不欲，勿施於人」〈衛靈公〉。從子貢句可見，「己所不欲，勿施於人」本指「恕」、非指「仁」。用於此，其意故應是：為仕對人或對民之仁，最低限度應做到能恕，如此已是其仁。事實上，當孔子對曾子說：「參乎，吾道一以貫之。曾子曰：唯。子出。門人問曰：何謂也？曾子曰：夫子之道，忠恕而已矣」〈里仁〉時，無論「吾道一以貫之」抑子貢之「有一言而可以終身行之者乎？」，均見有一種絕對性在。然若從德行之絕對或唯一性言，應為「仁」而非其他。我們故應這樣理解：「恕」或「己所不欲，勿施於人」應是「仁」在特殊情況下之應用。為仕者因介乎君與民之間，於見人民有過情況下，應以

「恕」為仁：即從「己所不欲，勿施於人」明白此時「恕」或仁應如何作為。此為仕者應有最低限度之「仁」。「勿施」一詞實已反映其權位。孔子之「忠恕」，故更從一般言，故為一貫之道：既盡對〔一切〕人忠實地善，而於人有過或不善時，盡「恕」而仁。「己所不欲，勿施於人」於此故仍是從仁言，為體現為「恕」時之仁。如是為仕，故「在邦無怨，在家無怨」。「怨」字反映怨者居下，如人民對政府那樣。能於使民時「如承大祭」，又於民有過而能恕，如此為仕，故「在邦無怨，在家無怨」。

仲弓為仕而問此邦家中基本德行，得此禮與仁道理，故回答說：「雍雖不敏，請事斯語矣」。從「出門見」「使民」「在邦」「在家」可見，為仕者一切作為，實亦本於仁與禮而已，此德行於邦家這樣層面所有根本性與意義：為仕者於邦家，唯由禮與仁始無怨。

三、司馬牛問仁。子曰：仁者，其言也訒。曰：其言也訒，斯謂之仁已乎？子曰：為之難，言之得無訒乎？

〔德行對天下人之意義有三。三：對百姓〕

「顏淵問仁」「仲弓問仁」二句均從禮與仁兩面言，這是因為：二者均針對居上者〈君王與為仕者〉。居上者因有權位，故須以禮節制；一者在「克己復禮」，另一則在「出門如見大賓，使民如承大祭」。然在無位之一般百姓，如司馬牛，由其只為極平凡個體，此時德行，故唯從仁言，再無對禮要求。始終，仁始為德行終極，亦〈顏淵〉首三句只「問仁」而非「問禮與仁」之原因。甚至，因所對向為最一般百姓，孔子故不再從「我欲仁，斯仁至矣」〈述而〉這仁之絕對性或主體性言、亦不從上對下時之「恕」言仁：仁此時只「仁者，其言也訒」而已，與作為無關。對一般百姓德行，孔子故再無要求，唯望其盡最基本甚至最微薄慎言或訒言而已。【訒指不輕易出言】。事實上，平凡百姓因非有地位或特殊力量，其對外德行不應從作為言。【平凡百姓雖亦有行，然其行多非能自主，甚至往往受環境支配而不自覺。其自覺性故獨從「言」言，此孔子對百姓於德行自覺最低要求】。德行於百姓，故先從「言」言而已。能不以言傷人或有過、能知自制言語，於人已是一種德行表現。孔子於百姓所求僅只如此。【百姓德行本應從孝悌忠信言，這裡從訒言言，明順承前面對向天下這一立場，非只個人之事。這裡百姓，故仍是從其對向於外言，故非孝悌忠信。然百姓對向於外，沒有君王或為仕者作為之可能，其所有，亦「言」而已。於天下有道無道之際，「庶人不議」〈季氏〉，仍是從「言」、非從「行」言。百姓之從「言」言仁，原因在此】。

正因於一般人仁之要求如此微薄，故司馬牛質疑，心以「仁」更有其真實，故問：「其言也訒，斯謂之仁已乎？」孔子之回答：「為之難，言之得無訒乎？」是說：「言」與「行」實非對立，「言」實可視為一種「行」、一種較輕或較直接之「行」。若輕者未能而求為重者，這實自欺而已。若「行」本不易，那何以因「言」似易出輕微而忽略其德行？若連輕微者仍未能，何以更言其大者？此「為之難，言之得無訒乎？」背後意思。百姓能節制其「言」，故實如君王之「克己」，已是德行。【訒言故回應顏淵句中「克己」。由「克己」、「己所不欲，勿施於人」、至訒言，除正面外，「仁」更先是自我克制，由此而立為人，非為所欲為或自以為是】。百姓之訒言，故是其對德行之自覺。「言之得無訒乎？」故是從百姓言，「仁」其最平凡者。【亦參考：「剛毅木訥，近仁」〈子路〉】。

「仁」故沒有內容上限定，只視乎份位對象。如一旦自覺對人不應傷害，縱使只於「言」，已是立己立人、已亦是仁。從「為仁由己」、「己所不欲，勿施於人」、至「仁者，其言也訒」，仁均與人心對德行之自覺有關，其方式之不同，只份位情況不同而已。此同一「問仁」而回答差異之原因。

正因「仁」可有種種，故「仁」實非為難，此「我欲仁，斯仁至矣」〈述而〉原因。若「博施濟眾」〈雍也〉為難，「仁」仍可以其他輕易方式體現。對「為之難，言之得無訒乎？」傳統理解為「仁」本身之難故不正確。「為之難」只「言行」對比，非「為仁」「言仁」之對比，如此對比無義，更使訒言落為非德行（只因「仁」困難而不說而已，非仁之行）。「言」因仍可傷害，故仍有仁不仁問題，百姓無論多平凡，故仍有其德行、仍有「仁」為根本。

*

若德行（仁）有其外在涵蓋（前三句），德行對每人自己言亦有其內在意義，而此有三：解其內在憂懼、解其外在命運際遇之憂患、及使人覺醒並明遠地通達。解憂而通達，此德行對個體言首先意義。前「問仁」三句若從大至小，本組三句則從小至大：先是個人內心憂懼、次是個人外在憂患、終是個體對事情之通達甚至明遠。

四、司馬牛問君子。子曰：君子不憂不懼。曰：不憂不懼，斯謂之君子已乎？子曰：內省不疚，夫何憂何懼？

〔德行對個體之意義有三。一：解一切內在憂懼〕

傳統以司馬牛憂其兄（桓魋）之罪及己身，故問。然道理仍須從道理解，訴諸史料無助真正明白。下句亦然。

有關憂懼，孔子曾指出：「知者不惑，仁者不憂，勇者不懼」〈子罕〉。【亦參考：「子曰：君子道者三，我無能焉：仁者不憂，知者不惑，勇者不懼。子貢曰：夫子自道也。」〈憲問〉】。對此須先問：何以「仁者不憂」？應明白，沒有人於世能無憂，孔子亦然，故說：「其為人也，發憤忘食，樂以忘憂，不知老之將至云爾」〈述而〉。如是，何以獨「仁者不憂」？若注意，《論語》所言非「仁者無憂」，只「仁者不憂」而已。同樣，勇者非無遇見可懼之事、智者亦非無致惑之事，唯不懼、不惑而已。如是仁者非由德行（仁）而無憂，只藉德行而「不憂」而已。二者差異在主動性。【「無憂」被動而「不憂」主動】。對此，《論語》曾舉二例說明：一、「子曰：君子謀道不謀食。耕也，餒在其中矣；學也，祿在其中矣。君子憂道不憂貧」〈衛靈公〉；二、「德之不脩，學之不講，聞義不能徙，不善不能改，是吾憂也」〈述而〉。換言之，仁者之似無憂、似無外來現實憂慮，因仁者另有其憂，其心所憂在別處，如孔子所憂在道非在貧、在「德之不脩，學之不講，聞義不能徙，不善不能改」等自身德行，非在現實處境或際遇好壞。顏淵亦然：「一簞食，一瓢飲，在陋巷。人不堪其憂，回也不改其樂」〈雍也〉。顏淵由心另有重視，故對現實不憂；此仁者「不憂」意思。【若從他人不仁之憂患言，請參閱〈憲問〉「仁者不憂」句最終註】。

仁者「不憂」故是其心之更高獨立性，獨立於現實而不憂。反觀司馬牛（一般人）之憂非如此，故孔子之回答只是：「內省不疚，夫何憂何懼？」」首先應注意，司馬牛所問只「君子不憂不懼」，非「不憂不懼不惑」，這反顯司馬牛只平凡一般人，故沒有從智言；其切入故從廣泛之「君子」、非從仁者勇者。其憂懼始終現實，未能由德行而超拔。此孔子單純從「內省不疚」而非更從仁智勇之德性言原因。同樣，對如「懼」回答本應在「勇」，然孔子不如是回答已顯示：其回答只針對一般人之內心心況、只求為慰解，非更言智、仁、勇作為德行之（更高）真實。雖然如此，「內省不疚」仍是一種德行、一種從起碼言之德行狀態，故仍可見德行對（平凡）個體解憂之意義：若能「內省不疚」，無論結果怎樣，是沒有甚麼可憂可懼的。非無外來憂懼之事，只憂懼本只由於心況，其本身非外來，故若能「內省」而「不疚」，是無須為其他而心憂，其他一切與一己所是無關故。

所謂「內省不疚」，非僅指無過錯，更應指本心非如此。舉例說：人若沒有與人對立不和之心，縱使遇有如此事情，仍是不會因此而憂懼，心本無欲與人對立故。如是內省不疚，「夫何憂何懼？」」。

從「仁者不憂」與「內省不疚，夫何憂何懼？」可見，人之憂懼實有二類：或由內致、或由外來。我們不應以為凡憂懼必為後者。事實上，人若有曾不是、或其本心偏執而不正，其不是始終深藏心中，從內使其誠惶誠恐，無以坦然安寧。對如是錯過，能回復心境平靜光明，唯如孟子所言「養氣」，即由「集義」而重生，使己之晦暗由行義而變得光明起來〈公孫丑上〉。孔子之「內省不疚，夫何憂何懼？」故是針對此自內而致之咎責與憂懼而作之安慰；換言之，若確然「內省不疚」，是無須有所憂懼者。若真曾有過錯，那也只能如孟子所言，再從平素為義為善而使自己心光明起來。孔子對司馬牛之回答，故是言這樣德行對人所有意義：使其不因內心所是或所曾是而不安。至於外來憂懼，那也只能如孔子，或由發憤而「樂以忘憂」、或由「憂道」致「不憂貧」，如「仁者不憂」對現實超拔時之德行那樣。【有關孔子之超拔現實，亦參考：「子曰：飯疏食、飲水，曲肱而枕之，樂亦在其中矣。不義而富且貴，於我如浮雲。」〈述而〉】。

由「憂道不憂貧」可見，如宗教之寄望他世，也可使人忘懷眼前現實，唯不真實而已。如是寄望，可使人連「齋、戰、疾」〈述而〉也不顧，只如執迷盲目般。人仍須由道而超拔，不宜虛妄地自欺。

五、司馬牛憂曰：人皆有兄弟，我獨亡。子夏曰：商聞之矣：死生有命，富貴在天。君子敬而無失，與人恭而有禮，四海之內，皆兄弟也。君子何患乎無兄弟也？

〔德行對個體之意義有三。二：解一切外在命運際遇之憂患〕

賢者若對外來憂患唯由德性超拔而解，那對一般人言，其外在憂患應怎樣解決？此亦司馬牛「患乎無兄弟」所問。從司馬牛例子可看到下列特點：一、外在沒有往往是人最大憂患。【亦參考：「鄙夫可與事君也與哉？其未得之也，患得之；既得之，患失之」〈陽貨〉】。二、「無兄弟」是所無中無法彌補的，兄弟非事物甚至妻兒，無法再得到。三、兄弟是人與人間至親者。父母雖更親，然人人均有其父母，縱使已逝仍然。從以上三點可見，司馬牛所患，非僅物事之沒有，更是人倫情感之沒有，為人性首先事。換言之，司馬牛之患是有其人性根據，非由於欲望，其患故絲毫無過。句所以以子夏言，因涉命與利，而孔子是罕言命與利的。【見「子罕言利，與命，與仁」〈子罕〉】。子夏所聞故應由一般，非由孔子：「商聞之矣：死生有命，富貴在天」。

死生與富貴二事，實對世俗言至緊要。然縱使重要、縱使作為物事似可由人謀取，然子夏所指出事實是，二者均無法由人意欲取得，故訴諸命與天。相反，司馬牛所患之「無兄弟」，表面已為不可逆轉事實或命運，然正因仍屬人事、甚至在人性範圍內，故反而可為人盡其力獲得。此時之力，即人與人間德行，換言之，恭敬與禮，此德行所以能解去人外在憂患之原因。此子夏：「君子敬而無失，與人恭而有禮，四海之內，皆兄弟也」意思。

於此我們可看到，人之外在憂患亦有兩類可能：或為物事、或為人事之無，前者與德行無關，無法因德行獲取，故訴諸命與天；後者則與德行有關、可由德行彌補，仍為人主動可能。《論語》本句故沒有誇言德行之真實，以為德行能解『一切』外在憂患。非完全不能：若是人事，德行仍可切實地求彌補、使無如有，甚至更多（「四海之內，皆兄弟也」）；若是物事而非人事，最低限度，德行仍可使人明白有天與命在，因而安於其份而知足無患，如明白「死生有命，富貴在天」那樣。本句故教人：德行對外在缺陷之主動性可能，此亦德行對個體自身言第二種意義：除內心憂懼外（德行對個體第一種意義），亦可解其對外時之憂患：或在知足、或更有人性努力可能。

傳統以司馬牛兄弟非只桓魋一人，只其患失而已。這樣解釋與本句道理無關、甚至與文意違逆，故不作評論。

六、子張問明。子曰：浸潤之譖，膚受之愬，不行焉，可謂明也已矣。浸潤之譖，膚受之愬，不行焉，可謂遠也已矣。

〔德行對個體之意義有三。三：使人最終通達，既明亦遠〕

子張問：如何始能對事情看得清楚、明白？「視思明」〈季氏〉本孔子教人道理。《論語》舉「譖」、「愬」（譖言與誣訴）為例，因譖愬看似平常、作為言語又似非實質傷害，故鮮為人在乎，其虛假性既嚴重又難分辨。【從前訕言可見，對一般百姓，問題往往扣緊言語而已，今譖愬亦然】。若連如此微細虛假性亦能辨察，這確是「明」。孔子所言非只譖愬而已，更是「浸潤之譖，膚受之愬」，既平素日漸（浸潤積習）、又如皮膚表層（無觀見距離）近至不為所察過錯，其察知極難。能連這樣過錯亦自覺，其觀見實「明」、其「明」始真實：非對高遠困難事物，而是對看似容易、然實更難覺察者之察知，特別是一己過錯。如此是「明」真正意思，其所對為平素虛假，非偉大事物。【《中庸》故說：「君子戒慎乎其所不睹，恐懼乎其所不聞；莫見乎隱，莫顯乎微」】。「明」故非只心之辨識力，更須由德行而致：能對己膚受與浸潤之過錯或虛假性亦能察知，如此微細覺識，始真正明察與明白能力。明與否故非與對象是否困難、更與所有困難是否微細致無以察覺有關：「明」故從不可見或難見言，非從困難言而已。

因錯誤唯由見深遠後果始能察知，【見：「人無遠慮，必有近憂」〈衛靈公〉；亦參考：「慎終追遠，民德歸厚矣」〈學而〉】，能「明」者必亦「遠」、必同有對最終結果洞見，否則無以知「近」之偽。「浸潤之譖，膚受之愬，不行焉」故亦為「遠」。

能知回歸微漸而察，如知中庸平凡之道那樣，本身已為德行，思慮之明遠通達，故由德行始致。此德行對人所有影響，為對個體言第三種意義。

有關「近」「遠」二者：「近」日常而遍佈，其影響深遠，故實難察知；「遠」（如高遠事物）非日常眼前、又多只一時，反易為人所見；「遠」故易使人忽略「近」。深遠故應從平素影響之大者言，對高遠者察知實無助於通達。

從以上可見，《論語》所以舉憂患與明遠作為德行對個體所有意義，明回應如「仁者不憂，知者不惑，勇者不懼」〈憲問〉這憂懼與困惑之現實性。人活於世，其首先困難即在憂懼與困惑，此德行對個體首先意義：解其必然憂惑。

*

除對天下人及對個體有其根本意義外，德行亦對現實存在為首要。有關德行與現實存在關係，《論語》分四點：國家人民之立、事物事情之成、財富之道、欲望愛惡之正。國家人民、事物事情、財富、欲望四者，往往為「現實」所涵蓋。《論語》所言，為德行與四者關係。

七、子貢問政。子曰：足食，足兵，民信之矣。子貢曰：必不得已而去，於斯三者何先？曰：去兵。子貢曰：必不得已而去，於斯二者何先？曰：去食。自古皆有死，民無信不立。

〔德行對現實之意義有四。一：國家存在能立之基礎〕

為國之道本在「以禮」、【「能以禮讓為國乎，何有（不可）？」〈里仁〉、「為國以禮」〈先進〉】、在正名正身、在「君君、臣臣、父父、子子」（見後）等道理，都先從為政者德行言。若必須從存活，仍頂多說：「庶矣哉」「富之」「教之」【見〈子路〉句九】，而這是針對衛情況、非一般言。孔子從沒有以「足兵」為道，故：「衛靈公問陳於孔子。孔子對曰：俎豆之事，則嘗聞之矣；軍旅之事，未之學也」〈衛靈公〉、「善人為邦百年，亦可以勝殘去殺矣」、「如有王者，必世而後仁」〈子路〉。以「足食」「足兵」

言，故是回應子貢之問，非必孔子認為。

「食」「兵」明顯為現實（政事）最在乎；「足」、【亦見下第九句「年饑，用不足」】、「必不得已而去」及「何先」，更見現實之壓迫性。縱使從現實言，孔子所重仍只「民信之」，非「足食」「足兵」。首先，「民信之」從何言與現實有關？「信」（真實性）為為事時德行，與物事有關，故〈學而〉「敬事而信」、「謹而信」，均從為事言。【見〈學而〉論為事之道】。「信」故大體言為「質」或「義」之事，亦有子所以說：「信近於義」：義（事情所需真實）須人之真實性成就故。事實上，本組句子因從現實方面言德行意義，故下句亦提及「質」、【見「質而已矣」。於「質」與「文」二者間，「質」屬事物事情一面，較近於現實，亦為棘子成（或一般世人）所肯定】、而第十句仍從「徙義」言「崇德」。「義」因為事情甚至物事需要，故較與現實有關，亦本句「信」字所指向。正因與「事情」行作有關，故人必須有「信」，否則事無能成。【見：「人而無信，不知其可也。大車無輗，小車無軏，其何以行之哉」〈為政〉。亦參考君子「義以為質」，並「信以成之」，及小人相反：「言不及義」〈衛靈公〉】。本句於言「民信之」或「民無信不立」時，故仍是從較現實一面考慮，指出：縱使言現實，仍不應以「足食」「足兵」為是，人民其行真實與否更是重要，亦與國家之立攸關，此孔子對子貢為政現實性之回答。故沒有如「信」（真實性）這樣德行，連現實仍無以行，此德行於現實首先意義：非在「食」「兵」，而在「民信之」。

表面上，「足食」「足兵」確為「存活」條件，然若沒有國家與人民之真實性、沒有二者之立，存活根本再無意義：一爾虞我詐純然虛假社會，再無絲毫存活真實。縱使從現實，「民信之」(無論指上位者抑百姓之真實)故仍為先。能使「民信之」之國家，始存活之本，食與兵只其後之事而已。現實故仍須以德行(「信」)為依憑，此德行對現實(國家存在)之首先意義。

人可能以死生為由，以食與兵為重。然「自古皆有死」明白指出：無論怎樣，死亡對人類言實為無可避免之事，非因現實便無死。無論多現實，【甚至，越是現實越如此】，死始終難免。由德行，人反而始免去無辜死亡。因「足兵」而戰、或由求富庶而爭鬥，始死亡真正原因。現實拒斥德行之理由，始終虛假：人類由德行而生，由現實而死。

八、棘子成曰：君子質而已矣，何以文為？子貢曰：惜乎，夫子之說君子也，駟不及舌。文猶質也，質猶文也。虎豹之鞟，猶犬羊之鞟。

〔德行對現實之意義有四。二：事情(實質)美善之本〕

棘子成之問明顯現實，故質疑「文」何以為？人均以「質」始重要，「文」只外表事，可有可無。求為真實之人（君子），棘子成故以「質」便足夠，無需禮樂（文）素養。孔子確亦曾說：「先進於禮樂，野人也。後進於禮樂，君子也。如用之，則吾從先進」〈先進〉。然孔子意非文不重要，反而是：正因文重要、並為孔子教學所在，故始反說：在所學外（文），弟子仍須能為事、能實質地「為人」始為君子，教學其目的亦在此。

本句主旨若在對比文與質二事，那何以言「惜乎，夫子之說君子也，駟不及舌」？原因在：若現實以文質為對反，子貢反而想表示：對反於「質」者非「文」，而是（人之）輕忽與表面；是這樣表面性，始「質」之對反。「文」雖與「質」性質不同，然二者實一致，同非表面輕忽之事、同屬事情內裡。「文」所以如「質」同樣實質性，因人事所涉非只物事而已，更有人在，因而亦須講求人性感受，此「文」所以亦必然。如孝，雖本只奉養事，然若無敬（禮），與犬馬之養再無分別【見〈為政〉】。「文」與「質」故同樣重要、同樣為實質，一對向人、另一對向物事。故在講求實用性外，更須顧及人性感受，此「文」所以必須。若更從存在整體言，故「文猶質也，質猶文也」，缺一不可。

子貢所用比喻：「虎豹之鞟，猶犬羊之鞟」意思是：虎豹所以為虎豹，實直由於其毛文之炳蔚而已。若單純從勇猛（質）言，虎豹與獅兕無異；又若從鞟（鞹，革之別名。獸皮治去毛曰革）本身言，

「虎豹之鞟，猶犬羊之鞟」；若非由文，是無以見二者之差異的。無論從哪一角度，虎豹所以為虎豹故與其文密不可分。文雖似外表，然實與事物一體。如是外表，同於內在，此「文猶質也、質猶文也」亦有意思。如棘子成，縱使只「駟不及舌」，然如此外表實亦已反映其內在：不知人性於事情中重要，故非為君子、非知真實。

外表與內裡二者關係可有下列形態：一、外反映內而外內一致：如內有德性，外亦有德性；外表輕浮，內裡亦輕浮。內外始終一體。二、外內雖非一致，如禮文之外與事本身不同，然如此外始終指向另一種內：人性感受之內。此時禮文之外，故仍是由於內、由於人性需要故。三、事物（如虎豹犬羊）其外表外在，猶如內裡同樣重要，甚至往往亦其本質所在。如此外表之重要性，多與事物之為觀見事物有關（如美感感受），故非只能言使用。四、於同為觀見事物中，仍有單純技藝表面與內裡情感心境真實之分；如此內外，仍從只物事素材（技巧與形式）、抑更有對向人心感受與意義言，此其內外差異所由。如是四種形態，可簡約為：外反映內而一致、外另有其內在真實、內外一體無別、及外背離（違反或對反）於內。二者相近（一與三）、二者相背（二與四）。然唯在最後情況，外始無義，亦「虛假外表」所有意思；否則，看似為外者，實仍有內在相應真實在，不能純視為外。在「棘子成」句中，「惜乎，夫子之說君子也，駟不及舌」故為第一點，棘子成之表面反映其內裡；「君子質而已矣，何以文為？」中「文」則為第二點；「虎豹之鞟，猶犬羊之鞟」為第三點；而「文猶質也，質猶文也」為第四（亦第二）點：藝術中內在情感實質（意義與美感），實亦應其外在表現所在，否則若以技藝為表現力，只違逆藝術之意義與價值而已。

從內外關係之真實者言，沒有一種內外關係其內重要而外不重要。若有，其內亦必無價值，是沒有一種唯內真實而外無所真實之情況可能。徒只有外表之事，因而其內亦必毫無重要性。若如禮文外表，因有人性感受在，是無以因似為外在故無必須。禮與義或文與質故可視為二事，各有內外（虛假虛偽之一面）。此「質勝文則野，文勝質則史。文質彬彬，然後君子」〈雍也〉意思，二者實並行地重要。

棘子成由現實心，故不見文（禮樂）之重要性，此子貢之回答：文其德行，故亦事情根本。事其真實，故非獨質而已矣，更有文在。如文之德行，故仍為事情現實性（實質）不可或缺者。

九、哀公問於有若曰：年饑，用不足，如之何？有若對曰：盍徹乎。曰：二，吾猶不足，如之何其徹也？對曰：百姓足，君孰與不足？百姓不足，君孰與足？

〔德行對現實之意義有四。三：經濟富足之本〕

非獨為政（國與民）或事情（質）須德行，連單純如經濟富足，亦須言德行。「徹」為十取一之賦稅。魯自宣公而十取二，至哀公仍然。哀公之「年饑，用不足」是從絕對值言：於年饑，縱使已十取二，仍感不足。如是不足明就統治者言，非因饑年更考慮百姓辛苦。有子之「盍徹乎」刻意把「年饑，用不足」一語用在百姓身上，故言稅減可使百姓更為足夠，如是而顛倒哀公意。其解釋「百姓足，君孰與不足？百姓不足，君孰與足？」是說：從國家經濟言，足與不足應是「人民」（國家主體）之事，非應從統治者是否足夠言。經濟雖似單純富足之事，然實仍有德行問題在：國家應求為百姓之足、非求為統治者自身之足，此始為真正經濟，亦國家富庶意思。所以與德行有關，因在統治者與百姓兩者間，實仍有先後主次問題在：代表國家者可只為私，人民始為真正之「公」，此其應有先後。縱使言經濟，故仍應從德行言，否則統治者可使連百姓生活也不顧，因而本末倒置。一切現實事，故始終仍須由德行、與德行有關，是無以在德行外以為有單純現實考量者；如國家不為人民貧困甚至使其為國而喪亡，如是仍只行私而已。

十、子張問崇德、辨惑。子曰：主忠信，徙義，崇德也。愛之欲其生，惡之欲其死。既欲其生，又欲其死，是惑也。『誠不以富，亦祇以異』。

〔德行對現實之意義有四。四：欲望與愛惡之正〕

除為國、為事及經濟外，德行與現實有關道理，最終明為欲望。於現實，欲望最不從德行考慮。然正於此，可見德行之根本性。

欲望大致分兩類：與生存事物或境況有關、及單純對人之愛惡。【見〈里仁〉有關仁之討論】。《論語》鮮用「崇德」一詞，唯本句與下樊遲問「崇德、脩慝、辨惑」有如此。於德行而用「崇」，是為對反欲望求索姿態。當孟子見梁惠王而說：「王何必曰利？亦有仁義而已矣」〈梁惠王上〉時，孟子所言，非在「利」外另有仁義，而是：人均以為現實唯由「利」始能，事實正好相反：仁義同樣可解決現實一切問題，以「利」反而只引致相互對立與矛盾而已，非如仁義能真實地解決。換言之，仁義實可取代欲望而為解決現實時之道。《論語》「崇德」意思亦同樣。「崇」字故為指出：人類〔於現實〕若能「崇德」，是再無須以欲望利欲方式求生存，現實一切問題，可由德行解決。「崇」字故非只針對個人之「好」、而是對向人類整體態度言。孔子意思故是說：人類若能「主忠信」並「徙義」，如是生存中一切需求問題，自然得到解決，是無須以利欲方式求為生存者。此「崇德」意思。於下面樊遲之問，孔子故亦回答：「善哉問。先事後得，非崇德與？」正因問題切中人類現實，故為「善哉問」。「先事後得」亦明白從「得」如此欲望態度（現實）言。【於言「見得思義」時，〈季氏〉故亦言「忿思難」，與下面「愛之欲其生，惡之欲其死」欲望之主觀性相同】。

若相對現實生存欲望可以「崇德」解決，那對每人自身純然主觀之愛惡（愛惡欲望），其道理又如何？若為主觀欲望，明白再無如「崇德」這德行態度可能。孔子故只能直從其不是言。「愛之欲其生，惡之欲其死」所指出是：無論欲望多強烈似不能自制，然一旦滿足或一旦所愛有所變化，如是本「欲其生」之愛，頓時可落為「欲其死」之恨。如是可見，非如愛時所以為幸福快樂，欲望事實只擺動於愛恨間，因而可瞬間過去而只留下痛苦，非有所長久穩定。如是無確定性：「既欲其生，又欲其死」，故「是惑」。作為「惑」，絲毫無真實性可能。引《詩・小雅・我行其野》

【屬〈祈父之什〉，為對上位者缺失之批評】「誠〔成〕不以富，亦祇以異」，因〈我行其野〉主旨為對上位者棄舊求新欲望之批評，《論語》故借此以說明欲望其事實，而此是：縱使非求為富有〔得〕，然實仍只求為新異而已；欲望無永久恆常性，只不斷求新求異而傷害〔「欲其死」〕而已。這求為新異之純粹主觀性〔盲目性〕，故為欲望〔愛惡〕本質，換言之，欲望無真正客觀真實；縱使非求為富有，也只見新忘舊而已，如是而愛惡任意而無道。

〈顏淵〉上述四句，故從人民國家、事物事情、經濟財富、欲望四者言其中德行之根本性：縱使於現實基本方面，德行仍為根本，否則無論人與事均無以立、無從美善；經濟亦無能為真實富足，而欲望也只惑、無得以解決。德行對現實之意義重要如此。

*

除為現實基本外，德行亦為治道基本。這裡治道非指為政方法，而是統治時基本，而此有三：一、份位者之真實性；二、執行者之果斷；三、治理及百姓間應有之人性人情關係。以上三者，為治理上所必須，亦其德行根據。

十一、齊景公問政於孔子。孔子對曰：君君，臣臣，父父，子子。公曰：善哉！信如君不君，臣不臣，父不父，子不子，雖有粟，吾得而食諸？

〔德行對治道之意義有三。一：「君君、臣臣、父父、子子」〕

治道所以能行，亦先在份位者各守其份、各盡其力而已。「君君，臣臣，父父，子子」意為：君能為真實之君、臣能為真實之臣、父能為真實之父、子能為真實之子。能如是各盡其應有責任真實，如此治理始能成就。從國家治理言，本所須提醒唯君與臣而已；亦言父子，因責任實人人所有，非獨君與臣；故若連父子（一般百姓）也能各安守其份、各盡其責，如是已為治道理想、其至善狀態。若撇開「足食」「足兵」或禮樂教化不言，能達致「君君，臣臣，父父，子子」這樣真實，這確已治道目的。故若「君不君，臣不臣，父不父，子不子」，換言之，份位者無應有真實、人各亦無盡其應有責任，如是絲毫無治理之國家，故無能言安居樂業，此「雖有粟，吾得而食諸？」意思。

縱使只單純「君君，臣臣，父父，子子」、縱使多只似治道之必然，然能如是，實已需有德行在。德行故為治道基本。其為德行，故非從更高要求言、亦非相對現實為虛想，而實一切存在真實所必須，再無其他替代可能。

十二、子曰：片言可以制獄者，其由也與。子路無宿諾。

〔德行對治道之意義有三。二：「無宿諾」〕

除各守其份外，執行者於治理亦必須果斷：不苟且、不拖延。【參考：「季康子問仲由可使從政也與？子曰：由也果，於從政乎何有〔不可〕」〈雍也〉。「子貢問曰：何如斯可謂之士矣？」「子曰：言必信，行必果，硜硜然小人哉，抑亦可以為次矣」〈子路〉】。「片言」可以制人於獄者，已顯其所犯事情明白，無妄制可能。對如此罪行，仍須有執行時之公正不偏與迅速，此執行者應有基本德行。除「行必果」外，執行者亦須「言必信」。「無宿諾」指對所允諾之事無過宿夜，意謂作事絲毫無所拖延。例如刑法之事以言執行者之果斷果敏，因其他事仍有彈性在，若罪行明確而必然、又所犯嚴重，更不能苟且延宕。

十三、子曰：聽訟，吾猶人也。必也使無訟乎。

〔德行對治道之意義有三。三：「吾猶人也」〕

縱使為訴訟事，亦非事事必如強暴殺人者那樣能「片言可以制獄」，更多可能為鄰里間告訟，各有其理、各有其情。對此，不能因法而無視人情，此治理上應有人性，亦其德行所在。句故以孔子「聽訟」為例，言其理性不致失卻人性應有溫和，故始終「猶人」，非為強暴執法者。「必也使無訟乎」更指出，在人與人間、在可能情況下，能達致無訟而各知克制，此實治理上至為人性結果。無論是「猶人」抑「無訟」，縱使言法，仍須盡人性感受，此仍為治理應有基本德行。於法，故不能只言「制獄」，更應從「猶人」或「無訟」之人性人情言，此〈顏淵〉並舉「制獄」與「聽訟」二例之原因，各有其德行基本故。於言法治之今日，對此更應有所深省。

*

若治理其德行在各盡份位職責、在執行上之果敏、及在不失人性人情，那從從政或為仕方面言，其德性之基本亦三而已：盡忠與無倦、立己而無過、成人之美而非為己。如是道理非就為仕者自身、更是人對為仕者之要求。所要求，實為仕者應有基本德性而已。

十四、子張問政。子曰：居之無倦，行之以忠。

〔德行對從政者之意義有三。一：「無倦」而「忠」〕

能居於眾人之位，首先應「無倦」，無論從心態抑從實際作為言均應如此。無論治人之事多繁複甚至無力，始終不能厭倦，如孔子面對生命「學而不厭，誨人不倦」之態度。此為仕者能「居之」時所應有首先覺識。【亦參考：「子路問政。子曰：先之勞之。請益。曰：無倦」〈子路〉】。

此外，對其「行」（作為與執行），唯「以忠」而已，即盡為人之善而為、忠實於人之善，對上對下均然。無論從居位抑從行作言，為仕者其基本仍在德行而已。

十五、子曰：博學於文，約之以禮，亦可以弗畔矣夫。

〔德行對從政者之意義有三。二：「可以弗畔」〕

在「居之無倦，行之以忠」外，因事與眾人有關，故為仕者亦不能有過。能致無過，仍由學而已，此所以「博學於文，約之以禮」。本句於《論語》三次重出，均由「學」與「禮」言改過；一在〈雍也〉、二在〈子罕〉、而三即在此〈顏淵〉句。一言德行能無過實有其中庸可能，【而此即「博學於文，約之以禮」而已】，二即孔子對後學者（顏淵）無我之教導，【見「博我以文，約我以禮」〈子罕〉。自我往往為人有過不改之所由，能改過，已見人無執於自我】，而三此處則從為仕者改過之道言人能無過，一固然由於博學，然二實由於能「以禮」對人、「以禮」約己而已。雖僅為「禮」，然過與無過往往由此：於人與人對待或相處間，過亦在是否有禮及以禮而已。

由「博學於文」而知事情之正，又能一切「以禮」而約並對人；人之無過甚至立，亦僅由此。此故為為仕者所有基本德行。

十六、子曰：君子成人之美，不成人之惡，小人反是。

〔德行對從政者之意義有三。三：「成人之美」〕

最後，因為仕者所從事關涉一切人，故除不應有過外，對人更應「成人之美」，盡為對方考慮。

從政者多以自身居上，所求反而是人之為己，《論語》故對從政者提點，以其應有「成人之美」這樣德行。在美與善二者間，美較善更為主觀，「成人之美」故非僅言成人之善，更言於可能時順承人之意想、盡符應人而美。善基本而美理想，故「成人之美」非只求為善而已，更應致力其理想，此見為仕者德行（對為仕者言之基本德行）。

為仕者無倦、無過、及「成人之美」三點雖似與事內容無關，然仍多麼是為仕者自身德性態度。若非如此，為仕只充斥着小人般自私自利、甚至傲慢鄙陋而已。從政者若無如此基本德行，其作為再無可取。

*

在治道及從政者自身外，德行對百姓是否亦有其意義？這裡所言，為上位者德行對百姓所產生意義或效果，亦德行對其治理之幫助。本組三句以「季康子」之問標示。有關百姓德行（或上位者德行之於百姓），本組三句從百姓之行正、其流弊（如盜竊）、及其無道而行惡三層次或程度言。三者於上位者，一由其身正、二由其不欲、而三由其不暴而善德行取決。

十七、季康子問政於孔子。孔子對曰：政者，正也。子帥以正，孰敢不正？

〔君主德行對百姓意義有三。一：「孰敢不正」〕

百姓之是否正，由上位者之正取決。「政者，正也」如此簡明總則，既針對上、亦針對下，二者都應以「正」行事。【「正」實為道理本質，故可用於一切事情上，非唯為政或治理】。因百姓一切均由上位者導引，故百姓之「正」，亦唯由上位者之「正」而致，此所以上位者之「正」重要，亦孔子一言蔽之「政者，正也」之原因。「子帥以正，孰敢不正？」明白表示：所言實為百姓問題。【亦包含一切承輔者（臣）】。雖為百姓問題，然是否能致此，純由上位者而致而已，責任非在百姓身上。此上位者德行對百姓所有意義：為百姓其德行之本。

無論百姓抑上位者，「正」有兩面：人自身之正（「正身」）、及事情行作之正（「正名」）。從上位者言，「正身」所以重要，因「其身正，不令而行。其身不正，雖令不從」、「苟正其身矣，於從政乎何有（不可）？不能正其身，如正人何？」〈子路〉。舜故也只「恭己正南面而已矣」〈衛靈公〉。至於行事之正，除如「席不正不坐」、「割不正不食」、「升車，必正立執綏」〈鄉黨〉、「正其衣冠」〈堯曰〉

等等外，對上位者言更重要，即「正名」。「正名」非只「名」之問題，而是事情其「正」問題。事物事情之真實，不能從其自身孤立言，如以刑法即為刑法那樣。如刑法，須先顧及百姓是否已有禮文教育、或其存活事是否已得到適當處理。若存活無以為存活、又未能教以禮文（「就有道而正」〈學而〉），如是以刑法對待百姓所犯錯，實未為「正」。事之是否「正」，故必須（或最終）回歸其對人存在整體考量、從人民百姓其存在面相之整體言，非能任隨一時或一己之意行。從「道」『整體』定奪、求事事來龍去脈之正，此始為事之正，上位者之為事尤應如此。故刑罰法制（作為事），不應孤懸地以為有法制自身之正當性，而應在百姓生活事成就後（生活安定後）、在禮樂興立後，始為「中」。刑罰是否正當由此。只事事訴諸刑罰法制，實上位者自身不負責任而已，其行事（之名）無以因此而正確、更無以真實，此「刑罰不中」意思。【請參考：「名不正則言不順，言不順則事不成，事不成則禮樂不興，禮樂不興則刑罰不中，刑罰不中則民無所錯手足。故君子名之必可言也，言之必可行也。君子於其言，無所苟而已矣」〈子路〉】。由此可見，無論於人於事、無論直接間接，百姓是否能正，全先繫於上位者自身其行是否正而已。若上位者一切行正，如是德行及作為（政）之成果，必使百姓亦正而無偽。

所以「子帥以正，孰敢不正？」，非言百姓對權力不敢違，因為「正」，故不敢違而已。若上位者不正，縱使有以權力，人人始終仍敢作偽。若有所畏，故只因「正」、非因權力力量。而這表示：於人，無論怎樣，人實畢竟心中仍有正道在，並由之衡量一切。故於「正」前，人無敢以曲偽為是。此「正」同為人性直道之說明。一切故唯在：因人民畢竟以上位者為主動，【亦上位者於共體所有影響力（「帥」）】，故縱使直道為人人本然，始終仍由上位者導引並取決。德行於上位者，故同為百姓德行，此上位者或上位者德行對人民之意義。若非如此，百姓於共體社會，是無以為德行者。非百姓自身無人倫德性，只其對向共體社會時，因由有所統治，故一切仍視乎統治者本人而如被動。於共體中，人一般只講求齊平意識而已，【見〈為政〉句三】，非直行其本性感受。如是，上位者之無德，故實窒塞百姓德行本性；此上位者德行於百姓所以重要，亦其意義所在。

今日所言「正義」，因實往往針對個體間利害利益，故多為口號甚至行事借口，亦往往構成爭鬥時理據，故非等同道之「正」。如知「攻乎異端，斯害也矣」〈為政〉道理始是。

十八、季康子患盜，問於孔子。孔子對曰：苟子之不欲，雖賞之不竊。

〔君主德行對百姓意義有三。二：「賞之不竊」〕

若人民「行正」之德行取決於上位者〔德行〕，那如盜竊等行為，實仍與上位者德行有關。舉盜竊為例，因其於百姓流弊，最一般而日常。

從「苟子之不欲，雖賞之不竊」可見，人民非唯以君為方向，其自身欲貪，實亦有見於上位者作風。人民有所盜竊、有所貪得，必亦社會充斥着如是風氣，上下不同層次而已。事實上，如盜竊等事，多只相關無必需物品；對生存所需，人鮮以盜竊而為。如是盜竊多只與無必需性欲望有關，縱使求為吸毒而盜竊仍然。故社會一旦自上而下以欲貪為風氣、求難得之貨，如此盜竊於百姓將必然。問題因而非只合法不合法，更是社會中居上者是否先有欲貪、以欲貪而行。若如此，縱使以合法（非盜竊）為借口，始終無改盜竊風氣，欲貪之心自上而為基本故。由是，不得其合法者為盜竊，得其合法者，雖盜竊亦不為盜竊，此所以盜竊無止。這一切因而實源起於上位者、其欲望態度。而社會所有，只其反映而已。在如此風氣下，實不能獨以盜竊為非，貪得之心已為人人根本故。「苟子之不欲，雖賞之不竊」故明白指出：問題始終在上位者欲貪心態；若社會無所欲，人是不會在乎所得而盜竊。以盜竊為由而立如警察制度，實統治者求為保障自身利益而已。如盜竊等問題，其解決實應在上位者身上，非以警察對人民防範，甚至達成對人民箝制。「苟子之不欲」一語味深長，為對權勢者之戒惕甚至批判，直指出其無德。人民之盜竊，實上位者自身欲望之反映、其無德而欲貪心況。

我們可能反駁：治理必須以刑法，若非法制，罪惡無以終止。事實相反：縱使以法制統治，盜竊殺人不會減少。盜竊殺人實與刑法無關，其本非生活常態，是否存在，唯與社會欲貪境況與風氣有關而已。若社會（上位者）復歸人性而禮治，人不會行其反人性之舉。是否如此，故與刑法或道德無關：人性不會求為反人性而行。盜竊殺人只與社會有關，與人性實無關。【人不會人性地弒親、亦不會人性地殺人盜竊，其不得已由上位者作風與社會境況，與人性或刑法無關。存在本平實而非欲望性，故無須如西方神人因爭奪而刻言正義。存在艱困而欲望，均人類自製，藉由差距、他者、技藝、禁限、超越感與越度感等假象，存在始無以平實，亦人因有否定感而欲望。在人性平凡容易存在中，「雖賞之」亦「不竊」】。

十九、季康子問政於孔子曰：如殺無道以就有道，何如？孔子對曰：子為政，焉用殺？子欲善而民善矣。君子之德，風；小人之德，草；草上之風必偃。

〔君主德行對百姓意義有三。三：「草上之風必偃」〕

從上位者「不正」、其「欲」、至此「用殺」，實一步一步展示了上位者之無道。治理所以無成，由無德而明顯。人民之正與不正、其物欲之心、至連性向(善不善、暴不暴),均實由於上位者而已。

季康子以為:人民暴虐而無道,實其自身本性事,故唯以殺始能制止。此實人類言刑法時心態與作風,以人性惡為借口所致。孔子稱這樣做法為「小人之德,草」;意謂不但不可遏止,反如草之蔓延,終無止息一日。以「殺無道以就有道」,實更造成無道而已、更肯定其作風而已;若有道,將是「子欲善而民善」,能如此,始「君子之德,風」。有關「草上之風必偃」一語:仰而倒曰「偃」、伏而覆曰「仆」;迎風則偃、背風則仆;「偃」故有休止其事之意。「草上之風必偃」故是說:如迎風之草偃而倒,人唯以君子之道(君子之風)使民仰而休止其惡暴,否則無以能由殺而就有道。之所以仍援用「德」字於小人,因其居上時實仍有影響力故。「君子之德,風;小人之德,草」所言故為兩種影響力:以德行使民仰視而影響、及以無道罪惡蔓延而影響。有道無道全繫於此,全在以德抑以殺而已。

作為上位者,其對向百姓之德行,故直在行為風尚之正、在對財物不欲貪態度、及在本身不暴虐性情上。百姓之行為、其心(是否欲貪)、及其性情,純由上位者德行而致而已。上位者「正身」之道故在此,亦德行對上位者治理時之意義。

在德行其對人、對治道等之意義後，在結束前，〈顏淵〉說明因德行而有之所得，分三面：士之所達、世人生活之平穩、及君王之得天下。一為個體、二為世人、而三為王者，三者所得重要而極致。

*

二十、子張問：士何如斯可謂之達矣？子曰：何哉爾所謂達者？子張對曰：在邦必聞，在家必聞。子曰：是聞也，非達也。夫達也者，質直而好義，察言而觀色，慮以下人。在邦必達，在家必達。夫聞也者，色取仁而行違，居之不疑。在邦必聞，在家必聞。

〔德行之所得有三。一：使士能有所達〕

子張所問：士如何始得其名望成就；像這樣問題本與德行意義目的相悖。孔子明其意，故反問：「何哉爾所謂達者？」子張之解釋「在邦必聞，在家必聞」若非只名望（聞），所求實有「在邦」「在家」聲望之普遍性，子張所言「達」指此，即聞望之「達」。若從德行得達其於天下成就言，「達」與「聞」正好相反：求為達者不求名望、求名望者不求真實德行，二者均各有其普遍性，一者真、另一者表面而偽。求達者最終仍可「在邦必達，在家必達」，唯非「在邦必聞，在家必聞」而已。二者之差異在：求為德行之達者，除對德行之好外（真實德行：「質直而好義」），更有「察言而觀色，慮以下人」這樣謙遜態度。【對上「察言而觀色」，對下「慮以下人」】。是這樣態度使其德行本心與實踐能於邦家而達，無所滯礙。相反，求為名望者，因名望仍須由德行之假象而致，故此時其德行（德行對求名望者言），也只「色取仁而行違」而已，換言之，只有德行之表面（外表如有仁之假象），然事實不然。因求為名望，故再非謙遜，因而「居之不疑」：自視德行或成就過人，絲毫無所反省。

成就之真偽關鍵故仍在德行：或在真實德行之作為、或在虛假德行之名望，二者即「達」與「聞」之相反。人成就（達）無論怎樣，始終必由德行始致：或由真實德行而達、或只由虛假德行之名而聞，此德行與所得之關係，唯真與偽而已。

二十一、樊遲從遊於舞雩之下。曰：敢問崇德、脩慝、辨惑。子曰：善哉問！先事後得，非崇德與？攻其惡，無攻人之惡，非脩慝與？一朝之忿，忘其身以及其親，非惑與？

〔德行之所得有三。二：為世人平穩存活之本〕

若個體成就無論真偽均繫於德行（或德行之名），世人存活，縱使不從孝悌忠信等德行言，仍須德行以為基本。句始以「樊遲從遊於舞雩之下」，所暗示即生活能如「遊於舞雩下」之自在自由。樊遲所問德行，故實與此有關。

「崇德」一詞上面已曾指出，與人求生存之欲望對反。樊遲這裡多出「脩慝」一問，因「慝」言藏匿於心之惡、一種邪惡之念，故「崇德、脩慝、辨惑」三者所言，明為世人於生存間所有之心況：其存活求得之欲望、其心思所有惡念、及其愛惡性情之主觀性。孔子之回答故非從德行其種種具體方面與真實、而只從其「不得不」一方面言：縱使對如「崇德」，所要求也只（於求得時）「先事後得」而已，甚至非如「務民之義」（雍也）或如前子張問中孔子之從「主忠信，徙義」言「崇德」。【見前第十句。子張問中之「崇德也」單純正面，這裡之「非崇德與？」則顯其回答之但求最低限度，故始說：

這不也是崇德？】。非只「崇德」但求「先事後得」，「脩慝」與「辨惑」亦然：一者只求為「攻其惡，無攻人之惡」，另一者則唯以「一朝之忿，忘其身以及其親」解釋。「攻」仍是擊伐之意，【如「攻乎異端，斯害也已」〈為政〉、「小子鳴鼓而攻之可也」〈先進〉】，「攻其惡，無攻人之惡」是說：對世他人其明顯不是，仍不應心如懷着邪惡或匿怨般對人攻擊，應單純去自身所有惡便是，無須為世人之惡而激烈反應。同樣，有關「惑」，只須切記「一朝之忿，忘其身以及其親」，於憤懣中仍應先思及可能引致之患難與傷害，不逞一時之勇，如是便可無「惑」。

無論「先事後得」、抑「無攻人之惡」、甚或「一朝之忿」，所言並非甚麼德行，只對向世人於平素中（他人）常有之錯誤而已，如是所言德行故至為基本、甚至只最低限度。若連這樣德行也不能，其人生命將極為困難：或因不事、或因「攻人之惡」、或因只自我情緒性或欲望性地反應。故從世人一般存在言，縱使不言人性德行，始終，德性之基本仍不可免，否則只引致自身存活困難而已，絲毫無所益處。句故指出：縱使於世人一般存活，德行對一平穩生命存活言，仍為基本，是不能廢棄德行而能平穩者。此德行對世人言之所得，否則無以「從遊於舞雩之下」而自在。

二十二、樊遲問仁。子曰：愛人。問知。子曰：知人。樊遲未達。子曰：舉直錯諸枉，能使枉者直。樊遲退，見子夏曰：鄉也，吾見於夫子而問知，子曰：舉直錯諸枉，能使枉者直。何謂也？子夏曰：富哉言乎！舜有天下，選於眾，舉皋陶，不仁者遠矣。湯有天下，選於眾，舉伊尹，不仁者遠矣。

〔德行之所得有三。三：助王者之得天下〕

除為個體成就之本及世人存活之平穩基礎外，德行更是上位者能得天下之原因。「愛人」一詞《論語》僅用於上位者身上，非從人與人一般言。樊遲之問仁與知，故針對上位者而發。孔子之「愛人」與「知人」，為在一切從政具體作為前，上位者自身所先有德行。正是如此德性心懷，最終成就其為王者。如是可見，王者得天下之德行，本微不足道，亦只「愛人」（愛民）之心懷及「知人」之智而已。如此心懷與智，已足使人成就天下。【「知人」非言自身能力，只求為他人扶助而已】。樊遲所不達正在此，亦句所以舉子夏之原因。【子夏多重視德行微不足道處，故為子游評為：「子夏之門人小子，當洒掃、應對、進退則可矣。抑末也，本之則無，如之何？」〈子張〉】。對「知人」而回答

「舉直錯諸枉，能使枉者直」是說：治理只須任用正直者以去邪曲者便是，若處處以對立防範行，反只困難：對立本身非德行，只使對立性無限延伸。以德行為本之治理故實簡易，以正直者改變邪曲人事便是，連如得天下之巨大，亦由微薄德行致而已，此舉舜與湯為例之原因。

*

在述說完德行之意義與所得後，〈顏淵〉最終兩句，指出微細如交友等平素事，實仍須德行始為美。

二十三、子貢問友。子曰：忠告而善道之，不可則止，毋自辱焉。

〔德行對平素之意義有二。一：交友之道〕

因人有善不善兩面，交友道理故亦二：子貢句所言為不善者，曾子句所言則為善者。對友有所不善或不是，「忠告而善道之」為其基本德行，實仍「主忠信」而已。然若對方不接受，由「不可則止」致「毋自辱焉」更見德行之意義，否則若因忠告而不知止，只引致侮辱甚至相互遠去而已。於人與人平素關係，如友，故仍須德性始使無過（無太過），此德行意義範例。

二十四、曾子曰：君子以文會友，以友輔仁。

〔德行對平素之意義有二。二：「以文會友，以友輔仁」〕

至於能交友而善、甚至成為生命扶持力量，人與人如此生命真實，實仍由德行而致，此「君子以文會友，以友輔仁」意思。真正能為生命之友，故一在文、另一在仁。二者因為德性，實友情之真正基礎。若非由文、若非輔仁，人生命難得其真正意義。人故唯由德性，生命始有真正輔助與友情可能。此德行對人平素生命之意義與真實。

公元二零二零年三月二十五日

子路

政治之道

〈顏淵〉述說德行於天下之意義，〈子路〉則論說政治之道。一般認為，政治為人類存在大事，因而該有獨特道理與方法。事實不然：政治也只事而已、只涉人人（而非個人）之事而已，是沒有作為「事」外更根本者。視政治為獨特，只因現實把人與人、國與國之爭鬥競爭視為根本。此時因涉力量，故有着種種特殊關係與情況而似複雜。然若單純從治理本身言，人民百姓本各自理自身事，治理所需唯分配與協調、及或從事與人人有關方面而已，而這一切，總體言仍只「事」，無權力、力量之必須，二者非「義」，亦與人民單純存活無關。閱讀《論語》及〈子路〉於此點明顯：孔子對季康子問從政能力故說：「由也果，於從政乎何有（不可）。（…）賜也達，於從政乎何有（不可）。（…）求也藝，於從政乎何有（不可）」〈雍也〉。於人問「子奚不為政？」時，孔子之回答也只是：「《書》云：『孝乎惟孝，友于兄弟』，施於有政，是亦為政。奚其為為政？」〈為政〉。故〈子路〉記有：「冉子退朝。子曰：何晏也？對曰：有政。子曰：其事也。如有政，雖不吾以，吾其與聞之」。「其事也」、其事而已，這始政治之真實，是不應以為更有特殊者。

人類存在、人與人，若非人性地以禮，便只能以強弱爭鬥行事，存在本如此明白。二者落於為國或國家對人民之治理，故或只「以禮」(中國古代)、或只以法。前者順承人性而自然，後者因講求力量，始有公平正義、自由權利等問題，否則人性本無須言權利與爭鬥。「為國以禮」故應是政治通則，縱使對向大國仍然。【子路曰：「千乘之國，攝乎大國之閒，加之以師旅，因之以饑饉，由也為之。比及三年，可使有勇，且知方也。(…)夫子何哂由也？曰：為國以禮，其言不讓」〈先進〉】。禮因為人與人唯一人性對向，故亦應為國與國交接之道，天下事不離人性故。若換以力量強弱與利益，只造成對立爭鬥而已，不可能有所終止而安定太平。政治或治道之本，故始終在「以禮」與德行，而兩者確已足夠。

〈八佾〉已對禮樂共體之道詳論，〈子路〉唯就政治與治道作總體反省而已。〈子路〉故非直言政治本身，而是後設地、從其根本指出以下各點：為政基本、為政者其人、為政目標、為政假象、為政者應有心況及其立己之高度、用人選才之考慮、及最後，戰事之道。這些方面，雖與政治本身非直接有關，然多麼環繞其事而基本。明白此，是不難明白政治之究竟的。

〈子路〉之分組主題如下：

一、為政基本(一至四句)

二、論從政者(五與六句)

三、為政目標（七至十二句）
四、為政中假象（十三至十五句）
五、為政者應有心懷心況（十六至十八句）
六、為仕者之立己（十九與二十句）
七、用人之道：為事之人才與品格（二十一至二十八句）
八、戰事之道（二十九與三十句）

*

一、子路問政。子曰：先之勞之。請益。曰：無倦。

〔為政之基本有四。一：為政者自身之基本〕

作為討論政治或治道之本而於首句僅言「先之勞之」與「無倦」，多麼感動：一因以政治與治道唯「事」（勞事）而已，如「務民之義」〈雍也〉以民之事單純為義（需要），非為利益；二對為政者其人，非視之為居上或具有特殊權力，唯求其於事中一切應自身先行。子路以如此回答非「為政」之實，又不敢反駁，故更問「請益」。孔子仍然以「無倦」回答：不但仍以「為政」為「事」，甚至只為「勞事」，更有未達可能，人非必從順或認同一己所想，對此故仍須「無倦」以對。

以「先之勞之」與「無倦」列於首，故明顯以政治不應為〔對他人〕權力之行使；其中一切作為，應有單純為人勞而不倦本心之真實；如此回答，故實多麼真誠。我們均以「為政」為權力而崇尚，然單純從為人民之事而勞這方面言，其若無所得獲，多易使人倦；「先之」與「無倦」故是為政與一切真實為事者首先德行，為事亦「先事後得」〈顏淵〉或「先難而後獲」〈雍也〉而已。對子張問政，孔子之回答故仍然只是「居之無倦」〈顏淵〉。

又：「先之」應單純指在一切方面，自身應先行，非借助權力要求對方，此故為德行之道。句因無確定主語，受詞亦不作確定，故應涵蓋一切上下關係，為君對民與臣、主對輔從者、士對眾人等等，為言此時居上者應有態度。【「先之」但言「先之」兩字，不應如傳統對二字作限定，以為指「使民信之」或「先行德澤」等等。「勞之」更不可能解釋為以勞民為正道、以為民不勞便致敗壞，故必須勞。如此觀點荒謬。若如我們所說，以「勞」言政是為指出其只為「事」，那事實上，無論哪階層，其存活都離不開「勞」，非獨百姓，「為事」或「事人」為存活首先故】。

「先之」與「無倦」二者，故從為政者（居上者）自身先言，隨後始言其對向他人。

二、仲弓為季氏宰，問政。子曰：先有司，赦小過，舉賢才。曰：焉知賢才而舉之？曰：舉爾所知，爾所不知，人其舍諸？

〔為政之基本有四。二：為政者對向人之基本〕

若為政者自身基本非從政治而從為事言，其對向人一面更是。「先有司」「赦小過」「舉賢才」三者非言與民關係，而是政事中之對人。政事中之對人非上下權力關係，只先求有負其職責之能力者。又於見人（官吏）有小過時不應過於追究，以究責為是；更不應獨攬一切，應高舉賢才而任用。【見「舜有天下，選於眾，舉皋陶，不仁者遠矣。湯有天下，選於眾，舉伊尹，不仁者遠矣」〈顏淵〉。孟子亦說：「堯以不得舜為己憂，舜以不得禹、皋（臯）陶為己憂」〈滕文公上〉】。以有司行事，非獨攬一切；以過失在己，非處處究責他人；以賢者為尚，非以自身為上；能如此不行使權力，是政事中對人之基本。句末「爾所不知，人其舍諸？」提醒為政者不能自以為是，必有「不知」之時，故應有居下、居後態度。【參考下句：「君子於其所不知，蓋闕如也」】。以上為從政者對向人事之基本態度。

三、子路曰：衛君待子而為政，子將奚先？子曰：必也正名乎。子路曰：有是哉？子之迂也，奚其正？子曰：野哉由也。君子於其所不知，蓋闕如也。名不正則言不順，言不順則事不成，事不成則禮樂不興，禮樂不興則刑罰不中，刑罰不中則民無所錯手足。故君子名之必可言也，言之必可行也。君子於其言，無所苟而已矣。

〔為政之基本有四。三：政事之基本〕

在言為政者之基本後，緊接二句則言為政本身之基本。「先之」、「先有司」、及「子將奚先」三「先」字，明白顯示問題之基本性。正因孔子以「正名」為基本，故引致子路質疑，以為為政應更有特殊，非「正名」為先。【孔子對子路之批評：「野哉由也。君子於其所不知，蓋闕如也」再次指出為政者應有謙遜態度，於「爾所不知」（見前句），應謹慎言辭、不應自以為是地反駁】。然子路之反駁發人深省：子路之「奚其正」正扣緊孔子「正名」而發，二人都為從「正」言。子路所以批評，因「正名」與為政一事無關，孔子應從『為政本身』之道回答，不應迂迴。從這樣質疑，我們反能明白孔子「正名」意思。若子路求為『政治本身』之正仍錯誤，這表示，無論是哪種事情，【政治因涉所有存活層面，故更是】，都不應從自身孤縣地觀；事事必相互聯繫、密不可分，故若孤縣地觀，將只錯誤甚至假象而已，如以為政治真有政治本身、有其本質真實與獨特作為那樣，因而實使之割離甚至背離其他一切，此事情孤懸地看時常有錯誤，政治尤甚。所以「正名」，故除人類言語多所虛假外，【政治中語言尤是，幾近無一言真實；故「天下有道，則庶人不議」〈季氏〉】，更是說：如「為政」一事，是不應如子路以為，能割離於一切而單就自身言。無論甚麼，事情必須回歸人類或人民存在整體而考量，不應孤立自身以為能有所真實。「正名」故言應從人類存在整體、其一切面相以正每一「事」，不能以為「事」各有其「名」而有自身獨特道理，並單就此而論說。一切「事」與「名」均須回歸存在整體之道而正，不能單就自身本質而思考。如政治，若從存在整體觀，必須同時考量「事〈存活之事〉之成」、「禮樂之興」、及甚至言說之真實無偽，如是政制與刑罰始能有其正，不單純因為刑罰而虛妄不公。「刑罰」之是否中，故非能從「刑罰」自身定奪、非因為法制便以為可要求於民，仍須視乎是否先已有教育、是否有禮樂之興立、甚至人民生活事【「民、食、喪、祭」等事〈堯曰〉】是否已有成。【見下「子適衛，冉有僕。子曰：庶矣哉！冉有曰：既庶矣，又何加焉？曰：富之。曰：既富矣，又何加焉？曰：教之」】。事之正與否，【如未對人民教育而只求刑罰制止其行為，如此刑罰無以為正】，因唯回歸道與事情整體始見，故對子路言為「迂」。因為回歸事情整體，故名得以正：實知事情整全徹底而名、言故。對如為政，故仍須從「正名」始：從人民存在其道之整體觀，不能單就自身言。「正名」如是為政事甚或一切事之基本，不能以為可去此而單就政治或事情本身立論。「正名」故實亦以道之正名、言；如此言說討論始得以順，亦因而事因正而有成：「君子名之必可言也，言之必可行也」。一切事情之執行與作為，故須先知其正始行，此「正名」所以重要而基本。「君子於其言，無所苟而已矣」故是說：縱使似針對一事之本質言，然若非從正道整體觀，實仍只「苟」而已、不審事情整體而粗略片面甚至偏頗而已。真實為事者不會如此。

四、樊遲請學稼。子曰：吾不如老農。請學為圃。曰：吾不如老圃。樊遲出。子曰：小人哉，樊須也。上好禮，則民莫敢不敬；上好義，則民莫敢不服；上好信，則民莫敢不用情。夫如是，則四方之民襁負其子而至矣，焉用稼？

〔為政之基本有四。四：民心之基本〕

若政事其基本在「正名」：每事以道之整體審視，那對向人民百姓，為政其基本怎樣？我們應清楚這樣問題：除為政者自身、其對向下屬與賢者、及其作為三面外，為政明顯仍有對向人民一面。在自身與事外，是仍有對向人（民）這另一面的。正因百姓所在乎先是存活之安定，故人多（如樊遲）以為『對向人民』須從物質利益言起。樊遲之「請學稼」與「請學為圃」非為此二事本身，而是以如此事求得百姓認同，如一種收買人心之舉，此所以孔子回答「焉用稼？」，指無須用現實利益收得人心。以利益手段收買人心，實仍小人之舉而已。縱使為百姓、縱使百姓先在乎人倫生活事，然因始終為人，故對向仍應先從作為人言、視其為人格者，非只為現實中利益小人，此對向百姓時應有態度：仍應從其立一面、非更腐蝕或低貶其心。【在存活事外，人民仍有作為人之真實，故仍有立之必須，非只講求生存而已】。事實上，以利益而收買，實只求為個人而已，如此對人仍只欺騙，其對向故虛假。對樊遲，孔子故斥曰：「小人哉，樊須也」。「上好禮，則民莫敢不敬；上好義，則民莫敢不服；上好信，則民莫敢不用情」所指出，故是人民作為人時本有之真實，唯須由上位者引發而已。人民如此真實性，既不能出於利誘、亦不能由刑法壓迫而致；利誘只更敗壞，而壓迫只使「民免而無恥」〈為政〉，都無以使人民真實。使人民真實，故唯由人性心及從作為之真實性始致，此上位者「好禮」、「好義」、「好信」意思：人民由見其人性真實而亦真實：既因禮人性之心而敬、【敬本身已是人性禮之彰顯，為百姓人性之體現】、亦從為義而信服、【義言真實需要，因為真實作為，故得人民信服】、更因信實而再無所隱匿地虛偽虛假。【人民由見上位者於事情作為之真實而再無偽】。從「上好禮」使人民人性、【敬、和、與愛三者為禮之人性體現，其中敬最難，故這裡以敬代表】、從「上好義」使人民心向往真實、從「上好信」使人民於事亦誠信無偽，人民由是始立，既有人性禮、亦誠信而真實。若只求為收買人心，只置人民於更大利益心而已，非求其作為人而真實。故縱使非從利益，若能人性地真實，人民心仍會向往、更真實地向往，故「四方之民襁負其子而至矣，焉用稼？」」。對向人民，故仍須視其為「人」，有其作為人之真實而對向，此上位者於對向時應有基本。「民、食、喪、祭」〈堯曰〉等事，故仍非以利益心行。【請亦參考：「子貢問政。子曰：足食，足兵，民信之矣。子貢曰：必不得已而去，於斯三者何先？曰：去兵。子貢曰：必不得已而去，於斯二者何先？曰：去食。自古皆有死，民無信不立」〈顏淵〉】。

*

在為政基本後，即為政具體道理，先從從政者其人言起，而此有二：一其能力、另一其人之正。

五、子曰：誦《詩》三百，授之以政，不達；使於四方，不能專對；雖多，亦奚以為？

〔論從政者有二。一：能力：達而專對〕

政事因主要亦兩面：對內（事成）與對外（外交），從政者能力故亦從此兩面言：「授之以政」言前者、「使於四方」言後者。《論語》沒有要求從政者必同具兩種能力，唯若二者都未能，始無以能視為從政人才而已。從政能力雖從學識言起，【於古代即由《詩》而學：既從《詩》道理明人性與人民所需、亦從《詩》學交際言辭，此「誦《詩》三百」所指】，然縱使對《詩》廣泛學習，若「授之以政，不達」、又「使於四方，不能專對」，無論怎樣，始終未能算作能力。孔子之言：「先進於禮樂，野人也。後進於禮樂，君子也。如用之，則吾從先進」〈先進〉亦有類同考慮，從政者更是。

六、子曰：其身正，不令而行。其身不正，雖令不從。

〔論從政者有二。二：身正〕

除能力外，從政者更必須「身正」。一因居上有對百姓影響力，二因作為特權者，須能為人人所信賴，否則「民無信不立」〈顏淵〉。【請參考前第四句】。此「身正」所以重要。

有關正身，除本句外，亦有〈顏淵〉：「季康子問政於孔子。孔子對曰：政者，正也。子帥以正，孰敢不正？」及〈子路〉下面：「子曰：苟正其身矣，於從政乎何有？不能正其身，如正人何？」。「子帥以正，孰敢不正？」及「其身正，不令而行」從上對下之直接影響言；「不能正其身，如正人何？」及「其身不正，雖令不從」則言不得人民信任，一切立與達均無以達成。「苟正其身矣，於從政乎何有（不可）？」則為以上幾點總結，言從政實由正身做起。

本句【「其身正，不令而行。其身不正，雖令不從」】所強調，是「行」與「從」。執政者除個人能力外，其是否能成事（事是否能行），實在人是否願意跟從而已，而此唯在其是否「身正」，非在令不令。人民所對向，始終只從政者其人，非盲目對向命令而行為。正身雖只言身，然實已反映心志之一切。因道所以為道在正而已，故若心志與身（作為）能正，從政是沒有不能達致者。此「政者，正也」根本而深邃意思。

*

在從政者其人道理後，緊接重要者，莫過於為政之目標，分兩組：一從內容方向（七至九句），而此均借與衛國言；二從成就，而此均與時程有關（十至十二句）。二組問題交錯。

七、子曰：魯、衛之政，兄弟也。

〔為政之目標有六。一：與鄰國善交而和睦〕

「魯、衛之政，兄弟也」作為政治目標道理明白：魯，周公封地；衛，康叔之封地；周公、康叔為兄弟，二人和睦，故國政亦同如兄弟。《論語》借此，指出在國與國間，【最低限度在鄰國間】，應做到如魯、衛這樣和睦甚至一致關係。其中關鍵，明顯在與鄰國或他國如兄弟般和睦一體。能如此，國與國間始安定平靜。和睦如兄弟般外交，此為政從對外言首先目標。

傳統也有把句解釋為孔子對二國政衰之慨歎，然孔子重君臣之禮，從未見對魯任何批評，故曾為陳司敗以魯昭公之不是質問孔子。孔子起初仍答以「知禮」，後始承認有過，見〈述而〉「陳司敗問昭公知禮乎」句。本句故仍應單純從正面解。

八、子謂衛公子荊善居室。始有，曰：苟合矣。少有，曰：苟完矣。富有，曰：苟美矣。

〔為政之目標有六。二：國家及人民對生活狀態之態度〕

在外交一目標後，對國內言之目標，《論語》借衛公子荊「善居室」一事，說明人民生活應有狀態與態度。生活狀態可分為三種等級：一「始有」、二「少有」、而三「富有」。公子荊對此三種狀態之反應分別為：「苟合矣」、「苟完矣」、「苟美矣」。無論狀態怎樣，公子荊始終以一滿足之態度回應，不會因「僅有」而感不足、也不會以「少有」而更貪求、更不會因「富有」而驕傲。「僅有」故言已適合或已足夠、「少有」則言已十分完備完滿、「富有」則更感歎為美。無論國家抑百姓對生活之營求其道理故應如此：生活未善時不應怨尤或汲汲圖索，對「少有」狀態亦不因而有所奢望或以競爭圖謀更多，於「富有」則不因沉淪於物慾而失去本心美善。《論語》借助這樣例子說明：國家與人民生活不同程度時應有態度。雖從百姓方面言，然其為態度明顯仍由上位者引導，故舉衛公子荊「善居室」為例。能感美、【美實為存在意義感受之慨歎，見「里仁為美」】、能感滿足，如此平實無貪態度，是國家及人民從生活言至正確並理想目標。非不能富有，富而不驕、富而好禮而已。從國家生活言之理想，故在滿足、非在富有。

九、子適衛，冉有僕。子曰：庶矣哉！冉有曰：既庶矣，又何加焉？曰：富之。曰：既富矣，又何加焉？曰：教之。

〔為政之目標有六。三：「教之」為為政最終目標〕

在「善居室」句言人民國家對生活應有態度後，本句繼而言為國最終目標。本句以孔子對衛之生活：「庶矣哉！」讚歎啟，明繼前句生活狀態道理言。借「冉有僕」言，因冉有從政能力在國家財富賦稅聚斂上，【參考：「政事：冉有、季路」〈先進〉、「季康子問（…）求也可使從政也與？曰：求也藝，於從政乎何有〔不可〕」〈雍也〉、「冉求之藝」〈憲問〉、「求，爾何如？對曰：方六七十，如五六十，求也為之。比及三年，可使足民。如其禮樂，以俟君子」〈先進〉、「季氏富於周公，而求也為之聚斂而附益之。子曰：非吾徒也，小子鳴鼓而攻之可也」〈先進〉】，故借由其問而言。縱使生活為國家必須，然始終不應為最終目標。句故在「庶」、「富之」後，以「教之」言最終目的。孔子沒有以國家不能富有，更沒有不以存活為重要，句故先提及「庶」與「富」。然從孔子對「庶」已讚歎可想，孔子必不以富有為國家必然。【國家富有在今日是國家間一種強大，非只人民生活事而已】。為國甚至人類存在終極應在「教」、非在「富」。若「庶」言眾、「富」言眾盛而豐，那有關「教」，明非如今日教育，仍以工作職能、因而國家富庶為目的。「教」非從屬於「富」，句故刻意在「教」前先提及「富」，並從「加」言，如是始見「教」為最終，非為「庶」「富」而「教」。以致富為國家一切，故實狹隘：存在應以人之「教」為最終目的。在「庶」「富」後言「教」，【「既庶矣，又何加焉？（…）既富矣，又何加焉？曰：教之」】，其義故深：存在非止於存活，更應在人民作為人（成人）之教育上，其終在「仁」，【見後第十二句：「必世而後仁」】，非在「富」，為政最終目標在此。

十、子曰：苟有用我者，期月而已可也，三年有成。

〔為政之目標有六。四：君子與基本治理之成就（三年）〕

繼以「衛」對為政目標標示後，本組則以時程（「三年」、「百年」、「世」）及何種人（領導者）言為政目標之達成。句以孔子言：「苟有用我者，期月而已可也，三年有成」，非孔子自大，只借孔子以言：能成事者只須君子（真實之人）而已。以「苟有用我者」及「三年有成」言，明見其事非困難，只是否認真作為而已。句雖沒有提及事之內容，然從前組目標可見，若「勝殘去殺」及「世而後仁」落於下兩句，本句「三年有成」所指事，應為「庶富」等生活事。如此等事，對真實為事者言，「期月而已可也，三年有成」。孔子非自視或自大，只「庶富」等事畢竟只事而已，非如「仁」更高目標。人若真切於此，必可有成。故子路便曾說：「千乘之國，攝乎大國之間，加之以師旅，因之以饑饉，由也為之。比及三年，可使有勇，且知方也」；冉有亦說：「方六七十，如五六十，求也為之。比及三年，可使足民」〈先進〉。若不求為私利，有真實心懷者於生活事必能成就，人民之事本多為人民自身努力成果，為政者只從旁協助而已。

本句除言事成外，更有時程問題：富庶等事雖非難有所成，然畢竟仍須時日：一年可立、三年有成。言時程是為指出：成就生活事所需時日不多，故不應延宕拖延，否則只無心或無能而已。句以孔子言，只為教人：為政之事本非困難，是不應拖延或視為難有所成者。

十一、子曰：『善人為邦百年，亦可以勝殘去殺矣』。誠哉是言也。

〔為政之目標有六。五：善人與勝殘去殺一目標（百年）〕

相對生活事，為政更高目標在教化，使人民「勝殘去殺」而人性，甚至終能歸「仁」。二者非如富庶事，更須性情培養與明理等改變，其事故非只能力便能勝任，更須德行。故除「百年」之久，如是目標更須由「善人」始能致。「善人」所指明為本性上有德行者。以「善」言，只從德行其最一般最平凡言而已：能去殘殺，畢竟只人性一般。縱使如此，仍需「百年」以成。句應為孔子時代諺語，然作為為政目標又多麼真實，故孔子歎曰：「誠哉是言也」。語用「勝」字（「勝殘去殺」），可含他國對方，如使天下再無殘殺，故需「百年」之久。又因事實上無一人能執政「百年」，故所指應為眾多如此具有德行而善者，由其承傳與相繼，使天下人復歸人性德性。句涵意故亦在：人以人類本性為惡、無可改變，事實非如此：若為善人為邦，縱使需時日，「勝殘去殺」而性善始終能達致。對如此為邦目標，孔子故慨歎：「誠哉是言也」。

十二、子曰：如有王者，必世而後仁。

〔為政之目標有六。六：王者與天下之歸仁（一世）〕

「勝殘去殺」若仍只從反面言，以「仁」為存在終極則至為正面，故唯王者能。所謂王者，除治理外，更使天下知歸仁者。因「王者」難見，故句用「如有」。句意思是：王者因非唯善或德行，更必有上智，故雖無須百年而可在一身達成，然始終，仍須「世(三十年)而後仁」。「勝殘去殺」雖需百年之久，然若是王者，仍可「世而後仁」。人類之回歸道與仁，因而或由「善人」、或由「王者」，二者差距在時日。天下若敗壞，故明為上位者之無德與無能。若以為為邦有特殊之道、或人性本惡劣，實只自欺欺人而已。為政一切，只由人之善與德行而致。〈子路〉故緊接即論為政之假象。

*

十三、子曰：苟正其身矣，於從政乎何有？不能正其身，如正人何？

〔為政之假象有三。一：以正人、治人而非從身正為政〕

為政假象或虛假性分三句。本第十三句「正身」問題，於前已有論，亦繼前組「善人」「王者」，以為邦關鍵在人、在德行與禮。【參考：「為政以德」〈為政〉及「為國以禮」〈先進〉】。

前第六句【「其身正，不令而行。其身不正，雖令不從」】若強調政事之行與人之跟從，那這裡「苟正其身矣，於從政乎何有〔不可〕？不能正其身，如正人何？」所強調則為：若不從「正身」而只求「正人」，如是為政明白為偽。單純以政令或刑法為政時便往往如此：以問題在人〔民〕、非在己。以政令命令與法制刑罰為政，故為為政假象〔虛假之為政〕。【在「刑罰」之先，必有正名、事成、禮樂之興等，否則刑罰無以為中。見前「正名」句。亦參考：「道之以政，齊之以刑，民免而無恥」〈為政〉】。

我們不應以為，為政者於刑法前無過便已為正。非如此。是否為「正」取決於「道」，非取決於「法」。換言之，取決於上位者其人是否人性地以禮、是否「為政以德」，非唯從法律前無過言。法律畢竟由人制訂而已，甚至可為無道而用〔箝制人民之手段〕，非必然對確有道。【上位者甚至往往於法律前有豁免權，此更是其權力之偽】。「身正」故非僅守法之事，仍須從所作為是否有道判定。為政若只從法，故仍偽。能從道而身正，始「於從政乎何有〔不可〕？」」。「苟」字更言其簡直與必然：一切實由「正身」而已，人性是無由法令而正者。以法正人而為政，故為為政首先假象。

十四、冉子退朝。子曰：何晏也？對曰：有政。子曰：其事也。如有政，雖不吾以，吾其與聞之。

〔為政之假象有三。二：以為政為「政」（政制），非為「事」〕

為政假象除「正人」外，亦有以為大作為，非只事。【參考前：「子路問政。子曰：先之勞之。請益。曰：無倦」句】。句意明白：人多以為為政或從政者作為，因涉人人之事，故為大事，此亦冉有回答「有政」之意。然治理所涉實只「事」而已，不應以為有所特殊或了不起。政治本不應以政制行，其所涉亦只事（人民生活事），故不應從「有政」言。以為斬釘截鐵地有以（「有政」），只自欺而偽，亦孔子「其事也」之反詰。「如有政，雖不吾以，吾其與聞之」是說：若是類如「為政以德」〈為政〉，因而如有王者之舉，縱使無能參與政事者如孔子，【亦喻與政事無關之人人】，仍必有所矚目而聞。政治若有所大，在人，與「政」無關。「有政」其真實故應為正道之再現，非只政制事。一般為政者之「政」，故只「事」而已，與道絲毫無關。以政事為大，如以為有所作為，故只假象：既不知平實對人民事、更不知致力於道。「有政」故多只造作，既非平實、更非道。

十五、定公問一言而可以興邦，有諸？孔子對曰：言不可以若是其幾也；人之言曰：『為君難，為臣不易』。如知為君之難也，不幾乎一言而興邦乎？曰：一言而喪邦，有諸？孔子對曰：言不可以若是其幾也；人之言曰：『予無樂乎為君，唯其言而莫予違也』。如其善而莫之違也，不亦善乎？如不善而莫之違也，不幾乎一言而喪邦乎？

〔為政之假象有三。三：以為政為有方法與手段〕

若為政多只為「事」，同樣，為政沒有、亦無須特殊方法手段，此政治往往所有假象。定公所問明白：「一言而可以興邦」明指為政有否在道與德行外特殊方法，而「一言而喪邦」則指有否特殊方法以防範邦國之失去。二者都求為在正道外，以方法手段達成為政目的。「一言」甚至可引申為如今日自由民主或社會主義等政制主張，以為為政有所必然，與人德行無關。視治理為政治、因而有所權力之爭，以為由必然方法、非由人之真實，如此與定公之「一言可以興邦喪邦」無異。此為政或政治看法之虛假。如此想法態度，實為政者自身無誠無信、並視政治只為利益與權力而已，實從根本地錯誤。問題始終在人，非在政制主張或方法。從政者其人若不從自身德行做起，無論講求甚麼，都必然錯誤並虛假。「言不可以若是其幾也」故說：治理實無窮努力，無以便捷至如有一言一法。相反，若如「人之言曰：『為君難，為臣不易』」，換言之，知難而盡心致力，如此為君為臣，實如一言而興邦。【「不幾乎一言而興邦乎？」】。若為君為臣能對政事認真踏實、並對自身能力有所自覺，如是已近於真實，非妄求方法手段。為政真偽故先在人態度：為真切作為抑只為個己虛妄利益，如此實如同「一言興邦喪邦」。若從政非求為人民福祉，只在個己權力享受，【「予無樂乎為君，唯其言而莫予違也」】，如是為君，實形同「一言而喪邦」而已。

孔子甚至進一步指出：「如其善而莫之違也，不亦善乎？如不善而莫之違也，不幾乎一言而喪邦乎？」。這是說：縱使似為權力甚至專制，若所獨專為善，實仍然善；若所獨專為惡，則始終惡。為政之善惡直與人善惡有關，與是否專制權力無關。【盲目地對立專制而言自由，實自我意識之高漲而已，由是再無以價值為導向，一切只講求自我而已、自我而虛無而已。我們應分辨：凡事均有形態與實質兩面。自由民主也只一種形態，至於以甚麼為實質，則非一定：如可以從欲望言自由、也可以從精神價值言自由；同樣，可以民心為主、亦可只以虛假選舉形式以為民主，然實對人只更假象地限制而已，絲毫不見為民心真實。反之亦然，故「一言」之專制形態可實質上為善、亦可實質上為不善。事情始終有着形態與實質之差異。以為一定形態始是，不顧其實質真實，只自欺而已。政治上假象往往如此】。孔子之「一言」其義故深：一切作為，政治尤是，均與方法或想法制度等無關，一切唯在為者其人之善不善而已，故不應執着政制主張與想法，以為在人之善惡真偽外，仍有其他可為善惡真偽之決定裁決者。故非只方法，連主張主義因而也只虛假而已，人實不應再盲目於此：沒有制度方法能取代人自身，使必然為善或為惡。若無「一言」能興邦，同樣，「莫予違」之權力甚至專制亦非必為非，一切仍須切實從善惡判斷，無能一律。「如其善而莫之違也，不亦善乎？如不善而莫之違也，不幾乎一言而喪邦乎？」其義故深。孔子「聖之時者」《孟子・萬章下》即在此，其無我無所執【如「毋意、毋必、毋固、毋我」〈子罕〉】亦在此，人多盲目不看事實而已。

作為結論故可說：「一言」若在事（如方法或主義）必為非，若在人之善惡則為是。此「一言」道理之究竟。問題故在人，非在政制方法甚至主義。是否專權，由善惡決定。以專制獨裁必為非，如以自由民主必為正，均只假象，始終非實事求是。

以為政在「正人」，如法制命令；以為政為政治大事；以為政在政制方法與必然主張；如是三者，實為政假象。然這樣假象，多麼是今日所謂政治為政。

＊

在為政基本、為政者其人、為政目標、與為政假象等主題後，繼之即為政者應有心況心懷，分三點：其對百姓心之感見、其行事時心態、及其對人性心之明白。為政者心與心態如此主題重要，亦多為人忽略，由之實人有道無道之本，人一切本於心故。【孟子亦於〈梁惠王上〉最後一章（第七章）對王者心作分析，可參考】。三點故一以百姓心為歸向、二言為事者應有心懷、而三即心對人性人情之通達，特別當政事往往涉及刑法，故易不仁。百姓心、心無求利益、及人性心三者，此真實為政者之心況。若撇開德行不言，人之有道無道，亦先由此。

十六、葉公問政。子曰：近者說，遠者來。

〔為政者應有心懷心況有三。一：歸向人民百姓之心〕

有關百姓心，其道理簡明，亦百姓「悅」而已。「悅」一詞故總結百姓所求。「近者說，遠者來」中「近者」「遠者」，指自身邦國及他國人民。求為天下平之王者，其於他國人民，道理故是：

「興滅國，繼絕世，舉逸民，天下之民歸心焉」〈堯曰〉。【亦參考：「四方之民襁負其子而至矣」〈子路〉、「丘也聞有國有家者，不患寡而患不均，不患貧而患不安。蓋均無貧，和無寡，安無傾。夫如是，故遠人不服，則脩文德以來之。既來之，則安之」〈季氏〉】。能使自身及他國人民悅而歸向，這實從人民心言為政之指標。為政對與錯，全反映於此。

歸向人民心與歸向政治主張始終不同：人民心無可偽，主張則仍可只假象。若人民確然心悅誠服，那是否專制已非問題所在，一切以「近者說，遠者來」為準繩而已。

「近者說，遠者來」雖基本從百姓言，然因無確定主語，故亦可含一切承輔者。

十七、子夏為莒父宰，問政。子曰：無欲速，無見小利。欲速則不達，見小利則大事不成。

〔為政者應有心懷心況有三。二：對向事情之心〕

如前所言，為政必須時日以成：三年、百年、一世，故不能有求速成之心。急於求成雖非與利益心同等，然始終狹隘，無能成大事。孔子對為事之心故總結為二：「無欲速，無見小利」；

欲速與求小利，均無以成真正事。【所以以「小利」言，因生活事仍明與利有關。單純利益心故唯以「小利」言，因小失大故。「小利」實亦利益心，非小而已】。孔子之解釋：「欲速則不達，見小利則大事不成」，道理明白。對向子夏言，因子夏心狹小，亦孔子教誨其「女為君子儒，無為小人儒」〈雍也〉之原因。真正為事者應有遠見氣度，不應求「速」與「利」，二者始終短狹。

十八、葉公語孔子曰：吾黨有直躬者，其父攘羊而子證之。孔子曰：吾黨之直者異於是：父為子隱，子為父隱，直在其中矣。

〔為政者應有心懷心況有三。三：對人性心之感知〕

本句所言道理對我們今日甚至整個西方思想價值言實震撼。我們首先必須明白《論語》所舉例子之意義：《論語》所舉為「父攘羊而子證之」及「父為子隱，子為父隱」這正義與人倫人性衝突問題，以明何者始為真實基本。所以必須舉如「父攘羊」這樣事件，因盜竊純只不正義，非如「殺人」除不正義外，更有〔不〕人性問題在。問題是：在正義〔不義〕與人性兩者間，孰是孰非？這是問題所在。之所以舉「子證之」及「父為子隱，子為父隱」，因若非至親關係，於單純盜竊問題上，只有正義、是沒有人性問題在，除非所涉為如富者對極貧者（社會中弱勢階層）、或因愛欲而傷害等仍有人性情感困難在。若句所言是「他人證之」而非「子證之」，那亦與人倫人性無關，仍只單純正義問題而已。唯「子證之」，而作為子既有人倫人性關係、由「證之」亦涉國家正義，始有二者衝突或孰是孰非問題，此《論語》借「子證之」為例之原因。對這樣問題，孔子之回答是：「吾黨之直者異於是：父為子隱，子為父隱，直在其中矣」。用「吾黨」一詞已清楚表明，葉公所以為「直」、所以為客觀真實性（真理性）之代表，實亦仍主觀偶然而已，非所以為客觀必然。孔子之「吾黨之直者異於是」雖亦用「吾黨」，然刻意是為對反葉公所言黨而已，其背後所言明白始為真正客觀者。這孔子視為真正客觀並正確者，故在國家所言正直（公平正義）外，實人倫人性這一於人本性更根本真實；於兩者間，唯後者始真正直道，前者非是。原因可有二：一因如「吾黨」所言，國家正義始終只由人想法制定因而始終只偶然任意，甚至可國與國不同，葉公所言故只「吾黨」。然人性則本然必然、非能由人任意，二者作為基礎本差異。二由於言正義時，其所依據理性實仍只利益利害關係，始終沒有去惡而單純從善考量。縱使不言正義對人性本身傷害，如子證父之正義，實仍已有父子作為個體間之對立，非因為正義而見善。理性之據理實往往如此：只為爭奪之判準，與成善無關。因善唯人性（人性即善），故人性始存在根本，國家正義因只由國，故只人與人對向外時、對立性之依據，【於西方，正義故源起於神人對立】，非人與人內在本性，故對人言仍外在，只「吾黨有」而已，非人性內在而一致。葉公所以為誇獎（「吾黨有」），故實只錯誤而已：人類於回復人性，始能「直在其中」而真實。此人性與國家正義兩者間應有道理：公正或直義應建基在人性、非在國家。句關鍵故非「攘羊」一事是否過錯，亦非人對「攘羊」而證之之正義可否，而單純借由公正正義事件指出：縱使正義似公共地重要，然始終，唯人性始為基本。人性始真正直道公道所在，正義未必是。對如「父攘羊」之過錯，在言正義時，故仍須先考慮人性、仍須盡人性對待與處理，不能違人性而言正義。若非泯滅或有違人性之過錯，人性始終重於過錯本身；此對執法者言更是。

我們甚至應進一步反省：法律對為政者言往往只手段，甚至為達成個己目的而有，其本身本沒有教化之意義或功能，只便利國家行使權力而已。縱使非從為政者偏私言，正義所講求之公，實仍只相對人人之利益利害言而已。正義之順承利益、甚至人自我，故只一種私心機制，以人人私心利害為公。其中所言理性（善），僅止如此，故終仍以國家利害為先。【沒有為政者接納人民顛覆其所訂立秩序與制度故】。迎合並滿足人人〔於外在存在關係中〕之利益私欲，此即正義。正義故始終只一種欲望機制，非真正道義，後者唯人性始是。柏拉圖雖不欲正義落為現實中人人私心之事，故以國家中、人各盡其份位言。然這樣國家及其對人本質責任之釐定，不正是違逆或無視人倫人性時之一種權力私心？單純言正義與刑法而不先有「正名」、「事成（存活事）」、「禮樂之興」等，實已是刑法正義之偏頗。【見前第三句】。又若對人須「赦小過」〈子路〉或言「寬」，【「寬則得眾」〈陽貨〉〈堯曰〉為道理、「居上不寬」〈八佾〉非是】，那嚴苛地執法言正義必非為正。由是可見，正義甚至理性客觀性往往只相關物事而已，非相關人。對至親攘羊求望寬大始人性，仍證之只父子傷害而已，非人性直道。社會若人人言人性，【以仁內在地對向】，正義將再無必須，人性不相害或對立故。國家雖從理性考量，然人始終唯以人性為最後依歸。對過錯之考量故應在此、非在彼。在「父為子隱，子為父隱」中，問題故先在「證之」而已。子或父仍可對對方補償、甚至私下教誨，所有不是，唯在「證之」之舉而已。「隱」雖似私，然因仍出於人性，故為直。以法取代人性而言直義，始終非公義正道所在。

作為結論：公平正義與人性猶欲望與心之差異，前者始終無以見人之善，善唯在人性中始有。若從普遍性言，正義只形式上如善，唯人性人倫之善始真實地存於人人心中，二者其差距在此。

本句故對向為政者提醒：人性心始終較政制更為根本，法與制度仍須考慮人性人情，其執行不能違逆於此。此「直在其中」意思。失去國家法制正義，人仍可是人、仍可有人性直義；然失去人性與人倫心，再無人性可言。失去國家，人仍是人；失去人，國家再非國家。人性唯在國家中始失去，國家在人性中只得而無失。【有關人性之真實，亦請參考〈為政〉十九至二十一句】。

＊

十九、樊遲問仁。子曰：居處恭，執事敬，與人忠。雖之夷狄，不可棄也。

二十、子貢問曰：何如斯可謂之士矣？子曰：行己有恥，使於四方，不辱君命，可謂士矣。曰：敢問其次？曰：宗族稱孝焉，鄉黨稱弟焉。曰：敢問其次？曰：言必信，行必果，硜硜然小人哉，抑亦可以為次矣。曰：今之從政者何如？子曰：噫。斗筲之人，何足算也。

〔為仕者之立己一：「居處恭、執事敬、與人忠」〕

〔為仕者之立己二：「有恥」、「孝弟」、「言必信、行必果」〕

在明白為政者應有對人對事之心懷後，為政或為仕者之如何「立己」，即為緊接問題，亦本組兩句所言。如此主題於《論語》其他篇章似多所重複，然若細看，重點或目的實不相同。

《論語》類同內容如下：

〈公冶長〉十六：「子謂子產：有君子之道四焉：其行己也恭，其事上也敬，其養民也惠，其使民也義」。

〈泰伯〉十三：「子曰：篤信好學，守死善道。危邦不入，亂邦不居。天下有道則見，無道則隱。邦有道，貧且賤焉，恥也。邦無道，富且貴焉，恥也」。

〈顏淵〉二：「仲弓問仁。子曰：出門如見大賓，使民如承大祭。己所不欲，勿施於人。在邦無怨，在家無怨。（…）」。

〈顏淵〉十四：「子張問政。子曰：居之無倦，行之以忠」。

〈顏淵〉二十：「子張問：士何如斯可謂之達矣？子曰：（…）夫達也者，質直而好義，察言而觀色，慮以下人。在邦必達，在家必達。（…）」。

〈子路〉一：「子路問政。子曰：先之勞之。請益。曰：無倦」。

〈子路〉二：「仲弓為季氏宰，問政。子曰：先有司，赦小過，舉賢才。（…）」。

〈衛靈公〉六：「子張問行。子曰：言忠信，行篤敬，雖蠻貊之邦行矣。言不忠信，行不篤敬，雖州里行乎哉？（…）」。

若稍加觀察，本組兩句內容都顯得有點特殊。若從為事之德行言，樊遲句中「與人忠」與子貢句中孝弟，應較「居處恭」及「行己有恥」更為根本重要，子貢句甚至以孝弟「為次」而已。又如忠（「與人忠」），《論語》多用「主忠信」〈學而〉〈子罕〉〈顏淵〉、「以忠」〈八佾〉〈顏淵〉、「忠恕而已」〈里仁〉、「必有忠信」〈公冶長〉、「言忠信」〈衛靈公〉等，未見樊遲句「與人忠」此較輕淡形容。同樣，對事亦從沒有用「執事」一詞。子貢句中有關「信」（「言必信」）而言其為在孝弟後第三位，甚至以之為如「硜硜然小人哉」更是奇怪：忠信作為德行從來根本而重要，更非與小人有關。這些奇特改變，使二句必含藏特殊意旨。

兩句所言，明非德性先後，只為政或為仕者自立自身之論述，其中德性，是依據這樣主旨而排列，非依據德行本身重要性。樊遲句故從「居處恭」、而子貢句則從「行己有恥」啟，都先相關一己言。樊遲之「問仁」，從句內容觀實與「仁」無多大關係。所言「仁」，故應如〈雍也〉「夫仁者，己欲立而立人」中從「己立」言。因為從政時之「己立」，故扣緊為仕內容。而此，無論樊遲抑子貢句，都見有「雖之夷狄」或「使於四方」等對向他邦方面，此時為仕者故亦有相當地位：子貢句明顯從大至小四層次言，而樊遲句則見用「執」字於「事」。【「執」字如「執禮」〈述而〉、「執圭」〈鄉黨〉、「執國命」〈季氏〉

等，顯相當地位與氣度】。就連「忠」，樊遲句此時也只從「與人忠」而非從更謙卑之「主忠信」言。

因前組已言為政者應有心懷心態，本組故更教誨其立己時之德行與氣度。樊遲句對其基本總結為三：「居處恭」、「執事敬」、「與人忠」。【有關「居處恭」：為仕者自身莊敬之態，亦請參考：「君子不重則不威」〈學而〉、「居敬」〈雍也〉、「有君子之道四焉：其行己也恭」〈公冶長〉、「恭己正南面」〈衛靈公〉等】。三者為於己、執事、及與人三方面，其所以基本在此，故「雖之夷狄，不可棄也」。雖為「己立」德行，然從「雖之夷狄」可見，三者對向始終廣闊，若非對向外而單純從君子自身言，孔子對子產之形容更為妥貼：「子謂子產：有君子之道四焉：其行己也恭，其事上也敬，其養民也惠，其使民也義」〈公冶長〉：「居處恭」對應「行己也恭」、「執事敬」對應「事上也敬」、而「與人忠」則對應「養民也惠」及「使民也義」。同言上位者之「立己」，樊遲句對向外、子產句則對內言。

子貢句之問更直接：「何如斯可謂之士矣？」。孔子從「行己有恥」回答起，雖再非上述「居處恭」「執事敬」「與人忠」基本，然仍明白為士之自立，故以「行己有恥，使於四方，不辱君命」為最先。所謂「行己有恥」，因為仕之「恥」先與所得有關，【見：「士志於道，而恥惡衣惡食者，未足與議也」〈里仁〉、「邦有道，貧且賤焉，恥也。邦無道，富且貴焉，恥也」〈泰伯〉、「憲問恥。子曰：邦有道，穀。邦無道，穀，恥也」〈憲問〉】，故為仕之立己先從不求俸祿（穀）或富貴始：求為富貴地位而為仕，明為恥；為仕其人格之立先見於此。除自身品格外，不因自身而使君命受辱同樣重要。雖非為德行，然仍為為仕者之立，其能「專對」能力，【「誦《詩》三百，授之以政，不達；使於四方，不能專對；雖多，亦奚以為？」〈子路〉】，故列第一。雖為第一，然因與德行無關，故子貢仍問：「敢問其次？」若撇開士之立己言，「其次」明顯應如「孝弟」這樣事人德行，故孔子回答：「宗族稱孝焉，鄉黨稱弟焉」；孝弟如此為人德行始終重要而根本。因孝弟之首要性常為孔子所言，故子貢仍感不足，因而再問：「敢問其次？」此時若仍有回答，必與德行有關，可能先後或重要性不同而已。而子貢所以問，可能求為孔子對其個人評論。【如「子貢問曰：賜也何如？子曰：女器也。曰：何器也？曰：瑚璉也」〈公冶長〉】。孔子知其意，故刻意既直接亦間接地回答：「言必信，行必果，硜硜然小人哉，抑亦可以為次矣」。這樣回答，明顯針對像子路、子貢等弟子為仕之姿態言。【見：「季康子問仲由可使從政也與？子曰：由也果，於從政乎何有。曰：賜也可使從政也與？曰：賜也達，於從政乎何有」〈雍也〉】。換言之，像「信」與「果」德行雖為孔子重視，然見子貢對孝弟仍感未足，又以「信」與「果」為自視，為教訓其自大，故似有不屑地回答：「言必信，行必果，硜硜然小人哉，抑亦可以為次矣」。從「必」字可見，子貢實有執着自身德行，故孔子斥為小人之態。單純從為事言，孟子便曾明白指出：「大人者，言不必信，行不必果，惟義所在」〈離婁下〉。孔子所言「言必信，行必果」，故亦明白指認那只知執着自身德行【因德行而自我】而非事義者。作為德行固然是，然作為自我姿態則不是。如小人之在自我而非在他人或事情上，故只「硜硜然」淺見固執貌。於這樣回答前，子貢實無可再問，再問仍只小人而已，故改說：「今之從政者何如？」今之從政者因從無求立己、從無求德行、更從無求真實為事，故唯「斗筲之人，何足算也」而已。

孔子之幾次回答雖非從德行之大小言，然始終是為仕者立己之層次：先不求俸祿富貴、更為人孝弟而真切地行事，此為仕者基本。至於信與果等，實不用多說，忠信始終為個人德行基本故。

*

在為政者應有心況心懷及其立己後，繼而即用人問題。因為政作為事多與人有關，故此時人才品格，亦須涉及如此方面。有關人才品格，〈子路〉羅列八點：中行、有恆、「和而不同」、真實地善（非鄉愿）、切實於事、「泰而不驕」、「剛毅木訥」、及如朋友兄弟般相處。

二十一、子曰：不得中行而與之，必也狂狷乎。狂者進取，狷者有所不為也。

〔論人才與品格有八。一：中行之人〕

「不得中行而與之」雖從「不得」言，但明以「中行」為人才。孔子故謂顏淵曰：「用之則行，舍之則藏，唯我與爾有是夫。（…）『暴虎』『馮河』，死而無悔者，吾不與也。必也臨事而懼，好謀而成者也」〈述而〉。中行即中道而行，合乎事之正及該有分寸而行，「周急不繼富」〈雍也〉便是其例。以「中行」為先，因政事非只物事，更涉人之安危、甚或國與國間戰事，故須以「中行」為道。【有關中道，請參閱〈雍也〉。同亦參考：「小不忍，則亂大謀」〈衛靈公〉。對道之回歸，《易．復》故言：「中行獨復」；〈益〉則有：「益之用凶事，无咎。有孚中行，告公用圭」及「中行告公從，利用為依遷國」；言有益於人之戰事或有益於民之遷國，仍須中行並以禮告知君、或戒君須以中行達成。明察之〈夬〉故以中行為无咎：「莧陸夬夬，中行无咎」】。

若非得「中行」者，退而求其次時，「必也狂狷乎。狂者進取，狷者有所不為也」。進取與有所不為者（謹嚴）仍真切於事，非求個己利益或如鄉愿地有偽，雖未能中行，然畢竟仍在乎事與他人、仍有真實為事之心，故可用。

二十二、子曰：南人有言曰：『人而無恆，不可以作巫醫』。善夫！『不恆其德，或承之羞』。子曰：不占而已矣。

〔論人才與品格有八。二：有恆者〕

孔子曾說：「善人吾不得而見之矣，得見有恆者斯可矣。亡而為有，虛而為盈，約而為泰，難乎有恆矣」〈述而〉。政事屬現實，故多「亡」（失去）、「虛」（沒有）、「約」（有所限制），亦如上所示，為政目標須時日以成（三年、世、百年），故必須「有恆」，此「有恆」所以為為政人才之條件。除「中行」外，故即言「恆」。能始終忠守事與份位，不在乎自身之失去、沒有、甚至限制而仍能全心全力於為人（民）之事者，此為政事者之真實與條件。

句舉南人之言是為說明：縱使如學為巫醫般非真實事，仍不得無恆。從孔子「善夫！」之歎故見恆之重要性。反駁者故引《易・恆》卦說：除「不恆」者外，能恆者未必真實，仍有「或承之羞」之可能，即因無奈而強迫地持續，非真有恆，故內心始終感羞愧，非如孔子所以為真實。對如此反駁，「不占而已矣」是說：因占卜為人求解命運之事，若得占而不行，實不如不占，意謂沒有事物能強迫人致如必占者。縱使如命般現實，若感不是，始終仍可不占，是沒有事能強迫人至如「承之羞」地勉強持續。換言之，現實是無以強迫人改變其本性：有恆者即有恆、無恆者即非恆者，是沒有「恆」而只「承之羞」者。句故說明以下幾點：一、有恆者難見；二、任何事均須恆始有成；三、連命運都無以對人勉強，人始終可選擇不占，無須「承之羞」；四、於事能恆者，實已真實為事。故：為政者必須有恆，否則事無以成。【參閱前第十至十二句】。

二十三、子曰：君子和而不同，小人同而不和。

〔論人才與品格有八。三：「和而不同」之君子〕

因政事多有主張偏好，人與人亦多求朋黨，以強化一己勢力，此所以「同而不和」者多為小人。縱使相互意見主張有異，政事仍須以和睦解決，不宜黨同伐異地相互爭鬥，此從政者應有品格。又因政事其是非對錯基本，不能因求勢力而失去判斷之真實，始終須保持獨立性，此「和而不同」亦有意思。求「同」而不和者，只在乎力量，多不知是非真偽與自我反省，故只求相互認同摹倣，甚或趨炎附勢，以建立勢力為務，成敵我之分。如是爭鬥對立，往往亦「愛之欲其生，惡之欲其死」〈顏淵〉而已。「和」從本有差異言，故既涵各自獨立性、又非為己而能與人和睦；

非盲目倣效、或以不同為對立，此其所以能客觀真實。政治中多相異，若只「同而不和」地求勢力或成黨派之爭，必無能為人（民）真實為事。

二十四、子貢問曰：鄉人皆好之，何如？子曰：未可也。鄉人皆惡之，何如？子曰：未可也。不如鄉人之善者好之，其不善者惡之。

〔論人才與品格有八。四：非鄉愿之人〕

縱使獨立甚至與人和睦，現實中人仍多以好惡行事，於政治中尤甚。真實之人故不求為人人所好，不迎合人好惡偏私，其所依從，唯善而已，縱使有為人所惡仍然。「鄉人皆好之，（…）未可也。鄉人皆惡之，（…）未可也」所反映，只為人與人間主觀偏私：【句故刻意舉「鄉人」而非眾人為例。若普泛代表一切人之客觀時，孔子則說：「眾惡之，必察焉；眾好之，必察焉」〈衛靈公〉】：或在人人偏私之主觀上、或在我之自我，前者由對人有所諂媚，故「人皆好之」，後者因自我而無視他人，故「人皆惡之」。「（…）善者好之，其不善者惡之」故明白從善之客觀言，既非自我地主觀、亦非迎合人之主觀。於為政中此始真實，亦依從善而已，非迎合於人。除同異而和睦外，故仍須依從善之客觀，不能只求人認同與喜好，此為真實從政者品格。鄉愿相反，因求為博取他人對自己之稱譽，故再無善惡真實。〈盡心下〉故說：「閹然媚於世也者，是鄉原也」、「一鄉皆稱原人焉，無所往而不為原人（…）。非之無舉也，刺之無刺也，同乎流俗，合乎汙世，居之似忠信，行之似廉潔，眾皆悅之，自以為是」。為政而取人，故不能不察其善惡真實，否則只苟同不善者而已，非「舉善而教不能」或「舉直錯諸枉」〈為政〉〈顏淵〉。

二十五、子曰：君子易事而難說也，說之不以道，不說也。及其使人也，器之。小人難事而易說也，說之雖不以道，說也。及其使人也，求備焉。

〔論人才與品格有八。五：「易事而難說」、器重用人之君子〕

非但唯依從於善而非人主觀好惡，從政者若真實求為事，必不在乎承輔者之取悅於己，後者仍只另一種求為諂媚而已，非真實為事。因真實為事者只講求事之原則與真實，非在乎自我之被重視與取悅，故於事易、於求為取悅其人〔個己〕難。所以「易事」，因切實於事者多知體恤、亦因只一志於事，非有人與人之困難，故易。所以「難悅」，因一如事之客觀，真實之人唯由道而悅，故「難悅」。「及其使人也，器之」亦明因真實於事，故用人唯才。小人不講求事之真實，只在乎個己自我，甚至但求取悅便是，非求事成，故與其為事難，多對人不對事故。其用人亦只求為一己方便與急需、只求有備，甚或只求人取悅，故非對人才重視。對其取悅，因無須以道，故實易。句故言在好惡與善之客觀後，真實為事者其品格在事與道之真實，非在人我取悅間。

二十六、子曰：君子泰而不驕，小人驕而不泰。

〔論人才與品格有八。六：「泰而不驕」者〕

以上論為政人才，明非從能力方面，而從品格言。縱使如此，上述品格仍扣緊事，【「中行」、「恆」、「不同」所見獨立性、依從善而非依從人之好惡、「易事而難說」與「器」等，均明與事有關】，非如本句，所言品格單純在人一方面，非從為事言。【後兩句亦同樣】。又因政事多有上下或能力優劣，故更有驕卑問題。言「泰」而刻意對比「驕」言，原因在此。事實上，《論語》言「驕」「泰」問題，多與從政有關，或最低限度是從這一角度提及。「泰」本意為「安而寬」。《易・泰》故說：「翩翩，不富以其鄰，不戒以孚」。「翩翩」為如鳥輕快飛翔、泰然自若。因對人「不富以其鄰」（不驕），故「不戒以孚」：心不由戒懼而不安。驕態因多為上位者所有，故子張曾問：「何如斯可以從政矣？」孔子之回答是：「尊五美，屏四惡，斯可以從政矣」，並對此解釋說：「君子（⋯）泰而不驕。（⋯）君子無眾寡，無小大，無敢慢，斯不亦泰而不驕乎？」〈堯曰〉。「泰」於此故非如《易．泰》只從人自身之泰然自若言，更有對向人之一面：絲毫不因己而對人有所壓迫、絲毫無有壓迫感，「泰而不驕」指此，故言「無眾寡，無小大，無敢慢」。如是，「泰」確然於上下關係必須，於從政間尤是。非以自身之居上對人有所壓迫，此故為從政者品格，亦小人反是，只「驕而不泰」。

二十七、子曰：剛毅木訥，近仁。

〔論人才與品格有八。七：「剛毅木訥」者〕

若非從對人方面（「泰而不驕」），單純從人自己言，既與為事品格有關、又單純屬人自己，莫過於「剛毅木訥」。於政事中，人多以佞辯表現為能事。然真實為事者多「木訥」，由「木訥」而「剛毅」專注。「木訥」顯人之不好求表現與表面，而「剛毅」則顯其內在力量之堅穩。從「近仁」言「剛毅木訥」，除因「剛毅木訥」者鮮有偽外，【於事中，人之偽多由好求表現與自我而致】，更因「為仁」實為政所必須。【剛為不欲，見〈公冶長〉。有權力者多欲，故鮮真實為民為事。能「剛毅」甚至「木訥」者，故始為政真實人才品格，非由好惡而不仁】。由政事須真實，故更須能木訥剛毅之人：既非表面無實、更有生命心志毅力在。如是之近仁，始既能難事、亦能為人而無自我。

二十八、子路問曰：何如斯可謂之士矣？子曰：切切偲偲，怡怡如也，可謂士矣。朋友切切偲偲，兄弟怡怡。

〔論人才與品格有八。八：「切切偲偲、怡怡如也」之士〕

最後，編者明白以子路之問：「何如斯可謂之士矣？」，作為本組主題之終結及總結。因政事必須溝通討論，而人因自我鮮能聽取他人想法意見，故能「切切偲偲，怡怡如也」，實為為仕重要品格，此所以孔子回答：「可謂士矣」。【孔子於朝故亦如此：「朝，與下大夫言，侃侃如也；與上大夫言，誾誾如也」〈鄉黨〉】。句所以舉子路言，因子路「行行如也」〈先進〉，最不知與人平和議事。「切切偲偲」：切磋詳勉；「怡怡」：和悅從順貌。更言「朋友切切偲偲，兄弟怡怡」，明白為說如此品格非只為士而已，更應為人人平素品格，甚至普泛於一切為事上，此《論語》編者之指點。上述七句故亦應如是理解：扣緊為政品格言，只因為政人才更須如此、及亦順承本篇主旨而已；以上品格，始終為人人基本，為政只其最代表而已。

從為政本身言，德行始終重要，「為政以德」〈為政〉故。上述品格，除政事外，實一切為事者所應有品格。從處事能「中行」、有所進取與有所不為，至有恆、「和而不同」、真切於善、「易事」並悅於道、用人「器之」、對人「泰而不驕」、自身「剛毅木訥（而）仁」、同儕間「切切偲偲、怡怡如也」，這都為為仕甚至人人平素應有品格。《論語》之羅列徹底，為事為政者應有真實如此。

*

為政之道，最終必與戰事有關。又因戰事最不該有，故其道理置於最後。有關戰事，〈子路〉收歸兩句，亦戰事所有兩面：一與人有關、另一與戰事本身有關。

二十九、子曰：善人教民七年，亦可以即戎矣。

〔戰事之道有二。一：戰事之主觀面：戎〈人〉〕

戰事之與人有關者，即人民之作為士兵。「善人教民七年」是說：縱使不得不即戎，仍不能只求勇猛而殘暴、不能如有仇恨地殺戮。【子路之「行行」而剛強，孔子故評說：「若由也，不得其死然」〈先進〉】。此「善人教民七年」意思，教化至善須時日故。【參考前諺語：「善人為邦百年，亦可以勝殘去殺矣」】。縱使為戰，故仍不得殘殺，此須善人之教之原因，亦人民即戎方面言戰事應有之道：教民於戰不能殘暴無道；而此，實亦一切戰事所必然道理：不能濫殺或殘暴。

三十、子曰：以不教民戰，是謂棄之。

〔戰事之道有二。二：戰事之客觀面：戰事本身〕

若從戰事本身言，能不用戰即不應用；【故「衛靈公問陳於孔子。孔子對曰：俎豆之事，則嘗聞之矣；軍旅之事，未之學也」〈衛靈公〉】；然若不得已而用兵，仍應知戰事只為手段，非目的本身，越能速戰速決、傷害最低、甚或越不致對人民有所災難，無論本國抑他邦，如是始是戰事正道，亦「教民戰」所指。《易》故曰：「射雉，一矢亡，終以譽命」〈旅〉。若「不教民戰」，置死傷不顧，視人民如螻蟻，任由其無數犧牲，不教其謀勝、不教其克制、不教其不勝而退，實棄之而已。《易・師》故言：因戰而大有傷亡，凶（「師或輿尸，凶」）；又言：知不勝而完師退返，无咎（「師左次，无咎」）；又有言：戰事如若輕易，仍應信守允諾；若耗盡人力仍執持，凶（「田有禽，利執言，无咎。長子帥師，弟子輿尸，貞凶」）。越少損失傷亡（本國與他國），越是戰事正道，故須教。

以上為為政或政治之道。

公元二零二零年四月九日

憲問

論現實

若〈顏淵〉論德行於天下之意義而〈子路〉更從為政之道言，二者均已回歸世間現實，那〈憲問〉更直接以「現實」本身為主題。〈公冶長〉雖涉世俗存在，然只從社會價值一角度、未如〈憲問〉直對現實作討論。因扣緊現實，〈憲問〉故多用事典，主題分六組：一言所謂現實本身，指點人如何於現實中立與行；二與三論現實之錯誤觀法與流弊（虛假性）；四論對向現實時人自身之道；五言對向現實種種時應有反應，畢竟，現實難免，對如逆境般現實之應有反應，故必須。最後六一組則從現實之正面，教人縱使為現實，其成仍可怎樣達成，亦人人各盡其自己而已。以上為〈憲問〉主題。

〈憲問〉之分組主題如下：

一、現實之基本面貌（一至三句）
二、現實之錯誤觀法（四至十二句）
三、現實之流弊（虛假性）（十三至二十二句）

四、對向現實時人自身之道（二十三至三十句）

五、對向現實時應有反應與態度（三十一至三十九句）

六、現實之成：各盡其自己（四十至四十四句）

＊

立己之道而從「穀」「克、伐、怨、欲」「懷居」「邦有道，邦無道」這樣內容言，明與現實有關，否則，是應從孝弟、仁及禮義等，非從「克、伐、怨、欲」或俸祿言。這些方面，見人之現實性，非單純德行。

本組三句先從現實基本面貌始，有四：一、求為穀祿或生活居處安逸；二、好勝好鬥亦多相互對立；三、對事有欲而多怨；四、存在由有對逆而有危。因直從現實內容言，第三句中「邦有道」「邦無道」縱使似與道有關，然已非從德行，只為對比現實中「穀」「克、伐、怨、欲」等言而已。孟子〈梁惠王上〉以現實由七方面構成：利、樂欲、戰、政、強、至高者、君主；如此範疇劃分，基本上與《論語》一致。

一、憲問恥。子曰：邦有道，穀。邦無道，穀，恥也。克、伐、怨、欲不行焉，可以為仁矣？子曰：可以為難矣，仁則吾不知也。

二、子曰：士而懷居，不足以為士矣。

〔現實之基本面貌有二。一：求所得，與求為自我〕

原憲問恥，與〈子路〉中「行己有恥（…）可謂士矣」明顯有關：均從對向現實時之立己言。有關於現實中立己，孔子之回答先是：為仕者於現實中求為俸祿與富有，即恥。孔子非全然否定穀祿，只說：「邦有道，穀。邦無道，穀，恥也」，即有道時因作為仍真實，故接受穀祿可；然若無道時世無能真實作為仍因受祿而富有，如此實恥而已。於無道時，本應：「邦無道則可卷而懷之」〈衛靈公〉、或「危邦不入，亂邦不居。天下有道則見，無道則隱。邦有道，貧且賤焉，恥也。邦無道，富且貴焉，恥也」〈泰伯〉。「邦有道，貧且賤焉」所以恥，因一己作為士無所作為；「邦無道，富且貴焉」所以恥，因一己作為士只求為富貴而已，無所求為真實。對向現實，士立己之道故先在：不應以求為穀祿而仕。

原憲之再問：「克、伐、怨、欲不行焉，可以為仁矣？」是說：像「克」「伐」這好勝好制人、好鬥好求攻擊，或「怨」「欲」這有所貪圖或不得時怨等自我心態，若能不行，是否能視為仁？【「克」言好勝好凌人制人。「伐」言征伐、攻擊，頂多因伐勝而引申為「功」，然始終不宜解為「自稱其功曰伐」，後者只孔安國自造解釋。故對顏淵之「願無伐善」〈公冶長〉，即解為「自無稱己之善也」；又於「孟之反不伐。奔而殿」〈雍也〉解為「不自伐其功也」。對好德行之顏淵言，「自稱己善」根本無義；而對孟之反戰敗之「不伐」從「功」解釋，縱使言其有殿後之勇，始終仍不妥，不伐而返本無功故。《論語》用「伐」始終一致，只為攻伐、征伐一本義，《詩》《書》亦無他義，孔安國自造解釋而已】。原憲如此問，明顯不知仁為何，亦實只從世俗觀點問而已。正因好求勝、好對立、好欲、欲而不得則怨往往為現實人所是，其能不行故原憲以為仁。【此時之仁，應從「己立立人」解，為原憲所以為「己立」所在】。然真正「己立」始終應在忠信孝弟等為人之德行，「克、伐、怨、欲不行焉」頂多只能視為難而已，不應視為仁，此所以孔子回答：「可以為難矣，仁則吾不知也」。

從原憲一問明白可見，句縱使仍與「立己」之道有關，然實只相對世俗現實一般言而已，非從正面德行本身言。此《論語》有關現實存在所首先指出：人於現實中基本面貌，實求為俸祿及種種自我之「克、伐、怨、欲」而已。

句二之「士而懷居，不足以為士矣」，實現實中第一種面貌之補充性說明。一如〈學而〉：「君子食無求飽，居無求安」，居安之求，是為對比君子之「敏於事而慎於言，就有道而正焉」言者，二者所求對反：一仍在世俗所得、另一則為道與德行。之所以補充居安一問題，因如下句「危」所示，現實多由無道而不安，故人可能以為求安非如求俸祿那樣有恥，「安」本身仍為一人性價值故。然真實為仕者，仍不應以此為一己求為仕時之目的：「懷居」始終仍只為己、非真實地為人。故「懷居」者縱使非求為俸祿，仍「不足以為士」。無論有道無道，為仕必有其危，故須懷着勇毅而行；若「懷居」或求安逸，始終只現實心，故「不足以為士」。

三、子曰：邦有道，危言危行；邦無道，危行言孫。

〔現實之基本面貌有二。二：無道與危〕

如前所述，「邦有道」「邦無道」明針對現實情況言。對有道無道，《論語》所言多為「邦有道則知，邦無道則愚」〈公冶長〉、「天下有道則見，無道則隱」〈泰伯〉、「邦有道則仕，邦無道則可卷而懷之」〈衛靈公〉等對比性行為，鮮如〈憲問〉這裡，無論有道無道，都涉及〔言行上之〕「危」。這是因為，本句重點非在有道無道，而是針對現實情況言；而於現實，縱使時世有道，所遇人事仍可致「危」，非因有道便無「危」之可能。人與人之對立性，始終為現實根本面貌。若前句所言為現實之利益求得，本句所勾勒，則為現實之對立性與爭鬥心態，相對此故「危」。此時對為仕者之教誨是：縱使現實險惡，仍須「守死善道」〈泰伯〉：於現實仍有道時，可「危言危行」；然若現實非有道，則應只「危行言孫」，不宜逞強。以「危」言，實已設定此時作為本身為正道，始有「危」之可能。為仕故絕非求阿諛奉承；若世仍有道，在直接「危行」外，仍可「危言」，直下忠實地諫正；然若世無道，雖為謀道而不得不「危行」，然對無道者不能直接衝突，故只能「言孫」。固然，如「比干諫而死」〈微子〉仍是仁，但若無須如此，仍應明哲保身，在「危行」外，仍須「言孫」而不致「危」。於有道仍用「危」字言，故實為突顯現實本身形態：人與人仍有之對立性。此本句強調「危」之原因，因於現實始終必然故。

*

在現實基本面貌後，即現實錯誤之問題，而此分言為「現實觀法上之錯誤」（本組），及「現實所有流弊」（下組）。觀法與價值有關，而流弊則與虛假性有關。

四、子曰：有德者必有言，有言者不必有德。仁者必有勇，勇者不必有仁。

〔現實之錯誤觀法有九。一：有關成就表現〕

「言」所指，非上句針對性「危言」，而是如道與德之客觀論說。「危言」只對人與事，非傳述時之成就。成就所以舉「言」為例，因「言」較輕易，無德者甚至於無道時世仍可，故可只為虛假。【以「言」代表成就或作為，請參考〈衛靈公〉第八與第二十三句。「言」作為成就因可人人一般，故可虛假，為虛假成就或表現。然始終，「言」或「作為」仍須獨立於人而判斷，故「君子不以言舉人，不以人廢言」〈衛靈公〉，亦「有言者不必有德」之原因】。「言」因不受現實限制，可為人自己事，故「有德者必有言」，此時一切取決於德行之真實而已，此孔子之有《論語》。然因「言」作為成就始終可表面甚至虛假、非必真實，故能「有言者」，「不必有德」，「言」由輕易〔成就〕故易虛假無實故。句所以刻意突顯成就或作為之真偽，正因現實成就往往如此：以偽亂真、偽多於真。甚至，現實所以為成就，與德行之真實無關甚至背離，此句教人醒悟於此：現實對成就之觀法往往錯誤而已。成就之外表，未必代表真實：「有言者不必有德」。

為說明此假象性，孔子故以「仁者必有勇，勇者不必有仁」為比喻。因強暴多使人懼怕，現實中「勇」故被視為優異、為人人崇尚。然「勇」實仍有真偽之別：或由於仁、或徒只勇之外表，後者如「好勇疾貧」〈泰伯〉、或「小人有勇而無義為盜」〈陽貨〉等；一者因貧而無奈、另一因性情（果敢）而致亂，都只勇之偽，非因真實而勇，如上「危行」那樣。現實常有觀法錯誤：只崇尚外表、只求為表面成就，以此為真實、以此為成就。然事實是：縱使「有德者必有言」、「仁者必有勇」，始終，「有言者不必有德」、勇者亦「不必有仁」。表面而虛假，此現實首先錯誤。

五、南宮适問於孔子曰：羿善射，奡盪舟，俱不得其死然。禹、稷躬稼而有天下。夫子不答。南宮适出，子曰：君子哉若人！尚德哉若人！

〔現實之錯誤觀法有九。二：有關力量〕

若現實多以表面為成就，現實亦同樣多以力量為真實。羿善射，堯以之射落九日，剩一太陽；奡力大，能陸地行舟，二人終為人所殺，不得其死。禹治水有成，后稷事舜蒔百穀，二人得天下而為天子。句以羿、奡與禹、稷對比，以言力量與德行二者間之是與非。縱使多麼強而有力（喻現實中強者），仍可不得其死；非表現為強而有德行者，仍可因德行而有天下，此德行（於現實中）仍有之真實。現實唯以力量為真實、德行非是，此其觀法之錯誤。能明白這樣道理，故孔子對南宮适贊許曰：「君子哉若人！尚德哉若人！」。

六、子曰：君子而不仁者有矣夫。未有小人而仁者也。

〔現實之錯誤觀法有九。三：有關德性〕

現實除對力量、亦對德行看法錯誤。因「君子」（真實之人）於現實仍可得見，故舉為例。縱使真實之人（現實中仍真實之人）不會順隨現實而虛妄，然這樣之人仍可不仁。【「有矣夫」為肯定語、非疑問語，見：「苗而不秀者，有矣夫。秀而不實者，有矣夫」〈子罕〉。「有矣夫」在這裡指現實中仍可見如此之人；因而於現實所見真實之人，不必然涵蘊德行（如仁）】。由此可見，若連真實之人仍可不仁，虛假之人更不用說。故人一旦如小人般連真實性也沒有，其他更不用猜想或辯解。純然現實之人，必不可能為仁者、不可能有所德行。若現實中真實者可不必具有德行，不真實者因而更不可能具有德行。除真實外，德行對人要求更多。此現實中人之事實。現實中人若連真實性也無法達致，【小人只在乎現實、不在乎道義】，如是之人，是無從言仁或德行的。

現實性、真實性、與德行三者層次始終不同：不仁之人（無德行之人）行事仍可有真實性，然無真實性之人（現實心態者），無論怎樣，無法能有德行。人故唯由現實地虛假改變為真實之人，否則無以更努力於德行。此現實性、真實性、與德行之層次與關係。故若以為現實者能有德行、甚至有對事情真實態度，如此明為觀法上錯誤：現實心既無能真實、更不可能具有德行。

七、子曰：愛之能勿勞乎？忠焉能勿誨乎？

〔現實之錯誤觀法有九。四：有關善（如「愛」與「忠」）〕

非唯德行，現實對善（人對人之善）之觀法亦然錯誤。人多以「愛」與「忠」為善：或對人愛、或對事忠（忠實於事之善）；如此以為善無可厚非。然現實對「愛」與「忠」觀法則錯誤，以為「愛」則不勞、「忠」則不誨，因而反置人於不善：愛時只求取悅、忠時只姑息放縱，都未知善之真實所在。縱使「愛」或「忠」，於必須時仍應「勞」之、「誨」之，非「勿勞」「勿誨」。「愛」非求不勞、「忠」亦非求不誨，但求真實地善、真實地「愛」與「忠」。

八、子曰：為命，裨諶草創之，世叔討論之，行人子羽脩飾之，東里子產潤色之。

〔現實之錯誤觀法有九。五：有關事成（大事之成）〕

現實往往以為大事之成（大成就）在一人之偉大上，故往往對人神化。然事實是：一切成就，實多人努力而致，縱使為思想，亦需有對傳統之繼承，鮮能獨創或無中生有。事情之成，故往往由多人（各獻其）才能識見而致，非一人之力。《論語》舉「為命」為例。如「為命」，實仍有種種層次階段或次序，由草創至討論、再由脩飾至潤色然後始成。事情成就之過程，所需能力與德行不同，亦分工協作所以必須。若以為成就只歸向一人、以為成就可有所偉大，此實現實觀法之錯誤，對成就之假象化。縱使似為大事，實仍由人分擔而成。如是大事始終仍平凡，非必大事大能者始能。若如此以為，只失卻每人所能之真實而已。

又對「創」「論」「飾」「色」四者，若以為四者有其自我獨特偉大性，《論語》之用「草」於「創」、「討」於「論」、「脩」於「飾」、「潤」於「色」，都教人見四者之平凡，均由微漸努力而致而已：創有其草之時、論本於討（尋究）、飾仍由脩、色由潤而至。此創為之真實，不應神化地觀。

九、或問子產。子曰：惠人也。問子西。曰：彼哉，彼哉。問管仲。曰：人也。奪伯氏駢邑三百，飯疏食，沒齒無怨言。

〔現實之錯誤觀法有九。六：有關人〕

非僅對事，現實對人觀法亦多所錯誤。若以上中下言，因唯以利益衡量一切，現實故對「惠人」者多視為上。縱使〈公冶長〉曾舉子產作為社會中受人喜愛尊敬之範例，【見：「子謂子產：有君子之道四焉：其行己也恭，其事上也敬，其養民也惠，其使民也義」】，然《論語》這裡人問子產時，孔子非從「君子」、只單舉其「惠人」一面回答，而此明顯與現實尚利一主題有關。【上位者雖對民應惠，見：「能行五者於天下，為仁矣。請問之？曰：恭、寬、信、敏、惠。(…)惠則足以使人」〈陽貨〉、「何謂五美？子曰：君子惠而不費，(…)何謂惠而不費？子曰：因民之所利而利之，斯不亦惠而不費乎？」〈堯曰〉。然始終，作為利益言，只現實心態而已，見：「小人懷惠」〈里仁〉、「好行小惠，難矣哉」〈衛靈公〉】。有關子產之「惠人」，孟子曾批評說：「子產聽鄭國之政，以其乘輿濟人於溱、洧。孟子曰：『惠而不知為政。歲十一月徒杠成，十二月輿梁成，民未病涉也。君子平其政，行辟人可也，焉得人人而濟之。故為政者，每人而悅之，日亦不足矣。』」《孟子・離婁下》孟子之批評是說：為政應依從事情應有大小與重要性而為，如子產之以自身車子讓人乘渡，只對民行小恩小惠而已，本應先求把橋樑築好，非作表面恩惠，以求取悅於人為重要，不先務事情真實。《論語》本句，故列舉從現實角度言（對現實人言），人上中下三種樣貌：上者「惠人」，如子產。中者如子西，「彼哉，彼哉」是說：人怎樣他亦怎樣；人怎樣待他，他便怎樣待人，既無損、亦無益；此世人一般樣貌。而世人視為下者，即有奪他人、對人有所損害者，此始終仍從現實利害考慮，《論語》故舉管仲為例，如下面匹夫匹婦、甚至子路與子貢對管仲之質疑那樣，以其為奪人而不仁者。【見下第十六、十七句】。孔子故糾正如此觀法之錯誤而說：「人也」，即縱使奪人，管仲始終仍是人，【甚至是仁。見下：「桓公九合諸侯，不以兵車，管仲之力也。如其仁！如其仁！」】，因其「奪伯氏駢邑三百，飯疏食，沒齒無怨言」，即管仲之奪人仍有理在，非純然無道。【伯氏，齊大夫；管仲相齊，而伯氏有罪，其食邑三百，家財豐足。管仲奪其地，使貧窮終年】。《論語》藉三人所是，教人見現實對人看法之錯誤：只知從利害之表面看，不知人或事情道理深入時之真實，如是對人之觀法故偽。

十、子曰：貧而無怨難，富而無驕易。

〔現實之錯誤觀法有九。七：有關富者之德行〕

有關現實觀法之錯誤，《論語》最後列舉三點，都與成就有關。成就本為現實最重視價值，然其觀法往往錯誤。首先為富者。

「富而無驕」一語在〈學而〉出自子貢，【「子貢曰：貧而無諂，富而無驕，何如？子曰：可也。未若貧而樂，富而好禮者也」】，在這裡，則單純為孔子對貧富心況難易之說明，非為對比存在境況之更善而言，後者在「貧而樂，富而好禮」上。人多以富者在富有外而亦有德行（如無驕），為其了不起成就。對貧者相反：貧若無怨則往往被視為當然，處境卑下無奈故。此現實對富者成就之錯誤觀法，以為其一切均出於優異。孔子相反說：正因富者再無現實顧慮，其無驕易；貧者因始終面對現實困難，故其無怨難。「無驕」與「無怨」二者作為德行均相對現實境況言而已：無驕於其現實所是、及無怨於其現實之卑下困境。「無驕」「無怨」均非德行更高努力，本實無須視為成就。所謂現實，非唯在利害爭鬥與自我，更在貧富、強弱差距上。對向現實言德行，須知曉如此差距之難易，不能無視地要求，如以人人應能道德自律、同樣守法。德行故仍須視乎人之現實性，此所以「事（民食喪祭之事）不成則禮樂不興，禮樂不興則刑罰不中」〈子路〉。貧者與富者其於德行之難易故不一。富有而無德，故更是其人之卑劣。顏淵能「一簞食，一瓢飲，在陋巷。人不堪其憂，回也不改其樂」〈雍也〉，此顏淵之極賢。德行始終不能視為理所當然，現實本有難易故。

十一、子曰：孟公綽為趙、魏老則優，不可以為滕、薛大夫。

〔現實之錯誤觀法有九。八：有關職位與能力〕

非只德行，連事情難易亦非如現實所以為：以為位高者難、位卑者易，事實往往相反。趙、魏為晉地（大國），滕、薛皆小國。大國有能者多，小國有能者少。人一般以為勝任大國高職者必有能，然事實反是：小國因有能者少、事又煩雜，故反而須有能者始能勝任。如是可見，位高與位卑非能力之正比、往往更是反比：羣龍縱使無首亦可。孟公綽性靜寡欲，【見下句「公綽之不欲」】，如是性情，非能勝任煩事大事者，故若為趙、魏家臣則有餘裕，事少無職事故；若為小國大夫，反而未能勝任。現實往往以位高者為有能，其觀法錯誤：孟公綽是「不可以為滕、薛大夫」的。地位之高低故非必與能力有關。高位甚至由於多有輔助，縱使無能或無道仍可，如下面衛靈公無道而不喪之原因那樣：「子言衛靈公之無道也。康子曰：夫如是，奚而不喪？孔子曰：仲叔圉治賓客，祝鮀治宗廟，王孫賈治軍旅。夫如是，奚其喪？」。對位之高卑與能力強弱關係，現實所見故錯誤：無論德行抑能力，都非現實高下之直接反映；反而相反：富者之無驕易、趙魏老無須有能。

十二、子路問成人。子曰：若臧武仲之知，公綽之不欲，卞莊子之勇，冉求之藝，文之以禮樂，亦可以為成人矣。曰：今之成人者何必然？見利思義，見危授命，久要不忘平生之言，亦可以為成人矣。

〔現實之錯誤觀法有九。九：有關「成人」〕

最後，現實對「成人」之觀法亦錯誤。孔子之舉「臧武仲之知，公綽之不欲，卞莊子之勇，冉求之藝」四人，非因四人為孔子肯定，只因四人所長（知、不欲、勇、藝），為從現實觀點言人之成就而已，此現實所以為「成人」。能有知見、能對物不欲、能有勇、及能有藝（應世技能），如是對現實言，為現實人所視為有成者（「成人」）。孔子意相反：真正「成人」非以現實能力（知、不欲、勇、藝），而應從禮樂（「文」）之教養言。成人應從禮樂（文之修養）、非從現實能力言。此現實對「成人」之錯誤觀法。我們更可想像：若人有孝弟忠信並「文之以禮樂」，如此更應是「成人」之真實。現實所重視，始終只現實能力而已，非人成人之真實。本句後段有視為子路所言，然從「何必然」與「亦可以」及所言內容觀，句仍應為孔子語，子路是不能作如「亦可以」這樣判斷的。若句前段以禮樂之人對反世俗所謂「成人」，句後段更是說：若不從禮樂素養而單就現實方面言，「成人」始終仍須從見人有對現實性之超拔這方面、不能從人只順承現實言，故須「見利」而「思義」、「見危」而「授命」、並「久要不忘平生之言」而有信；換言之，仍不能單純現實，如此始算作「成人」（成真實之人），否則也只世俗現實一般而已、功利地現實而已。無論古抑今，能為「成人」者，始終不能單純從現實言、不能單純因現實性而成人。此現實對「成人」之錯誤觀法。

在結束本節前，我們對現實錯誤觀法羅列如下：

一、現實首先不明成就所是，以為「有言者必有德」、「勇者必有仁」。

二、現實亦以力量為必須，故以「羿善射，奡盪舟」為強，不知「禹、稷躬稼而有天下」。

三、現實不明德行，故以小人亦可有仁。事實是：連已為真實之人，仍未必能仁：「君子而不仁者有矣夫。未有小人而仁者也」。

四、現實亦不知善為何，故以為「愛」與「忠」即「勿勞」「勿誨」。

五、現實對成就神化，不明事成之分工，非一人偉舉，故實有「草創」「討論」「脩飾」「潤色」之必須。

六、現實心只知利益、對人真偽不察，故以「惠人」者為上，「奪人」者必為下。

七、現實只趨炎附勢或阿諛奉承地以富者成就為難，然事實是：「貧而無怨〔始〕難，富而無驕〔實〕易」。

八、現實亦不明能力難易之真實，以為位高為難，不知「為滕、薛大夫」始真難能。

九、現實不明「成人」所是，以為人之現實性即人之真實，不知超拔於現實始為真正成人，故以「臧武仲之知，公綽之不欲，卞莊子之勇，冉求之藝」即為成人，不知禮樂「文」修養於人之重要。

如是現實既不知成就、力量、德性、與善之真實，亦神化成就、只知以利益衡量、對富有與對位高者趨炎附勢、及只向慕現實能力而低貶「文」對人之意義。以上九點，故見現實對德行之所是與所得、對事成、對人、對富者與地位者、及對「成人」之不明，此現實於觀法及價值取向上之錯誤。

*

非獨觀法或價值取向錯誤，現實於行事，亦充斥着流弊與虛假。《論語》分十點討論：

一、現實多誇大不實
二、現實舉動必有所圖謀
三、現實行事手法權詐不正當
四、現實以盲目犧牲求為事之責任承擔
五、現實只求表面作為，不知造益天下或他人
六、現實多求僭越
七、現實只見外表，不見內裡事實
八、現實多自大而無實力

九、現實只知順承或攀附勢力

十、現實只求諂媚欺騙其上，不敢直諫

十三、子問公叔文子於公明賈曰：信乎夫子不言、不笑、不取乎？公明賈對曰：以告者過也。夫子時然後言，人不厭其言；樂然後笑，人不厭其笑；義然後取，人不厭其取。子曰：其然。豈其然乎？

〔現實之流弊有十。一：誇大不實〕

《論語》藉由人對公叔文子之傳述，見現實多有誇大不實之心理。對公叔文子，人誇大為「不言、不笑、不取」，以之為其人〔德行〕所以特殊。從公明賈回答可見，公叔文子非如人傳誦那樣，仍只平常一般而已，故只「時然後言」、「樂然後笑」、「義然後取」，非「不言、不笑、不取」。孔子之「其然。豈其然乎？」是說：確實〔應〕如此；難道〔現實所見〕人不就是如此？對人與事情，現實故往往誇大不實，求為譁眾取寵或有所特殊了不起而已。

十四、子曰：臧武仲以防求為後於魯，雖曰不要君，吾不信也。

〔現實之流弊有十。二：舉動必有所圖謀〕

現實除誇大不實外，其行事舉動必有所圖謀，鮮單純直接而真實。臧武仲因被譖出奔邾，於還防地故邑時請於魯求立後。人不以為要君，然孔子不信。孔子之「吾不信也」，多麼對現實世人行事作為之不信、不信其無所圖謀而單純。利益一旦為現實唯一原則，於事背後，是再難無所圖謀的，此現實作為所以虛假虛偽。

十五、子曰：晉文公譎而不正，齊桓公正而不譎。

〔現實之流弊有十。三：行事手法權詐不正當〕

晉文公與齊桓公均霸主，從這點言均不能視為正。「譎而不正」與「正而不譎」故非就二人政治之野心或目的、而只就其所用手段言。皇侃疏：「文公欲為霸主，大合諸侯而欲事天子以為名義，自嫌強大不敢朝天子，乃喻諸天子令出畋狩，因此盡君臣之禮」，其所用手法故「譎而不正」。相反，有關齊桓公，馬融曰：「〔齊桓公〕伐楚以公義，責包茅之貢不入，問昭王南征不還，是正而不譎也」。齊桓公之伐楚，借包茅之貢不入、昭王南征不還二事為由，其所用手法因以周天子為名義，故「正而不譎」。《論語》這「譎而不正」與「正而不譎」因而始終只表面差異而已，是不能因此而以齊桓公之「正而不譎」為實說，視為有道。縱使手法上看似「正而不譎」，始終仍一種權詐手法，非正道本身。《論語》以此說明：現實之作為、其所用手段，往往詭詐不正當，縱使表面見似為正仍然。

十六、子路曰：桓公殺公子糾，召忽死之，管仲不死。曰：未仁乎？子曰：桓公九合諸侯，不以兵車，管仲之力也。如其仁！如其仁！

〔現實之流弊有十。四：以盲目犧牲為承擔〕

本句與下句雖為同一事，然重點不同。本句重點在桓公殺公子糾時「召忽死之，【召忽赴敵而同死】，管仲不死」。管仲雖與召忽同為子糾相，然管仲非但不死，更輔桓公，故為人評為不仁。現實以〔盲目〕盡忠、〔盲目〕盡犧牲始為「忠」或「相」之真實。對「微子去之，箕子為之奴，比干諫而死」而孔子說：「殷有三仁焉」〈微子〉，這是因為，比干之死仍由「諫」，非如召忽，明知不敵仍自我犧牲。現實只以盲目承擔為忠、為正，不知變通求更善，如管仲之後「桓公九合諸侯，不以兵車，管仲之力也」。但求盲目犧牲或盲目忠誠，一如「好仁不好學」〈陽貨〉仍只愚，實非為事時真實。事情之作為非能執着一、二片面而盲目，仍須盡力變通而致善。雖「不死」，然在「桓公九合諸侯」情況下，能「不以兵車」達成、非生靈塗炭，此管仲之仁。孔子故反駁「行行如也」之子路說：「如其仁！如其仁！」。

十七、子貢曰：管仲非仁者與？桓公殺公子糾，不能死，又相之。子曰：管仲相桓公，霸諸侯，一匡天下，民到于今受其賜。微管仲，吾其被髮左衽矣。豈若匹夫匹婦之為諒也，自經於溝瀆而莫之知也。

〔現實之流弊有十。五：只求表面作為，不知造益〔天下或他人〕之真實〕

除盲目外，現實為事亦多只片面，只求表面，不知對人造益之真實。本句與前句為同一事，所強調則在：「一匡天下，民到于今受其賜。微管仲，吾其被髮左衽矣。豈若匹夫匹婦之為諒也，自經於溝瀆而莫之知也」。縱使「相桓公，霸諸侯」仍為霸，然能「一匡天下」，使民受其賜，如是之造益於人，非匹夫匹婦所能明。世人（現實）只眼看目前、只見片面，不知如「一匡天下」之造益，此現實言利害時之狹隘。仁所有造益，非現實所以為個人利害與利益，若只見後者，是未能對如「一匡天下」之仁能有所明白的。現實之狹隘故往往如「匹夫匹婦」之「莫之知也」，連自身受益與否、安危與否都無能判斷，其「諒」僅此，亦現實偏見之所由。

從管仲「相桓公」一事亦可見，於霸強（如齊國）前，能使戰事盡少發生、盡少對百姓犧牲，始為道，非以為盡戰而犧牲始為正義，此強弱間戰事應有看法：所重先在百姓安危、非在國是否被吞併。

十八、公叔文子之臣大夫僎，與文子同升諸公。子聞之，曰：可以為文矣。

〔現實之流弊有十。六：求僭越〕

公叔文子，衛國大夫。【見前孔子問於公明賈句】。本句有二讀：一為「公叔文子之臣『大夫僎』」、另一為「公叔文子之『臣大夫』僎」。前者以公叔文子為大夫，僎亦為大夫，為文子所推薦，此孔安國解釋。後者則以「臣大夫」為一稱謂，如「家大夫」、「邑大夫」那樣，統為「臣大夫」，如是則無推薦為大夫一事。從「與文子同升諸公」中「諸公」之眾數可見，「同升」只言僎與文子同列而行；作為臣大夫而如此，縱使有所能力，仍實一種僭越之舉。句所突顯，故為現實中人無分尊卑先後時之僭越態度。正因僭越違禮，故為孔子聞見此事時對文子如戲弄般之稱許：「可以為文矣」。所以以「文」戲弄，因禮文本於「居後」，【見〈八佾〉「禮後乎？」】，能對家臣僭越如無視，實可戲言為如有「文」之修養。傳統以「文子」為謚，以「可以為文矣」即「可謚為文」之意，然句中「與文子同升諸公」事應為當下發生，故為「子聞之」；「可以為文矣」故不應與謚有關。句所言道理為現實中人與人求僭越一事：無論是否有能，應只居後而文，是不應有所〔份位〕僭越者。此現實常見流弊與作風之虛假。

十九、子言衛靈公之無道也。康子曰：夫如是，奚而不喪？孔子曰：仲叔圉治賓客，祝鮀治宗廟，王孫賈治軍旅。夫如是，奚其喪？

〔現實之流弊有十。七：只見外表，不見內裡事實〕

本句意思明白，所言有二：一、何以無道仍不喪；二、現實對事情只見外表、不見內裡真實，故見衛靈公無道而不喪，便以為有所能力、甚至即為有道。事實只是：無道而不喪，因有「仲叔圉治賓客，祝鮀治宗廟，王孫賈治軍旅」而已，換言之，由有能者輔助而已，非有道而不喪。現實所見，往往只事情表面，不深究其內裡，此其判斷所以虛假。從孔子列舉三人可見，治賓客、宗廟、與軍旅三事均非為政有道時主要方面，故只「不喪」、非治道有成。為政之不喪與有成，二者實為政之表面與內裡真實，亦現實往往所混淆者，故對霸權與王者無以分辨，亦現實崇尚權力或強力之原因：以不喪為力量，非求為政之真實。

二十、子曰：其言之不怍，則為之也難。

〔現實之流弊有十。八：自大而無實力〕

除表面而末見真實外，於人自己，現實中人亦多自大、無確實能力。於事見有慚色如不能者，非必不能，知其事困難而已。相反，低估或無知於事情本身困難，反而「言之不怍」，既不知謙虛、亦不知「賢賢」〈學而〉；其無知、無實，故「為之也難」。現實之虛假，故亦在表面之自視自信，不知事情真實而無慚色，故實見其無能。能知事情內裡者，必亦知其困難故。

二十一、陳成子弒簡公。孔子沐浴而朝，告於哀公曰：陳恒弒其君，請討之。公曰：告夫三子。孔子曰：以吾從大夫之後，不敢不告也。君曰告夫三子者。之三子告不可。孔子曰：以吾從大夫之後，不敢不告也。

〔現實之流弊有十。九：唯知順承或攀附勢力〕

皇侃疏曰：「陳成子，陳恒也。魯哀公十四年甲午，齊大夫陳恒殺其君壬於舒州。魯齊同盟，分災救患，故齊亂則魯宜討之。禮，臣下凡欲告君諮謀，必先沐浴，孔子是臣，故先沐浴，告於哀公而請伐齊」。「三子」即仲孫、叔孫、季孫，為魯具權勢之臣。從孔子告於哀公而哀公反使孔子「告夫三子」可見，縱使為君，因勢力在三子，故仍不得不順承勢力所在，以「告夫三子」為事之裁決。孔子雖無如三子勢力，然地位相等，禮只需請示哀公，無需「告夫三子」，唯因哀公如是命令，故不得不告。此所以「以吾從大夫之後，不敢不告也」。於告三子而三子以為「不可」伐齊，從孔子之回應「以吾從大夫之後，不敢不告也」已表示，於君囑託「告夫三子者」時，孔子已知事將不行，唯因君如是命令，故「不敢不告也」而已。孔子所行始終為禮，非如哀公與三子，一者只順從勢力而不敢得罪，另一則直仗持勢力而無視哀公為君。句所言，故為現實只以勢力關係為先、非以禮道份位為先。仗持或攀附勢力，此現實行事之道，一切只聽從權力勢力而已，再無份位先後、更非依從該有份位而行。此現實所以無道。孔子之「不敢不告」，只因其「從大夫之後」而已，因君命與職責而已，與權勢無關。

本句故亦含以下道理：縱使所事為無道之人，仍必須「忠告」〈顏淵〉，此「臣事君以忠」〈八佾〉或「為人謀而不忠乎」〈學而〉、「忠焉能勿誨乎？」〈憲問〉、「言忠信」〈衛靈公〉、「言思忠」〈季氏〉意思。

二十二、子路問事君。子曰：勿欺也，而犯之。

〔現實之流弊有十。十：唯求諂媚欺騙，不敢直諫〕

本句表面似問事君，然若為事君之道，應「事君盡禮」、「事君以忠」〈八佾〉，簡言之，「以道事君」〈先進〉。今從「勿欺也，而犯之」言，所言明顯與君之權力有關，非單純事君問題。【句故可能在孔子言「事君以忠」或「以道事君」後，更質疑而問：對權力者怎能忠直？此所以孔子回答：「勿欺也，而犯之」，即縱使有犯，仍勿欺】。若前句言攀附勢力，本句則從君之作為權力者言：「事君以忠」若牴觸其意（「而犯之」），現實多只求為自身利益、明哲保身而寧只諂媚，以欺瞞而非以直陳其事為法；換言之，只奉承權力勢力，非從道義而行，縱使欺瞞仍然。現實視權力即為權力，故只順從，寧求欺瞞而不敢對權力有犯，此現實對向權力時之虛偽。

從以上十句可見，現實行事所以虛假，或因誇大不實、或必有所圖謀、或權詐不正當、或盲目片面只知犧牲不知造益、或因表面而自大無所真實、或求為僭越與順承權力勢力，如是種種，明為現實之虛假與流弊。

若前兩組論現實觀法錯誤及流弊，本組與下組則相反言因應之道：一從對向現實時人自身應有之道、另一則從面對現實種種時應有反應與道理。前者為八點，後者有九點。前者為：上達、為己而學、寡過而自省、自守其位、仍平實而真實、「不憂、不惑、不懼」、不暇於四方、及不患人之不知。

*

二十三、子曰：君子上達，小人下達。

〔對向現實時人自身之道有八。一：「上達」〕

在言對向現實時人自身應有之道中，往往可見一種對比：自身應努力方面、及現實人所是。本句中「上達」與「下達」即這樣對比。

「上達」指達於道，「下達」即一般現實所謂成就：名利、權勢地位、富有。縱使於現實，真實之人仍只努力於道與義、禮樂「文」之體現、甚或單純忠信孝弟這樣平素德行。其成就從致道而見，非從現實成就而見，如顏淵。此對向現實時人自身首先應有之道：仍求為上達而已。

二十四、子曰：古之學者為己，今之學者為人。

〔對向現實時人自身之道有八。二：為己而學〕

若更退一步只從學言，如古之學者，真實之人其學與所求學問仍只為一己真實而學而已，非利用學問求為自我顯耀與現實所得（如教學位置）、亦非只知對向現實而學，以符應時代之欲望與人人所以為價值與想法。「古之學者為己」而已，非為求於人。

二十五、蘧伯玉使人於孔子，孔子與之坐而問焉。曰：夫子何為？對曰：夫子欲寡其過而未能也。使者出。子曰：使乎！使乎！

〔對向現實時人自身之道有八。三：寡過而自省〕

蘧伯玉，衛大夫。有關蘧伯玉，孔子曾說：「君子哉蘧伯玉。邦有道則仕，邦無道則可卷而懷之」〈衛靈公〉。蘧伯玉使人於孔子本應有事，然孔子對蘧伯玉因為賢友而問候，故與使者坐而問焉。孔子所問仍平素一般，然從使者之回答，所見有二：一為蘧伯玉作為衛大夫仍只盡力求為改過，非求更有所作為，其「未能」從求為寡過、非從欲望成就言。《論語》用「欲」字（「欲寡其過」），實隱含如此對比：以現實人之作為但求欲望之達，非如蘧伯玉，所欲唯「寡其過」如此自省德行而已。用「寡其過」而非「有過」，所言非只有過求改，更是對自身一切作為不斷反省，一種盡求無過之舉，非只面對過失言改過而已。如是見蘧伯玉對向自身於現實作為中之真誠。

其次是，蘧伯玉如此求為德行之心，致連其使者亦如此、亦因求為德行之心而對蘧伯玉有如此觀察甚至明白。蘧伯玉與使者二人之真誠如此，此所以孔子讚歎說：「使乎！使乎」。作為衛大夫、作為使者，二人縱使只活與行於現實中，然心所懷始終只德行，甚至對一已求為寡過這樣德行：一者從自身言、另一者從求為明白對方言，二人其真誠如此。對向現實、對向現實人之作為，人仍應知從寡過自省求為自身之道，非但求為現實而已。

二十六、子曰：不在其位，不謀其政。曾子曰：君子思不出其位。

〔對向現實時人自身之道有八。四：自守其位〕

對向現實除求寡過外，人一般於現實鮮能安守其份、必時刻有所圖：既盡求所得、亦盡求踰越他人。孔子之「不在其位，不謀其政」與曾子之「君子思不出其位」故都從自守之德行言。「自守」之德，即《易》所言「貞」，為古代中國有關存在之獨特德行：既不『謀』位與政、亦不求超越份位而圖索思索。謀位與政、思出其位，此現實明白所是：人人盡其圖謀、思出其位。對向現實，故應以安守其份為道，此對向現實時人應有之道。

二十七、子曰：君子恥其言而過其行。

〔對向現實時人自身之道有八。五：仍平實而真實〕

除安守其份外，現實均以一番作為為尚，故往往「言過其行」，非實事求是。如是人類存在再不能平實地真實，一切由圖索而變得虛妄。縱使只「言過其行」而孔子仍感有恥，因失去平實性，人心與行再無以真實。能踏實而平實、言如其行、不虛偽、不虛妄、不誇大、不無實，如此實人對向現實時，心首先真實。真實之人所以為真實、存在所以為平實，由此。

二十八、子曰：君子道者三，我無能焉：仁者不憂，知者不惑，勇者不懼。子貢曰：夫子自道也。

〔對向現實時人自身之道有八。六：「不憂、不惑、不懼」〕

於對向現實時人一己方面若如上，由於現實亦往往易使人憂、惑、懼，對此故亦應有其道。縱使現實中有權有勢或富有較能使人安穩，然心一旦依附於世，後者因始終醜陋負面，除沾沾自喜外，心始終不能因現實優越性而光明。若非如君子致力於自身心境獨立，人始終無能去其晦暗。句中所言君子之道，所指故為一種存在心境心況之致力。句沒有從正面說明，只言「不憂、不惑、不懼」，亦因單純對向現實言而已。【有關本句解釋，亦請參閱〈顏淵〉「司馬牛問君子」句】。仁者所以不憂，非無現實憂患，只其心所憂在別處、在「憂道不憂貧」〈衛靈公〉，故始對現實不憂。同樣，知者及勇者於現實前亦非無惑無懼，不惑不懼而已。若不憂因心另有所向，不惑不懼同樣，亦由心另有所向而致。若純是現實世間人事，縱使智者，仍難全然無惑；「不惑」所言，故唯心因道而不惑而已，其不惑在道，非在現實世間事。不懼亦然：由心之在道故不懼一己性命，非世間無所懼，唯人由如「朝聞道」，故「夕死可矣」〈里仁〉：由心在道，心故得以外死生。「君子道者三」所對反，故是人一般現實心況，其無論如何仍擺脫不了憂、惑與懼。事實上，當孔子說「我無能焉」時，若以智、勇等為現實能力，孔子確實無如是能力以致能不憂、不惑、不懼。然子貢所言「夫子自道也」亦是正確：雖無現實之智與勇，然孔子心本不在此，故實亦〔由道而〕能致不憂、不惑、不懼；故仍是「夫子自道也」，不同原因而已。對向現實之心境與態度，故可由心在道、非在現實而致不憂、不惑、不懼。「自道」一詞，明顯亦含心在現實外另有其主動性、自主甚至獨立性：「自道」，非無憂、無惑、無懼，只由自身致不憂、不惑、不懼而已。如是不憂、不惑、不懼，故是心更高獨立性，由心完全獨立於現實而致。人存在心況，故始終可與現實無關，最低限度，不因現實而晦暗。此本句教人對向現實時心況可仍有之獨立光明，故為君子之道。【本句與〈子罕〉同出句於次序先後有異：因〈子罕〉句言主體，故以「知者不惑」先行，主體其本在「思」故。本句相反，所言主旨僅在人對向現實時自己之道，而句側重此時人之心情心況，故以「不憂」為先。二處均以「勇者不懼」列最後，因畢竟在仁、知、勇三者間，勇非如仁、知之為德性，只現實所重視而已：「君子尚勇乎？子曰：君子義以為上」〈陽貨〉。又：「仁者不憂」亦可如下解釋：因仁對人「人性而真實」，人故鮮能不仁地回應；有恐他人之不仁，實亦自己本非仁之真實而已，若真實，是無憂於人之不仁者，人始終必為人性故。此所以「仁者不憂」，由對人性信任故】。

二十九、子貢方人。子曰：賜也賢乎哉？夫我則不暇。

〔對向現實時人自身之道有八。七：不暇於四方〕

除心況獨立外，人存活行作亦可獨立於現實。現實因處處有所求得，心故必時刻關注四方，無論從利益抑從享樂言均如此。此「子貢方人」之意，謂子貢因商而行走四方。孔子「夫我則不暇」明白對反此現實常態，其心唯「志於道」〈述而〉、「敏於事」、「就有道」而「好學」〈學而〉，亦唯以「德之不脩，學之不講，聞義不能徙，不善不能改」〈述而〉為憂。如是故無暇遠遊，亦心不在四方。若前句言心況，本句則直言平素行作：只敏於事與道，絲毫不為所欲而求於四方。句故仍為對向現實時人應有之道。

三十、子曰：不患人之不己知，患其不能也。

〔對向現實時人自身之道有八。八：不患人之不知〕

本句意思在《論語》多次重出。【見〈學而〉：「不患人之不己知，患不知人也」、〈里仁〉：「不患無位，患所以立。不患莫己知，求為可知也」】。這裡亦為總結本組人對向現實時應有道理而設，即：一真實生命，是不再憂患人（現實）對己是否明白認同、不再在乎自身在現實中之聲名或稱許，如「人不知而不慍」〈學而〉那樣，不再依賴現實或現實成就作為自身生命。所在乎，也只自己是否真實、是否真有能為人之能力而已，其他一切，與己努力無關。這一道理，為孔子對個體真實性與獨立性之根本看法、是人能獨立於世之基本德行。由此，人始能在現實虛假外保有自身，為人真實性之本。無論依賴世界抑依靠超越祂者，故始終只虛假。以本句終結對向現實時之道，其意故深遠：亦教人在現實前，求為君子（真實之人）人格之〔獨〕立而已。

*

繼前組，本組亦從對向現實言，唯非從人自身之道（前組問題），而是對向現實時應有反應，而此有九：面對詐偽、面對固執陋弊、面對力量、面對傷害、面對無奈（如人不知）、面對危難命運、面對無道、於世無道時應有執持、並堅守志向而行。以上九點，明見情況之越加嚴厲，最終第八第九點，可視為總結。

三十一、子曰：不逆詐，不億不信，抑亦先覺者，是賢乎？

〔對向現實時應有反應與態度有九。一：面對詐偽時不逆不億〕

現實所常見，亦詐偽與無信。對此，人多以為該直揭發其事。然若為無道之世與人，如此作為只顯一己如夬夬之先覺，往往反招致危害，非明智之舉。《易・夬》故說：「壯于頄，有凶。君子夬夬，獨行遇雨若濡，有慍，无咎」，又說：「莧陸夬夬，中行无咎」。意謂明察（夬）若是果敢正面衝突，有凶；相反，因明察而孤獨（地行），如遇雨霑濡有慍，仍无咎；能如山羊般於高處明察，仍宜中道（地行）始无咎。對向無道而「逆詐」、料事如神般對「不信」之「億」、知其虛假，縱使為「先覺者」，【《易》之夬者】，「是賢乎」？對人臆度而先覺雖不受欺詐，然本身非德性，與賢亦無關。對向欺詐與虛假，故仍應謹慎自守，不應以為明察而對逆。此對向現實時首先之道。

三十二、微生畝謂孔子曰：丘何為是栖栖者與？無乃為佞乎？孔子曰：非敢為佞也，疾固也。

〔對向現實時應有反應與態度有九。二：面對固執陋弊時如「栖栖者」〕固執不通、難於教化，亦現實常有陋弊。孔子因疾惡而欲求化解，其急切顯得如栖栖遑遑，不安而急躁，為微生畝視為佞、為以巧辯求勝。句所教人，故為於世固弊前，仍應盡關懷而求化解，非因固陋而放棄。固陋雖固，然非詐偽，在無引致危險時，仍應力求改變，此對向現實陋弊時應有之道。

三十三、子曰：驥不稱其力，稱其德也。

〔對向現實時應有反應與態度有九。三：面對力量時只「稱其德」〕力量為現實之道，縱使如此，力量仍可不從力量、而從其所成就德行觀。〈八佾〉故有：「射不主皮，為力不同科，古之道也」。力量確然仍可從其「為人」時之成就言，此亦對向力量時正確之道。「驥（日行千里之馬匹）不稱其力，稱其德也」：同一事物、同一體現，實仍可從德行、非必從力量稱述；若只能從力量無法從德行言，如此力量必為非。「稱」指點兩種觀點：一現實、一非現實。對向現實力量，能不從其力量而仍從德行稱，如此之心始為道。若可能，一切始終仍應以德行衡量，此對向現實力量時應有之道。

三十四、或曰：以德報怨，何如？子曰：何以報德？以直報怨，以德報德。

〔對向現實時應有反應與態度有九。四：面對傷害時之「報」〕

除力量外，現實多見人對人之傷害，怨由此而生。對向傷害與怨，報以直道已為道，無須以德回報。「以直」是說：應依憑良心視為正確無過度地回應。「直」為一種本於人性而有之明正，故對反「枉」「詐」「訏」。用「直」一詞，因明正實無須思量，思量已含利益計較，非人性其真實。對傷害，故「以直報怨」即可，唯德始「以德報德」。

又：言「以直報怨」，明以怨報怨為非，後者為現實常態，非直道而明正。

三十五、子曰：莫我知也夫！子貢曰：何為其莫知子也？子曰：不怨天，不尤人，下學而上達。知我者其天乎！

〔對向現實時應有反應與態度有九。五：面對無奈（人不知）時不怨不尤〕

除傷害有怨外，現實亦常有如無言以對般無奈，特別當世人不知自身努力甚至成就、不知自己「不患無位」〈里仁〉、不諂媚奉承、不趨炎附勢之美德。對如此如命運般無奈，人多只能怨尤。孔子相反，其「人不知」非人對孔子成就之不知，而是不知孔子心豁達至不在乎人是否知己，此「莫我知也」意思：非不知孔子所是，不知其「不怨天，不尤人，下學而上達」之心懷。面對現實所有無奈、對一己生命之不幸，孔子「不怨天，不尤人」地獨立自己，只在乎自身「就有道而正」〈學而〉，非求世人之知。對一切不幸，既不怨天、亦不尤人，全力於自身心志所向往之事，此生命〔對向無奈時〕應有之道。

三十六、公伯寮愬子路於季孫。子服景伯以告，曰：夫子固有惑志於公伯寮，吾力猶能肆諸市朝。子曰：道之將行也與，命也；道之將廢也與，命也。公伯寮其如命何？

〔對向現實時應有反應與態度有九。六：無對命運對立〕

命運（不幸）若是由世間不公義引起，也無須求為對逆。生命若純然為道義生命，是無須求為自我地對逆世間事，應求為道而已、非求為自我。【希臘悲劇所以為悲劇，正因如此，求為對逆命運故】。對如公伯寮之加誣子路，子服景伯問於孔子，其力量足以殺公伯寮並使陳屍市朝。孔子「道之將行也與，命也；道之將廢也與，命也」是說：若生命在道而非在一己自我，無論所受怎樣，都同於道本身命運，故非任何人能決定把持，是無須因一己而對逆人事命運以為公平正義，後者始終自我而已、非為道。現實所見，只人自我間事；然道義性命是無能以人力行廢改變，故無須對逆。非因為命定，唯道義性命者其行廢在道，與人力無關。問題故非在命定，只性命在道義、非在人世自我間而已，此對向人世命運時應有之道。

三十七、子曰：賢者辟世，其次辟地，其次辟色，其次辟言。子曰：作者七人矣。

〔對向現實時應有反應與態度有九。七：面對無道時避〕

道義性命（或命運）無須執持對立是從客觀面言，然於人自己，對世間無道，仍須盡力遠避。【故「危邦不入，亂邦不居。天下有道則見，無道則隱」〈泰伯〉、「邦有道不廢，邦無道免於刑戮」〈公冶長〉、「邦有道則知，邦無道則愚」〈公冶長〉、「君子哉蘧伯玉。邦有道則仕，邦無道則可卷而懷之」〈衛靈公〉等】。若世間善惡、有道無道非人力之事，人仍可對無道遠避，而此有四種程度：能避世而隱逸者最先、不能者則改易地方（國土）而行。【避世者不再理會世事，避地者只改易邦國而行，心仍在世中】。再不能者（既不避世亦無能改易地方者）始避其人不遇見，不得不遇見則應避言不求對逆。「作者七人」包咸以為言「長沮、桀溺、丈人、石門、荷蕢、儀封人、楚狂接輿」，【長沮、桀溺、丈人、楚狂接輿見〈微子〉，石門、荷蕢見〈憲問〉，儀封人見〈八佾〉】，然論隱逸者之〈微子〉篇有：「逸民：伯夷、叔齊、虞仲、夷逸、朱張、柳下惠、少連」七人，本句所言「作者七人」應指此。

三十八、子路宿於石門。晨門曰：奚自？子路曰：自孔氏。曰：是知其不可而為之者與？

〔對向現實時應有反應與態度有九。八：於世無道仍應有所執持〕

本組於面對現實時道理，《論語》以兩句總結：一言對道、另一言對己心志應有態度。對道於世間，無論怎樣（無論是否能實行），始終應力行力求，如「知其不可而為之」那樣。之所以如此執着，因為「道」故，否則存在或生命再無正確性可言。縱使「知其不可」，仍應「為之」，此對道本身應有態度。仍須補充：本句與前句「賢者辟世」並無矛盾。避世或由於世危、或另有生命志向，然「知其不可而為之」則單純言對道之執持，只一己是否因現實不行而棄道問題，【換言之，現實與道兩者間問題】，與是否危殆而隱無關。人多因現實而現實，不知對道執持始為是，此「知其不可而為之」所強調。若是客觀方面，縱使孔子，實也只「無可無不可」而已，【見〈微子〉：「我則異於是，無可無不可」】，非盲目極端而行。

三十九、子擊磬於衛，有荷蕢而過孔氏之門者，曰：有心哉擊磬乎！既而曰：鄙哉，硜硜乎！莫己知也，斯已而已矣。深則厲，淺則揭。子曰：果哉！末之難矣。

〔對向現實時應有反應與態度有九。九：於世無道應堅守志向而行〕

若於現實前應對道執持，「知其不可而為之」，那對一己志向亦應如是堅守。「硜硜」為淺見固執貌。對一己（道之）志向，縱使如淺見固執地執着，仍應一志實行。此為於現實紛煩（紛繁）前，心保持一志單純之法：不為世事紛擾所亂，保有志道之清明前進。若如「莫己知也，斯已而已矣。深則厲，淺則揭」這仍可，始終做自己而已。然若隨深淺而深淺於現實難有所保持、易為現實所沉淪，那始終應如孔子那樣：「硜硜」然如小人般【「言必信，行必果，硜硜然小人哉」〈子路〉】執持地行，此實志向最後方法。能隨現實浮沉而不失己，如此實更困難而已（「果哉！末之難矣」）。

以上九點，為面對現實時應對之道。

*

現實雖為負面，然始終仍有其必然事實一面，對此，仍應從正面明其道，此〈憲問〉最終一組所說明。問題故在：現實所有事，應如何成就？現實無論多複雜，始終不離人之作為；現實之成行，故從人方面言便足夠，其他無須細說。一切事因唯由人而致，故若各盡其己，此已是現實之成行。此「盡己」之道，《論語》分五點討論：從政者（君、宰與百官）之盡己、上下份位者之盡己、個體之盡己（修己以敬、以安人）、百姓之盡己、及童子之盡己（求實益而非速成）。我們可看到，「盡己之道」非必只從國家治理言。舉人人而非只為政者，更見現實普泛於人人中一事實，非獨統治階層。又因「盡己之道」只作為現實之成行，故與德行無關：若人人能做好自己，這已是現實之成行。「盡己之道」故單只人人於現實中生命之道而已，與德行無關。由是，現實實無必須虛假、無必然流弊，現實畢竟本亦單純人人生命存在而已。

四十、子張曰：《書》云：高宗諒陰，三年不言。何謂也？子曰：何必高宗，古之人皆然。君薨，百官總己以聽於冢宰三年。

〔現實之成有五。一：從政者之盡己〕

有關君、臣之盡己，【換言之，一切從政者（宰與百官），因而實亦一切治理之事】，《論語》舉「《書》云：高宗諒陰，三年不言」。子張必以高宗（殷王武丁）因守喪三年而不言，似未盡其責而有所過份。孔子之回答：非獨高宗，古一切君王皆然：繼位之君主因守喪三年，故三年不問政事，一切事由百官聽命於宰相而行。這樣例子正好說明以下幾點：一、事本在百官而已，若百官各盡其份、「總己」以聽命於冢宰，如此治理自然成行，無必須君王始成就。而此比喻：現實本亦事而已，若人能各盡其份，實無須言統治或權力。二、冢宰雖代理君王一切事，若不僭越（而只盡代理一職），縱使現實，亦無必有權力、力量之爭。換言之，力量或權力爭鬥非必然，事本無須此而行。三、君王非只從至高者言，亦有君薨守喪三年之責，為君王盡己之道之一面。從此可見，無論君王抑冢宰，其事本客觀，非有自我之必須。人若各盡其職份而不貪求，縱使於現實，事仍自然成就。舉君王守喪而冢宰代理、以及百官聽命各盡其份，無論多為現實，事始終可成就，無須以現實必為現實而競爭對立。君子故「思不出其位」（見前）。就算現實，一切仍可自然成行，無須詐偽。

四十一、子曰：上好禮，則民易使也。

〔現實之成有五。二：上下份位者之盡己〕

現實存在除事（因而從政者）外，更往往有上與下差異；對此，故仍有各盡其份問題。份位上下其盡己之道，一在好禮（居上者）、另一在成事（居下者）。上與下，往往亦領導與行事者如此份位差異而已。下若「易使」則事易成；然唯上「好禮」，下始為「易使」，此句所以從「易使不易使」言之原因，亦上下所應有之各盡其份。這裡「易使」只從成事言，與愚民無關，畢竟，事必須仗賴百姓始成。現實中上與下，故實各有其盡己方面：一在「好禮」、另一在成事。此從上下份位言時盡己之道。

四十二、子路問君子。子曰：脩己以敬。曰：如斯而已乎？曰：脩己以安人。曰：如斯而已乎？曰：脩己以安百姓。脩己以安百姓，堯舜其猶病諸。

〔現實之成有五。三：君子之盡己〕

繼從政者（治理之事）及份位之上下後，即現實中個體盡己之道，而此所涉為人人。舉君子言，因君子代表真實之人而已。於現實中，人作為個體之盡己，亦「脩己以敬」及「安人」兩方面，「如斯而已」。人我間之至真實（至現實）者，莫過於此。孔子甚至沒有直從「安人」言，畢竟，「脩己以敬」與是否能安人之能力無關，故為人人可能而必須之事，亦個體作為個體盡己之道所首先。於問「如斯而已乎？」時，始言「脩己以安人」；能如此，確實為現實中個體盡己最為實在而真實者。所以仍有「脩己以安百姓」及「脩己以安百姓，堯舜其猶病諸」之語，明為指出：作為個體，是無能在平素「安人」外更有所要求的。如「安百姓」這樣成就，縱使堯舜作為最高個體，仍未必能實行（「其猶病諸」）。此見對個體盡己之道所求之平實性，亦先「脩己以敬」，及若可能，「脩己以安人」而已。

四十三、原壤夷俟。子曰：幼而不孫弟，長而無述焉，老而不死，是為賊。以杖叩其脛。

〔現實之成有五。四：百姓之盡己〕

在個體盡己之道後，若更廣泛言，即百姓盡己之道，如是盡己，為現實道理之最終，所涉最廣故。百姓之盡己，亦人人盡生命之最一般所是與所能，而此具體可分為「長」「幼」兩階段：幼時應遜悌、長時應述。我們無須執着「孫弟」與「述」二者為確切內容，可只表示人生種種階段或樣態盡己時之例子。孔子於見其舊友絲毫盡己都沒有，又於老時仍仗持自我登膝夷踞而無禮，一無所是，始「以杖叩其脛」，並斥之。人一生無絲毫盡己，只一味求自我，如是生命，實亦賊而已、竊取性命而絲毫無盡人之道而已。縱使只為百姓，故實仍有其〔作為人〕盡己之責，如幼時聽順於長者、為長者時對後輩有所述說教導等。百姓之盡己，故盡其如長幼等人生階段樣態之所是與所能而已。

四十四、闕黨童子掌命。或問之曰：益者與？子曰：吾見其居於位也，見其與先生並行也。非求益者也，欲速成者也。

〔現實之成有五。五：童子之盡己〕

童子本未為現實一份子，舉而作為終結，只表示連如童子者，實仍有其盡己方面，此盡己之道所以如此根本。童子因須求為成人，其盡己之道故在學、在「求益」。「益」從切實地學言，故不應如走捷徑般圖索「速成」。見童子傳語如自身掌控命令般，人以為摹倣而學，然事實只是：此童子曾居於位、亦與先生並行，絲毫無學（禮）之心，故非真切求益，只求摹倣權力而已。速成如求踰越，與學無關。作為童子之盡己，本應在切實從學求益，求為踰越而無視於禮，故非盡己。此見盡己之道於人人根本，現實能成由是故。

從以上五點可見，若現實中種種份位階層之人能各盡其份位，如此縱使為現實，亦必能行、必有所成，非如人以為，現實只能負面地爭奪、只一種無道義存在，非事實能有道。童子之求掌命，實已反映這一切：求為自我而現實地虛假、抑求為盡己而使連現實亦真實，此有關現實之無道與有道，亦本組對現實一問題所有之結論。

有關現實之分析，〈憲問〉至此終。

公元二零二零年五月八日

衛靈公

至致之理

〈衛靈公〉以至致之理為主題。所謂至致之理，是從事情與人其極致或極端方面言。本篇雖似言德行、甚至與上位或居上者有關，然細讀可見，所涉人與事，其道理，多從一種極致或極端方面言，如「君子固窮」、「予一以貫之」、舜「無為而治」、「殺身以成仁」、「一言而可以終身行之者」、「三代之所以直道而行」、「人能弘道」、「終日不食，終夜不寢，以思」、「水火，吾見蹈而死者矣，未見蹈仁而死者也」、「當仁不讓」、「辭達而已矣」等，均有極致或極端味。作為道理，〈衛靈公〉所涉故為一種極致狀態或情況。舉「殺身以成仁」為例：仁作為道理本非從「殺身以成仁」言，更無須與水火（災害）比較以言「仁」之迫切性；從「殺身以成仁」言，故刻意突顯其至致一面。事實上，如「可與言而不與言，失人；不可與言而與之言，失言。知者不失人，亦不失言」、「道不同，不相為謀」等道理，實與德行無關，本篇故不宜單就德行方面解釋。《論語》這至致道理，與《易》第五或上爻所言極致性雷同，唯《易》六十四卦內容更廣泛，《論語》則仍順承下部，只從為政、作為等方面言，非有對人類其他如情感、美感等言極致。「至」故只就作為及作為背後之人言而已，無涉其他。

《論語》這從作為言至致道理，甚至非止於正面、亦有從反面或負面言者，如「羣居終日，言不及義，好行小惠，難矣哉」便是虛偽作為之「至」。從似有所作為（言、行）言，如是之人實「難矣哉」。

若問極致如何達成？其關鍵為何？可簡略地說：由自我與自我間所成，只極端；唯由無我所成，始極致。【唯單純考慮對方、非有我地觀人與事，始有極致可能】。若仍有「我」，無論利害、想法、見解、甚至對錯，都只造成人與人間對立、只種種極端而已，無法達至極致。舉例說（見下第一句），戰事即國與國其自我間對立，故為極端；相反，從禮，【「為國以禮」，換言之，再無自我之對立】，始有「為國」極致可能。同樣，真正從政者所以「固窮」、「固窮」所以為從政者極致（見下第二句），因無求自我、非為自我而從政。舜同樣，其「無為而治」所以極致（見下第五句），亦因無自我而已。事能極致，由無我形成。無自我所指，為無論怎樣情況、對錯，都非以「自我與對方」這樣對立立場觀或行，始終無針對人其自我，【甚至，如無見人之自我】，只就事言或行；在如此無間中，極致始形成。〈衛靈公〉因而實亦從無自我觀一切而已；其能對反現實，【見前篇〈憲問〉】，因現實實種種自我與自我之對立，無論由於利益、抑由於是非。《論語》有此一篇，故明對現實所有無奈作如反面抒述，言縱使對向現實，仍有其反面極致可能；如此極致，始往往為道理所應在。以為現實為必然者，故不應不察。

至致道理，如一言蔽之那樣，教人於思想或明白事物時，應能致「一言蔽之」地步：徹底地掌握。〈衛靈公〉所以與〈季氏〉二篇並列，因一教人「一言蔽之」地掌握與明白，另一教人對事物徹底地窮盡總覽，二者實一切思惟應有之道。在種種主題外而有此二篇，故見《論語》編者除對道理本身論述外，亦不忘教授人其方法：思惟之正確方法；而此，一在能「一言蔽之」地通透明白、二在能窮究地總覽。〈衛靈公〉故可視為道理一言蔽之般總結，此〈衛靈公〉亦有用意。

〈衛靈公〉主題表面駁雜，然細觀可分三部份。【句一與句二可視為只先行，承接自〈顏淵〉至〈憲問〉主題，與為政及從政者有關。《論語》下部縱使篇旨與政事無關仍每篇均借助政事啟始。這是因為，政事本身實天下或人人事故】。第一部份（句一至句十四）所處理問題為如德行之所成（包含知與為）、智與仁、遠達與欲望之淺近等方面，這些方面總體言均屬客體世界，故與知識或智等有關，其中亦含欲望問題。第二部份（句十五至句二十六）則回歸人自身，先從心或用心、再從人之真實性與獨立性、並繼而以自我與無我問題之討論，述說人純然作為個體（主體）時之道理。在這客體、主體兩面道理後，第三部份（句二十七至最終：句四十二）則以人對道之回歸作終。這一回歸，從人作大事言起、至其學道與行道之生命、終論行道態度與分際等問題。縱使一、二兩部份均依據道言，然依據道與直接對向道求為回歸始終不同：後者以道本身為對象，前者仍只以世為對象而已，非直接求為道自身。如是〈衛靈公〉三部份，可視為客體方面道理之至、主體方面道理之至、及道本身道理之至這三種窮盡性主題。三部份篇幅上幾近均等：以兩句為一問題、兩問題為一組，共十組。【句一與句二若獨立為一組，則十一組】。此〈衛靈公〉之構造。

〈衛靈公〉三部份分組主題如下：

第一部份

先行部份

一、為政與從政者之至（一與二句）

德行所成之至

二、知識之至（三與四句）

三、「為」與「行」之至（五與六句）

智與仁之至

四、知世與知人之至（七與八句）

五、成仁與為仁之至（九與十句）

遠與淺近之至

六、遠達與遠慮之至（十一與十二句）

七、欲望之至（十三與十四句）

第二部份

心之至

八、對己與對事用心之至（十五與十六句）

九、無所用心與用心之至（十七與十八句）

主體性之至

十、主體真實性之至（十九與二十句）

十一、主體獨立性之至（二十一與二十二句）

無我執之至

十二、無我客觀性之至（二十三與二十四句）

十三、自我無我之至（二十五與二十六句）

第三部份

大作為之至

十四、大事之至（二十七與二十八句）

十五、大人之至（二十九與三十句）

行道之至

十六、學與謀道生命之至（三十一與三十二句）

十七、行道之善與用人之至（三十三與三十四句）

行道態度之至

十八、對道態度迫切性之至（三十五與三十六句）

十九、對道態度貞、後之至（三十七與三十八句）

行道分際之至

二十、行道時人我分際之至（三十九與四十句）

二十一、行道時盡事分際之至（四十一與四十二句）

＊

至致道理之論說以政事先行，既因承續前現實之討論、亦因政事最與一切人有關，故列最先。〈衛靈公〉篇亦以此標出本篇至致道理之主要範圍，而此即在為政、為事或作為等方面。

一、衛靈公問陳於孔子。孔子對曰：俎豆之事，則嘗聞之矣；軍旅之事，未之學也。明日遂行。

〔為政之至：以禮〕

衛靈公之「問陳於孔子」，明顯以為為政其終極在戰事。事實上，言政治者，實亦多以戰事為政事之實，而這始終是一極端觀點。為政本為人民之安定與教育，前〈子路〉篇已清楚論說。

以戰事與政事劃上等號，故為極端看法。孔子故回答說：「俎豆之事，則嘗聞之矣；軍旅之事，未之學也」。確實，為政之道在禮而已，非在軍旅。二者實為政之極致與極端：一從正面、另一從負面；一有道、另一無道。《論語》以此句先行，故明白指出：若從軍旅戰事言為政，實求為存在之負面極端而已，非為政之真實與道；後者在禮，非在戰。【有關為政，請參閱〈子路〉】。

二、在陳絕糧，從者病，莫能興。子路慍見，曰：君子亦有窮乎？子曰：君子固窮，小人窮斯濫矣。

〔從政者之至：「固窮」〕

若人以政事在軍旅，同樣，人亦多以從政者因居上而有權力，故必有所得，不應如孔子般落為困窮，此所以子路慍見而質問孔子說：「君子亦有窮乎？」這裡「君子」明指從政者。孔子之回答「君子固窮」是說：若為真實從政者，因所求只為道之行、非個己利益，故其窮困固然；若為小人從政，其若有所困窮則必然更為無道、但求如無法無天般為一己利益之圖索而無所節制，再無原則與「為人」之真實。為政者之「固窮」，故是真實為政者之一種本然極致；相反，若無道而從政，其極端亦必然濫溢地妄作為。此從為政者言之兩種至致狀態：其真誠者「固窮」，其虛假者「濫」。

*

三、子曰：賜也，女以予為多學而識之者與？對曰：然。非與？曰：非也。予一以貫之。

〔德行所成之至有四。一：一貫之知〕

在為政及從政者其至致道理後，〈衛靈公〉所言，首先為知見之至，這樣知見，明白與德行有關。「多學而識之」雖可成就博，亦人以為真實知見之必然，【參考：「君子博學於文」〈雍也〉〈顏淵〉、「大哉孔子。博學而無所成名」〈子罕〉】，故子貢〔對孔子之問〕便回答：「然。非與？」，即子貢亦以為知見或學問之博必由「多學而識之」達致。【「多學而識之」故為「學」之一種極端】。孔子之回答相反：縱使有博，實非由「多識」，而是由「一貫」始致。「予一以貫之」中「一貫」若仍由忠恕之道解釋，

【見：「子曰：參乎，吾道一以貫之。曾子曰：唯。子出。門人問曰：何謂也？曾子曰：夫子之道，忠恕而已矣」〈里仁〉】，那這是說：真實學問並非如人以為，由駁雜之多識成就，而是由求為對人對事忠實地、由心地致善而致。學問之真實、其極致，非在「多識」，而必須更求為善（以善為依據）始能成就。【「恕」於此言由見過知反省而更見道】。學問之真實、其如博覽深遠，非能單純由多識而致，而須由心志向於善而致。真實學問本然是一種價值，一種能分辨善惡對錯之能力，故無以單純由多識、必須由求為善之心始致，此言「予一以貫之」之原因。非不多，由「一」（善）貫「多」而已。若非如此，「多」無能為學問真實、更無能為學問極致，此德行於學問所以為根本，亦學問能極致之原因。

四、子曰：由，知德者鮮矣。

〔德行所成之至有四。二：「知德」之知〕

本句承上，更指出學問其極致所在。若連極端之「多學而識之」亦必須基於忠恕一貫之道（德行）始成就，那對德行本身之知，這更是「知」之真實、「知」其極致所在。然可惜，人都非如此，此所以人其知見無以為極致、甚至無以為真實。極致之學問，故或是基於德行、或直接是對德行之知與反省（「知德者」），若非如此，學問無以為智慧，頂多只知見之多少而已。

五、子曰：無為而治者，其舜也與？夫何為哉，恭己正南面而已矣。

〔德行所成之至有四。三：「為」之至〕

若非從知見而從作為言，怎樣作為始為極致？孔子舉舜為例。縱使為政、縱使為王者，作為所以極致，因與一般所以為作為相反：真實作為只「無為」而已，非有為，如以為「有政」〈子路〉、或以為「道之以政，齊之以刑」〈為政〉那樣。舜所以無為、舜無為所以極致，非單純無所作為，也非但求一己齊物而無為，而是相反：舜「恭己正南面」。這是說：舜不從自我而作為、不自我地作為。縱使如莊周，其無為仍自我，故實如有為般。「恭己正南面」是說：舜因不求自我，故以「恭己」為本，即順承事情客觀真實、順承道與人性，無我地為，此其「正」所以真實，亦王者所應有（「正南面」）。無我之為（無為），故如孔子所言：「四時行焉，百物生焉」〈陽貨〉那樣，純然順承事至自然客觀應有道義，絲毫我均沒有，此「無為」真正意思。舜之「無為」，故在其「恭」：對向一切無我地恭敬其事，其一切作為本於此，亦作為所以極致之原因，純由「恭」而致其善道而已。「夫何為哉」故是說：作為若仗持一己，如有大作為那樣極端，此作為所以偽。舜由「恭己」而不自我，其「治」唯由性與道，故「無為而治」，亦「為」所以如「無為」般極致。【由有我而作為，此作為所以極端；極致之為，由無我始致】。

六、子張問行。子曰：言忠信，行篤敬，雖蠻貊之邦行矣。言不忠信，行不篤敬，雖州里行乎哉？立則見其參於前也，在輿則見其倚於衡也，夫然後行。子張書諸紳。

〔德行所成之至有四。四：「言」「行」之至〕

若不從「為」（作為）而從一般之「行」（言行）言，「行」之極致，【此所以為子張之問，其心好大故】，在「言忠信，行篤敬」而已。如是之「行」所以為極致，因「雖蠻貊之邦行矣」。一如舜「無為」在其「恭」，「行」所以極致亦正在其「篤敬」；對此，孔子故（極致地）形容為：「立則見其參於前也，在輿則見其倚於衡也」。「參」如參謁進見、或如參於天地間而正立，見無比尊敬；於車輿中亦然：「倚於衡」是說，縱使居於車，仍倚憑車轅端橫木俛首致敬。能如是對人恭敬，故為

「行」之至，亦所以「子張書諸紳（衣之大帶）」，視如座右銘般重要。子張所問雖為「行」，然句亦有「言忠信」一語，明見此時之「行篤敬」，非如奉承般虛偽獻媚，而實是有為人之善而真實；於如此心懷而「篤敬」地行，此「行」所以極致而真實。

*

在「知與行之至」後，即論「智與仁之至」。前者從人自己一面，後者則從客體這另一面，為客體方面「知與行」之極致。

七、子曰：直哉史魚。邦有道如矢，邦無道如矢。君子哉蘧伯玉。邦有道則仕，邦無道則可卷而懷之。

〔智與仁之至有四。一：知世〕

客體方面「知」之極致有二：大者從「世」（邦）、小者從事與人言。「世」（世間存在）為人與事之總體，對「世」有道無道之知，故為知之極致。事實上，對世有道無道之知，實已亦是對道本身之知，否則無以言有道無道，此其為極致所在。孔子以兩樣態說明：一如史魚、另一如蘧伯玉，【見前〈憲問〉】，二人均衛國大夫。史魚之「邦有道如矢，邦無道如矢」是說：無論世間怎樣，他如無視世間無道般，直行於道；非不辨有道無道，其自身直行於道而已，從此見其知「道」。蘧伯玉雖似有待對象：「邦有道則仕，邦無道則可卷而懷之」，然其對世之反應始終仍守着「道」，此其所以知「道」。一人雖從己而直、另一從世而變，然二人始終仍出於對「道」之知而行，二人其「知」故極致。

八、子曰：可與言而不與言，失人；不可與言而與之言，失言。知者不失人，亦不失言。

〔智與仁之至有四。二：知人與事〕

若是對事與人，「知」之極致在深察。句非從德行，單純從「知」言而已，結論故為「知者不失人，亦不失言」。「言」在這裡可推廣為指「事」，以「言」言，因「言」至輕，可言可不言，故有反應上之彈性，非如事因必須而無可選擇。若能對言、對人深察，既知其事（知言之所是）、亦知人所是，因而客觀至「不失人，亦不失言」地步，此（對事與人）「知」之極致。「失」言「知」之真實而已，由知其實故不失。「知」若能如此客觀，絲毫無所好惡偏見，如是確為「智者」、為其「知」之極致所在。

九、子曰：志士仁人，無求生以害仁，有殺身以成仁。

〔智與仁之至有四。三：「成仁」〕

若從「行」（而非「知」）言，其極致明顯在「行仁」。對向「世」之有道無道（見前第七句），即「志士仁人」極致之行，而此即在：「無求生以害仁，有殺身以成仁」。以一己性命為代價求仁之成就，如此作為、如此志向，確然因道而極致。句非從無謂犧牲言，故以「無求生以害仁」說明：即在被迫「害仁」這前提下，始不得不選擇「殺身以成仁」。在性命與仁兩者間，若「求生」必致「害仁」，「志士仁人」唯選擇後者，此其行（仁）極致所在。

十、子貢問為仁。子曰：工欲善其事，必先利其器。居是邦也，事其大夫之賢者，友其士之仁者。

〔智與仁之至有四。四：「為仁」〕

若非從「世」（「成仁」之大），而僅從「事」（「為仁」）言，一如「知者不失人，亦不失言」（前第八句），「為仁」即「事其大夫之賢者，友其士之仁者」。知「善其事」而「利其器」者，亦如知「不失人」「不失言」者，其為事亦求客觀真實。「為仁」本「由己」，【見「為仁由己，而由人乎哉」〈顏淵〉、「我欲仁，斯仁至矣」〈述而〉】，從「事其大夫之賢者，友其士之仁者」言，其作為故明求仁之客觀實現，因而有求於賢者之協作、非只個人仁之事。句故特從「居是邦」言。求能客觀地實現仁，因而必須多人努力，【此「事其大夫之賢者，友其士之仁者」之原因。亦參考曾子求為子張時之「並為仁」〈子張〉】，如此「為仁」故極致。縱使僅只「事」，然因求「為仁」，故已是「為事」（「行」）中之極致。

以上為「知與行」其客體面時至致之道。

*

在「知」與「行」其主體（三至六句）與客體（七至十句）兩面外，「知」與「行」亦可擴大至通達遠慮（十一與十二句）與人類欲望求得時（十三與十四句）極致與極端兩面，此本組四句所言。欲望多盲目，故唯由遠慮通達始能遏止。

十一、顏淵問為邦。子曰：行夏之時，乘殷之輅，服周之冕。樂則〈韶〉舞。放鄭聲，遠佞人。鄭聲淫，佞人殆。

〔遠與淺近之至有四。一：為邦之遠達〕

顏淵通達明理，為孔子喻為「聞一知十」〈公冶長〉，其問為邦之道故亦極致。【《論語》除顏淵外，從不見孔子對人之回答究極】。對三代創為之善通達地知，如此對歷史與對價值之通透，實「知」窮究言時之極致。

「行夏之時」，《論語集解》解為「據見萬物之生，以為四時之始，取其易知也」，意謂：時令季節之正，應本於播種田獵等生活事而編訂、依於人民生活運作以建立，使百姓易知事情作息之序，此夏曆所是。擴充地言，即一切人為制度，必須依從百姓生活、使人民生活更為便利簡易，非使人感制度法令之繁複與障礙、或使人民由必須符應而生活本末顛倒。「乘殷之輅」是說：殷之車輅因以木制，求為堅實簡素而無飾，非如金玉器般奢浮，故應為日用器物之楷模。馬融故引《左傳》說：「大輅越席，昭其儉也」。「服周之冕」有二解，一為：冕為禮冠，後高前下，有俛俯之形，以此戒惕在位者不應驕橫；另一解釋是說：周冕前有垂旒，旁有黈纊，垂旒蔽明，黈纊塞耳，故戒人不任隨視聽，使耳目不惑於聲色。「夏之時」、「殷之輅」、「周之冕」三者，一故代表制度、二則反映物事、而三則表述態度與表現，三者窮盡文明之面相，其為「為邦」之道從此言。至於樂（文藝創制），「樂則〈韶〉舞」指點出：如公子札所言，〈韶〉之為樂：「德至矣哉。大矣，如天之無不幬也，如地之無不載也。雖甚盛德，其蔑以加於此矣。觀止矣，若有他樂，吾不敢請已」《左傳》襄公二十九年。

孔子此為邦之道，既理想、亦實在，只從已有人類作為擇其善者，絲毫無虛構不切實之嫌。其以三代歷史為依據，更顯其觀察深遠通透，為在一般知見上之通達，故為人文創為或為邦之極致。人類文明、一切為邦，應以德行為本、為道；或善於人民與其生活、或為儉樸堅實之器用、甚或為如禮居後般謙下態度而美，無論從人與人、抑從人表現言（文藝）均應如此。由如是對人文深遠之通達，其為創制故極致。【今文明相反：對人只求制度刑法、對物只求知識科技，而對存在姿態，只求自我表現與超越價值。一切只行極端而已】。

至於反面，（「放鄭聲，遠佞人。鄭聲淫，佞人殆」），無論事與人、無論鄭聲抑佞人，均只圖一種表面或表現，都無視人性德性而任憑自我與欲望而為，故亦淫亦殆。人文邦國若建基於表面圖索，將只落為極端，非於人性深遠而真實。「顏淵問為邦」句所言道理，故為為邦之深遠極致，文明不能如此，只因圖索表面、有違人文德性之真實而已。【有關鄭聲，請參閱〈陽貨〉「惡鄭聲之亂雅樂也」】。

十二、子曰：人無遠慮，必有近憂。

〔遠與淺近之至有四。二：平素之遠慮〕

至於一般思慮，無論思慮多平素，其能為真實，仍必須從「遠慮」言。思慮能真實，必不能只為眼前圖索。只圖索眼前事物之思慮非「慮」，其思非「遠」故。「無遠慮」者，故非只無「遠慮」，實「無慮」、無真實地思。心思所以不真實由此：只求為欲望圖索、甚至只欲求『高遠者』，【此遠慮與遠欲之對反，後者只一種極端】，非顧及事情之長遠而切實地思慮。縱使只眼前事，思慮仍唯長遠始能真實，何況不思不慮者。句故為對平素思慮之警語，告誡人不能不顧真實而只短淺地欲求；如是其憂將顯然、甚至將直在眼前。人不得無所真實，思慮必須深遠由此。縱使平素一般「遠慮」，其極致是人人真實之本。存在有所憂慮，實由不「遠慮」或「無遠慮」而致而已；平素思慮之極致真實故在此。

十三、子曰：已矣乎，吾未見好德如好色者也。

〔遠與淺近之至有四。三：「好色」欲望之淺陋〕

對反於深遠通達與遠慮，即欲望淺陋時之極端。欲望極端有二類：或單純由主觀好惡、或由利益利害。

「色」非僅生殖事，更言在此外，人所有如色情、色欲時欲望。巴塔耶以此為在現實性（實用意義）外人類如君主般耗費時之表現。一如求甘食非只求食（求飽足），「好色」亦非單純為後繼或男女居室而有之大倫，【見孟子：「男女居室，人之大倫（人之大事）也」（萬章上）】，故明只主觀無必然性欲望。孔子故借「好」字表出其任意性，為人單純好惡之事，非有所必然。雖然如此，人類始終沉溺於此，如絕對不可免那樣。而此說明，縱使無所必須、無所必然意義，人類對其欲望始終視如必然般追求。相反，縱使人不好而似無所必須，德行始終為人類存在真實、為存在美好之原因。對如此必然真實而不好，亦因淺陋而已。此孔子以「好色」與「好德」對比之原因：教人見無必須之欲望因人類淺陋而視如必須、對必須之德性反而無視無所好，如此以欲望好惡主導一切、淺陋地極端而絲毫不深省遠慮，此人類欲望之盲目與偏見，絲毫不為事情真實而遠慮。人類欲望故往往因淺陋而極端，非由遠慮而知克制。「好色」「好德」之對比，故見人類淺陋極端時之盲目，亦孔子所以慨歎「已矣乎」：人寧追求無所真實、無所價值之欲望極端，亦不願求那真正使存在美好、美麗之德行。縱使亦從「好」言，德行由其真實始必須，色欲之「好」始終只主觀極端而已。能知好德而非好色，縱使似與現實之所謂客觀必然性有違，然能如此，始多麼深慮而極致。【亦請參考〈子罕〉同句】。

十四、子曰：臧文仲其竊位者與？知柳下惠之賢，而不與立也。

〔遠與淺近之至有四。四：「竊位」欲望之淺陋〕

欲望若非如「好色」般必然主觀、而更有所得，仍因淺狹而為極端。舉人求地位之欲望言，因權力地位已包含富貴與名聲；故如臧文仲，孔子亦曾批評為奢侈而炫富，甚至以此表示僭越。【見「臧文仲居蔡，山節藻梲，何如其知也」〈公冶長〉】。本句特從「竊位」言，臧文仲非但對地位求得、更有壟斷一切權力之欲望，如霸佔一切力量那樣，絲毫無為賢良而分享割捨，故「知柳下惠之賢，而不與立也」。欲望往往即如是極端，其極端再無理由可言：非只為求得，更在需求外，以現實之名，霸佔或壟斷一切而極端。

句所以舉柳下惠，因如孟子說：柳下惠從不與人爭鬥而和睦。【見：「柳下惠，聖之和者也」〈萬章下〉。亦參考：「柳下惠不羞汙君，不辭小官。進不隱賢必以其道，遺佚而不怨，阨窮而不憫。與鄉人處，由由然不忍去也。『爾為爾，我為我，雖袒裼裸裎於我側，爾焉能浼我哉！』」〈萬章下〉、〈公孫丑上〉】。與柳下惠並立，是不會構成勢力爭奪之害，此見臧文仲「竊位」之無理，及其無道佔有之極端。

以上兩句故總言欲望，亦總言欲望所有極端性與任意性，既對反「好德」心懷之美、亦對立與賢者並立時心胸闊大之氣度，後二者始德行之極致；「好色」與「竊位」之欲望，只極端而已。

*

自本組始，〈衛靈公〉轉向個體自身一面討論，基本上仍環繞「心」與「行」兩面。「心」或「用心」其主觀面對向一己，而其客觀面則對向事情（義）。對向自身一面亦可分主客：主即在人我間之一己、客即在事情中之自己。而對向事情時之客觀面，則主要為義問題。對此四方面，《論語》分別以「躬自厚而薄責於人」、「不曰如之何如之何者」、「羣居終日，言不及義，好行小惠」、及「君子義以為質」四句討論。由四者，即見人作為個體時其用心之至所在。

十五、子曰：躬自厚而薄責於人，則遠怨矣。

〔心之至有四。一：對己之用心〕

人與人間怨尤或問題多在過錯，而人多因自我而堅持自己，不求明白或讓步，只求互責與匡正。「躬自厚而薄責於人」雖似言過失，然重點更在人與人之相處。對此，其道理是：若相處未能和睦無怨，更應先從自身一面反省、非咎責他人。「躬自厚」甚至表示：平素應對自身德行要求，遇有過對人包涵（「薄責於人」），如是是相處上一己方面之極致：既能無執自我地反省（「躬自厚」）、亦能於人我間「薄責人」。言「厚」「薄」更顯人對己心胸與德行要求之至，由是而能「遠怨」。人對己能如是要求，故為從個體自我言，心之至。心之至故非從其他方面，首先從人對己德行要求而致而已。

十六、子曰：不曰如之何如之何者，吾末如之何也已矣。

〔心之至有四。二：對事之用心〕

〔個體之〕心其較客體一面在對向事情。若有求為事情而用心，如反覆問：應怎樣、為甚麼……，如此始見心之真誠。傳統對「如之何」理解為對禍害先有之防範意識，否則即有災難至；若「禍難已成」，則「吾亦無如之何也」。【孔安國解】。皇侃故引李充曰：「謀之於其未兆，治之於其未亂，何當至於臨難而方曰如之何也」。然從「不曰」及「如之何」之重言言，「不曰如之何如之何者」，應更單純理解為人對事情之毫不思慮、不問其究竟，事事只得過且過、無求是非好壞，換言之，對事絲毫無所用心，非必與禍難之防範有關。對如此不用心之人，如「困而不學，民斯為下矣」〈季氏〉，孔子故評說：「吾末如之何也已矣」，即對其再無教誨可能，連批評也再無意義。【傳統解釋所以不當，因「如之何」之問沒有指認未來，非必與未發生事有關。且《論語》句為：「吾末如之何也已矣」，非孔安國之「吾亦無如之何也」。一如「說而不繹，從而不改，吾末如之何也已矣」〈子罕〉明為對人批評，故皇侃亦引孫綽云：「疾夫形服心不化也」，用「疾」一詞。事實上，若未能對禍患察覺，是不應至於有如「吾末如之何也已矣」如此批評甚至否定的】。現實所見人，若非與利益攸關，鮮有問「如之何」者。「如之何」重言故表示：非唯問「如之何」而已，更有求其究竟。「曰如之何如之何者」，故必有對事事提問並思慮，此見其盡心，故為用心之至。《論語》對「疑」故總結說：「疑思問」〈季氏〉。知追究事之真實雖似平常，然若非與利害攸關仍能如此，始人用心之真實。人對事情用心之至，由此而顯。

十七、子曰：羣居終日，言不及義，好行小惠，難矣哉。

〔心之至有四。三：無所用心〕

若人自身既應「躬自厚」、亦應對事問「如之何如之何」，那於客體方面用心之至由重視事情道義（義）見。「義」從真實必須與需要言，為事情之正道；事情之真實，故亦「義」而已。雖如此必須，世鮮如此客觀真實，但求狹隘或短淺利益而已。其極端故如「不曰如之何如之何者」那樣，所作所為，只「羣居終日，言不及義，好行小惠」而已。對如此無用心之人，孔子故同樣評說：「難矣哉」。「羣居終日」像似有對人倫之好，然若「終日」如此，必無所事事，甚至只求為羣黨而無能獨立、無能反求諸己（「躬自厚」），其難以真實由此。「好行小惠」更明白反映其與人之諂媚甚至利益關係，以人為好求惠，心絲毫無見義，故亦「言不及義」。如此之人雖似常態，然終日如是者，心必無求為事之真實，故為為義者之極端對反，此所以孔子評為「難矣哉」。

十八、子曰：君子義以為質。禮以行之，孫以出之，信以成之。君子哉。

〔心之至有四。四：用心之至〕

作為「言不及義」者之對反，孔子故舉君子（真實之人）為例，說：「君子義以為質」。人與人間、存在本身，實以（為事之）「義」為先。「質」字其意為「體」（如本體）、為「主」、為「本」、甚至為「正」。而更言「禮以行之，孫以出之，信以成之」，因非如「羣居終日」「好行小惠」者，人與人間關係其真實在禮，非在「羣居」。對事、於人，故一切唯由禮行、於言而孫（遜）、及由信（真實可信賴）以成，非靠「羣居」之情、吹捧諂媚之言、或「好行小惠」之小利而行。真實之人由「義」所維繫，一切盡義與禮之真實，非「羣居終日」而已。縱使可能仍平凡，然如此用心始終極致。

人用心若如此，實已極盡真實，此所以孔子相反「難矣哉」而讚美說：「君子哉」。

*

前組所言個體其心之至若仍關涉對象，【故為「行」時之用心，所涉為：「躬自厚」、「曰如之何」、「義以為質」而非「羣居終日，言不及義，好行小惠」】，本組則直從人自己心言，故為其主體性所在。【主體言人自身，其真實性與獨立性】。《論語》分別從「不病人之不己知」、「疾沒世而名不稱焉」、「求諸己」、及「矜而不爭，羣而不黨」四方面言。

嚴格言，中國古代唯以人民為存在主體，個體因無我故非主體。然因人畢竟有「我」，縱使無我，始終仍有個體自我真實性問題，此即廣義言人之主體性。對此，《論語》分四方面言：一、個體主體真實性之本：「不患人之不己知，患不知人也」〈學而〉。二、人生命最高主體獨立性：「仁遠乎哉？我欲仁，斯仁至矣」〈里仁〉。三、對向存在（現實）言之主體自己：「知者不惑，仁者不憂，勇者不懼」〈子罕〉。四、主體之根據或所由出：「我思」：「『唐棣之華』，『偏其反而』。『豈不爾思，室是遠而』。子曰：未之思也，夫何遠之有」〈子罕〉。從以上四方面可見，第四點只為「自我」之形成或根據，故最非是主體，此點與西方主體性（我思）故最為相反。第三點則只言人『對向現實被動或約制性時』人之獨立性可能，其為主體故非從人自身、而是從相對現實言而已。第三點儘管是西方主體性所強調，然始終只對應性，非人個體獨立真實性所本。第二點所言主體性雖最高，為人「仁」自主獨立性之體現，然因只為對向仁一德性言，故非人『作為自己時』之真實性及獨立性，後者故唯由第一點所言，即：人之主體獨立性，由「不患人之不己知，患不知人也」或「人不知而不慍」〈學而〉德行成就。〈衛靈公〉此處論主體性之至，故實只第一點之引申。

十九、子曰：君子病無能焉，不病人之不己知也。

〔主體性之至有四。一：「病無能焉，不病人之不己知」之真實性〕

我們說過，「君子病無能焉，不病人之不己知也」一道理多次在《論語》重出，【見〈學而〉：「不患人之不己知，患不知人也」、〈里仁〉：「不患無位，患所以立。不患莫己知，求為可知也」、〈憲問〉：「不患人之不己知，患其不能也」等】，亦孔子對人真實性之第一要求，由是人始獨立為主體。以「病無能」與「不病人之不己知」作對比，明見人一方面對自身真實性要求（「病無能」），但另一方面又對自身於人世無所要求（「不病人之不己知」），故能真實地獨立於世而無待。兩者總括一起，即人主體所在：既真實亦獨立，其真實性無待他人（世人）肯定（或所得）、亦非只求自身自足甚或反控世界而君主，純只對己真實性（自身之立）及生命獨立性要求而已。真實性與獨立性二者，【獨立地真實、真實地獨立】，故為主體之條件，亦孔子常並舉二者之原因。【見前引文】。世人對己之知本只外在表面，唯是否亦能真實始人真實性所在。現實相反：但求奪得世人稱許，不在乎自身與能力是否真實、不在乎所努力是否為真正價值與道義，人由是故均只自我、非主體。人類蒙昧無知、只以權威與聲名定奪真偽、但求譁眾取寵，換言之，人類之虛偽與虛假，全繫於此，亦人能主體所以重要之原因：人類真偽首先取決於此故。主體由於「不病人之不己知」、只「病無能焉」，故非如世只求吹捧諂媚；其越是真實，越與世形相背，此其生命與努力所以困難艱厲，如《易》〈艮〉卦所形容：「艮其限，列其夤，厲薰心」【生命努力由於背向於人，使身（裂其夾脊）心都極為艱厲】，亦孔子所以首先指出「人不知而不慍，不亦君子乎」〈學而〉之原因：主體非在上而有所得，仍只人而已、甚至從生命艱困中立為人而已；【有關主體此艱困一面，《論語》故用「不慍」、「病」、「疾」、「患」等詞】；此始真正主體：連生命悅樂與所得亦無以陷沒其心。如是真實之人，其生命故確然極致：生命一切只純然為人付出，絲毫無求所得或回報、甚至無求人必對己明白。此主體所以極致，亦人其個己真實性之至。

二十、子曰：君子疾沒世而名不稱焉。

〔主體性之至有四。二：疾「名不稱」時之真實性〕

皇侃引江熙曰：「匠終年運斤不能成器，匠者病之。君子終年為善不能成名，亦君子病之也」。這樣解釋正是反義。孔子從不以求成名為是，故「君子去仁，惡乎成名」〈里仁〉、「大哉孔子，博學而無所成名」〈子罕〉。上句「不病人之不己知也」，是孔子對君子視為至重要要求，其能真實時之前提。「稱」一詞故只欲不成其惡名、從所成之名為不仁或惡名解，非從「求為成名」解。句所言故只求為沒世時不有留下惡名而已，非求為成名。【事實上，《論語》「稱」字非必正面，故有「稱人之惡」〈陽貨〉這單純播揚意思，甚至可只等同「名稱」「稱謂」，非必稱頌意思，見：「邦君之妻，君稱之曰夫人；夫人自稱曰小童。邦人稱之曰君夫人；稱諸異邦曰寡小君；異邦人稱之亦曰君夫人」〈季氏〉】。「不稱」故只言名敗壞自身真實，非據實求名，如江熙以為。甚至，此時名不稱其實若非從德性，亦可泛解為聲名無實，故若有名，只更求為一有實之名、非無實之虛名，此所以「君子疾沒世而名不稱焉」，即疾自身沒有其實，唯有虛名而已。如是始與「君子病無能焉，不病人之不己知也」（前句）或「不患人之不己知，患其不能也」〈憲問〉等道理一致。本句與上句故為一體，只反面言而已，教訓一切求為聲名者，聲名實多虛偽虛假。若有所聲名，真實之人將對自身聲名有所患，恐自身名過其實、實不相稱其名。如是始為德行：求為自身真實時之德行，非求成名。若前句從〔能力之〕真實性言，本句則相反：若有名，只唯恐自身所是不相稱其名而已，甚或自身之名為一不可稱頌之名，如君不君、臣不臣那樣。能如此自覺，縱使平凡，從人生命致力言，多麼已是極致：世間所以虛假虛妄，往往由人求成名而起。

二十一、子曰：君子求諸己，小人求諸人。

〔主體性之至有四。三：「求諸己」之獨立性〕

除真實性外，主體亦從獨立性言。獨立性因相對他人言，故為一種在人與人關係中之真實。「求諸己」不應如傳統從「責己」「責人」解，如此只會與前「躬自厚而薄責於人」〔句十五〕重複，且《論語》從不以「求」字解「責」。「求」只言如事事親力親為，非對人有所依賴。「求諸己」非言不相互協助，而更多是從心態之獨立言。事實上，若非心態獨立，人難於立己：人是否成熟、是否成人、是否通達明理、知人情世故，都與心態獨立性有關。人唯由獨立或自立，始更能有所感受體會、有所志向，明理與否實由此。如「人不知而不慍」〈學而〉或「我欲仁，斯仁至矣」〈述而〉這樣主體性，故都與心態獨立性有關。「求諸人」者因有對對方依賴或要求，故易形成不和甚至怨尤。若如尼采以獨立性對反羣畜性，為自我價值所由，並以羣畜性為人類敗壞心態，如是自我心況，始終非真正獨立，其獨立只求與人對反而已。孔子獨立性非如此，所求唯於人我間，一切「求諸己」非「求諸人」，其獨立性默然，並由無所對立而真實，此主體（獨立性）之極致：既無否定人我關係、亦不因有所關係而相互牽扯至不能真實。能自身獨立判斷、獨立行動、非事事訴諸他人，人如是始為真正自立；其為獨立性始能真實獨立於世、不與世沉淪。此主體獨立性之至。

二十二、子曰：君子矜而不爭，羣而不黨。

〔主體性之至有四。四：「矜而不爭」之獨立性〕

至於相互事情更涉利害時，如「必也射乎」〈八佾〉，人其獨立性應為「矜而不爭」。「矜」言莊以持己，自持自身並莊敬，非求勝於人。「矜而不爭」只言自身事，若更與為仁有關，其小者「當仁不讓」（見下），大者則仍須「殺身以成仁」（見前）。所以「矜而不爭」，因「君子無所爭」〈八佾〉而已，此其本然獨立性。

相反，若事非涉利害而是與人所好相同，獨立之人仍只「羣而不黨」，如《詩》「可以羣」〈陽貨〉那樣，「以文會友，以友輔仁」〈顏淵〉，非從利益而成黨。「黨」，阿比也，相助匿非者也。「黨」由相互偏好而致包庇，如陳司敗以孔子包庇昭公之不知禮而批評說：「吾聞君子不黨。君子亦黨乎？」〈述而〉。正因黨只由人與人主觀偏好結盟，故人多由黨而過，此「人之過也，各於其黨」〈里仁〉所言，人如是定非能獨立而真實。

「君子矜而不爭，羣而不黨」與前「君子求諸己，小人求諸人」故從不同角度面相，指出人所應有獨立性，否則無能為真實。能如是獨立，縱使仍人與人平素，然實已為一種與人關係之極致：既能無爭、亦又無黨、甚至無求於人，但求於己而已。此主體獨立性之德行。

*

從個體言至致之理除「心」（句十五至十八）與「主體」（句十九至二十二）外，其更高在「無我」。「自我」或「無我」問題集中於〈子罕〉討論，以「自我」所涉面相層面為主。故有從人之為己、其功名成就、主從關係、心意之主觀性，及其種種細分如成就、能力、技能、知識、所是，及對向卑下者、後學者、世人、存活、生活、生命志業、平素作為等方面言。如是對「自我」分析，所重在層面與面相，以言「無我」應有之道。〈衛靈公〉這裡不同：非言「自我」所涉面相，而是對「無我」本身怎是之內在分析，所涉有四：其對對象之是否客觀、其自身是否人性而客觀、其有無執着自我之名、及有無執着自我所有。四者為「自我」構成之根本，亦「無我」問題之簡化與總結，非其體現時層面或面相。「自我」故或由於對人對事主觀、或由於失去人性心；或執持自我聲名、或執持自我所有，人其自我及主觀性多從此四方面言。能自覺而無我，縱使只平素，故仍為極致。個體自身問題至此終。【亦請參考〈子罕〉篇】。

二十三、子曰：君子不以言舉人，不以人廢言。

〔無我執之至有四。一：「舉」「廢」之客觀性〕

人是否客觀，可從兩面見：一相對對象、另一從自己方面言。本句先言前者。《論語》所以借「君子不以言舉人，不以人廢言」作為對客觀性說明，因縱使與對象有關，不能客觀實仍出於自己，因有所愛惡無以見對象事實故。如前「可與言而不與言（…）」句（句八），這裡「言」仍可廣義代表「事」。而因「舉」「廢」多涉好惡，由此故易見人對他人與事之是否客觀真實。所以如此，因句（「以言舉人」「以人廢言」）之構造明借其人與其事（言）事實上之對反，以見判斷者之是否能分別言，不因偏好而形成偏見，如對其人喜好則連帶稱頌其作為、對人厭惡則連帶低貶其一切事、對事偏好而高舉其人、對事厭惡而對其人亦無由地否定。他人與其事（言與作為）因由對反故而可見判斷者之是否客觀抑主觀。句故實極簡明。主觀好惡者，始終無法在人與事、在愛惡與事實間作客觀而真實判斷、無能就事論事，故或「以言舉人」、或「以人廢言」。所以仍以「言」為例，因「事」較必然，難為主觀好惡扭曲，「言」因未成確定事，故易有主觀意見。若連單純之「言」亦能客觀地判斷，如孟子從「知言」〈公孫丑上〉見其人，如是客觀性，因再無絲毫自我，實已為至。「好惡」本多主觀，然由擴展為客觀之「舉廢」易見其不是。能於舉廢而客觀真實，如是已見判斷者非僅好惡而已，更是無我地（無主觀好惡地）真實。如是之人、如是之客觀性，因不再受制於自身好惡，故實為客觀性之極致。此人「無我」之首先體現。

於此亦可明白：人與其事（作為）始終應獨立觀：人於事與其人自己，始終為兩面，不能混同，管仲便如此。

二十四、子貢問曰：有一言而可以終身行之者乎？子曰：其恕乎？己所不欲，勿施於人。

〔無我執之至有四。二：「恕」之客觀性〕

非僅由於好惡而已，主觀與否更先出於人內在自己，其是依據人性普泛客觀性、抑只一切任憑自我，如是見人其自我與無我事實。若前句之客觀性相關對象，本句所言客觀性則單純從人一己方面言。縱使為一己，實仍有客觀性可能，此人作為自我與作為人性時之差別。

從子貢之問：「有一言而可以終身行之者乎？」可見，其問所涉必有所極致。本來，如「己所不欲，勿施於人」這樣道理，不見與主觀客觀問題有關。細想不然。若從孔子一貫之道看，「一言而可以終身行之者」應在「忠恕」〈里仁〉，非唯在「恕」。若必二選一，仍應在「忠」、非在「恕」，前者始正面對人對事，後者非是。從對人言，如「忠信」、「忠恕」，仍以「忠」為主。【見：「吾日三省吾身。為人謀而不忠乎？與朋友交而不信乎？」〈學而〉、「主忠信」〈學而〉〈子罕〉〈顏淵〉、「十室之邑，必有忠信」〈公冶長〉、「子以四教：文、行、忠、信」〈述而〉、「居之無倦，行之以忠」〈顏淵〉、「樊遲問仁。子曰：居處恭，執事敬，與人忠」〈子路〉、「言忠信」〈衛靈公〉】。故於問「有一言而可以終身行之者乎？」而單舉「恕」，實屬奇怪。「恕」作為道理，於《論語》只兩出：或見於「吾道一以貫之。（…）夫子之道，忠恕而已矣」〈里仁〉、或即見於本句。【「己所不欲，勿施於人」則亦見於〈顏淵〉】。以「恕」為「一言而可以終身行之者」，始終奇怪。

首先，何謂「恕」？「恕」非言寬恕，寬恕與「己所不欲，勿施於人」意思無關。「恕」言應如心（真實）般。無論是主動對人之施加、抑因受害於人而欲回報，一切對人之施予行為，都應本於心。【「恕」：如心般】。故若「己所不欲」，是不應「施於人」的。此時「欲」言心感受之真實，即人性感受普泛之真實。「忠」若為對人正面地善，那「恕」則多與負面情況有關，故言「不欲」與「勿施」。無論「忠」多麼基本，「恕」始普泛，特別當現實存在中人與人關係多負面，「恕」更是其必須緊守之道。依憑心之真實而行，此即從人內在一己言時，人所有客觀性，其客觀在「人性心」，否則人只會順隨「自我」意想或利益之任意而行。「恕」或「己所不欲，勿施於人」所以能「終身行之者」，亦因如此普泛性而已。【普泛從人性心及現實負面性之普遍言】。而此甚至與德行無關，只人與人至為基本而自然基礎。心感受之人性真實，故為此時人從內在言客觀性之本；人與人間事，故必須依據於此，不能逞一時之欲、不應因所對是他人便作出有違心時之主觀反應。人我間事雖似全然主觀、各憑其欲而行，然事實仍是：此時仍有心之客觀真實性在。心之真實性因據於人性，故在人我間始終共同而客觀。縱使似無外在依據，人性心仍為人最終（最基本）依憑，此所以能「終身行之者」。由此，人始非只自我，而由心人性成就「無我」之極致。現代社會已習慣從法律行事，然法律只手段，其背後仍取決於（集體）欲望，故往往只服務於時代利益、甚至為權勢所掌持，與人心之真實與客觀性無必然關係。人事故始終難由法律外在地定奪，【故於法律前，社會仍不乏有爭勝爭鬥之舉，人難接受他人違逆人性態度故】，只往往屈從於絕對權威與權力而已。人性心相反：因始終內在於人人，故能「一言而終身行之者」。非因為德行，只於人人心感受客觀而已。無論於何種情況、無論情況多負面，始終，人仍有人性心之客觀性在，作為能無我，由此。此亦所以孔子之道，在「忠」外仍必須有「恕」【「夫子之道，忠恕而已矣」〈里仁〉】：「忠」從正面為人之德行言，「恕」則更涵攝一切負面或被動關係。如是「恕」作為道理至為普泛地客觀：縱使為欲望主觀事，仍始終有心（「恕」）之客觀真實性在，此「恕」作為道理所以極致：為於人與人行為之主觀性中，唯一真實客觀者。心故無須從良心之超越性言，一旦人與人必須言對等，如「己所不欲，勿施於人」，便即有客觀在。人與人之客觀性故在「人與人」間（人性），非在超越性中（如法律）。

仍須補充：因「自我」實構成現實中人與人對立之根本，【參考佛洛伊德對「自我本能」之深層分析】，對此，其解決故唯在「恕」。人與人若知回歸心人性真實以對，無論怎樣，是再不構成無可消解之對立的。自我問題故仍須由無我之人性客觀性解決，否則人類存在由「自我保存」始終對立。此見人性心其為客觀性（無我）基礎時之極致。

二十五、子曰：吾之於人也，誰毀誰譽？如有所譽者，其有所試矣。斯民也，三代之所以直道而行也。

〔無我執之至有四。三：自我之毀譽〕

在自我主觀性問題後，自我對「名」之執着，最是其偽。《論語》透過毀譽討論。若死後無以言富貴、權力、欲望，仍有「名」可能，此人其自我對毀譽執着、極以聲名為榮之原因。由於世人以毀譽、非以賢能或德行為人之評價，故現實所見，也只種種虛假聲名而已。孔子故反說：「吾之於人也，誰毀誰譽？」這是說，由於一般毀譽實虛假，故何須藉由毀譽觀人、對人評價？一般所言毀譽，實只無知地針對人其自我言而已，非由於真正德行。對這樣虛假聲名，若知從其對人類貢獻而考驗，【「試」：測試、考驗】，如是應見一般所謂聲名，實虛假而已，特別當人民百姓是如三代，有着直道之教化，其目光對善惡真偽價值明晰，非為世俗表面所愚昧。若非有如此對人類真實，那「誰毀誰譽？」」。聲名若只由於個體、為其自我之名，絲毫對人類無所真實，如此聲名毀譽，實亦虛假而已。此「如有所譽者，其有所試矣。斯民也，三代之所以直道而行也」意思。所以舉三代言，因三代以直道教化，故人民正直而真實，譽故無能以如自我之虛假達成，百姓亦不會因譽而受騙，其直道自會檢視一切。如是可見，人民是否易受騙，亦先在其自身是否真實、是否以直道而行而已。此百姓真實性之本，亦三代先王之教化。虛假者故無能以自我之譽而欺騙，必有所嚴厲考驗。譽能真實故唯由此：非由自我或表現（如偶像崇拜）、非由虛假地位聲名，而須出於對人（甚至人類）真實德行。人故無須執着自我、執着自我之名，如此始終虛假而已。人唯由無自我之名始真實，自我與其毀譽，始終只虛假而已。能無自我名之執着而仍能對人類有所貢獻，此始人之至、其無我（聲名）之至。

二十六、子曰：吾猶及史之闕文也，有馬者借人乘之。今亡矣夫！

〔無我執之至有四。四：「闕文」「借馬」之無我〕

除聲名外，自我更有對其所是與所有執着，非能無我地真誠。人必有所不知，然作為史者縱使不知仍多視如知，自我自視故。而對所有，亦鮮於人需要而借用。孔子之「吾猶及史之闕文也，有馬者借人乘之」故對過往人之無我執多麼慨歎，以「今亡矣夫！」。縱使確然不知，人為求自我不被鄙視，縱使掩飾，一般史者仍作偽地使內容完整，非保留「闕文」。如是作弊純因自我自視與自尊而已，其未能真實真誠由此。在現實中、在他人前，人其自我實難承認自身缺陷。能如「史之闕文」，其人故實無我，其無我而真實亦極致。同樣，人實難不為自我而佔有，故鮮與人分享所需。孔子所言古之人非如此：「有馬者借人乘之」。馬貴重亦親隨，現實是難於見人需要而借人者。能「有馬者借人乘之」，其對事物毫無佔有之心，故見其毫無自我之私，其極致如此。

人之無我，故可見於其對對象之純然客觀性、亦見於其心之依從人性普泛性、既無執於自我之名、亦無執於自我所是與所有。四者本實平凡，然能如此，一如母親對其孩童般，其無我（無自我）始終極致。以上為〈衛靈公〉有關從人個體言至致之理。

＊

〈衛靈公〉以下，進入最後部份（第三部份），以回歸道本身為主題。在直言道之回歸前，先從大作為道理言起。

二十七、子曰：巧言亂德；小不忍，則亂大謀。

〔大作為之至有四。一：謀之大小〕

作大事者，必先能分辨事情大小與先後、及知各應對之特殊。《論語》借助「小不忍，則亂大謀」對大小作分辨。縱使為大事，仍必伴隨有小之一面；若遇有而不能忍，只壞亂整體而已。為大事者故必須對小而忍，不因小亂大。全其大，忍其小，此為大事者基本。故如「巧言亂德」，若不能辨巧言表面之虛偽，以其為仁，如是終只「亂德」而已。事之大小，如真偽那樣，不能辨者，是無能為大事。以「巧言」作比喻，可見小者對大者其影響亦可深遠：縱使只「巧言」，仍可「亂德」。能於事分辨小大與真偽，此求為作為者首先之至，大事不成往往由此。

二十八、子曰：眾惡之，必察焉；眾好之，必察焉。

〔大作為之至有四。二：眾之好惡〕

除分辨輕重大小外，為大事者亦須有客觀甚至整全觀察力。如政事或治理，代表客觀整體即人民大眾。對眾之好惡能察，於治理始能言客觀，此孔子「眾惡之，必察焉；眾好之，必察焉」意思。從「眾」言，因為政事而已，若單純為物事，其客觀仍在物本身，唯須從其整體、不能只片面而言。又用「眾」而非用「民」，因縱使未必對當，如眾之好惡仍可因蒙騙而虛假，然無論怎樣，對事中大者始終不能不察。對事整體之察知，無論其是與非，始終必須，否則無以言真實。君子故「周而不比」〈為政〉，事其關鍵往往在此。故非僅政事，學問亦須如此，故非僅「知新」，亦須對「故」（如歷史）有所明白通透。【見：「溫故而知新，可以為師矣」〈為政〉】。此作大事時之道理，亦其所以極致。

二十九、子曰：人能弘道，非道弘人。

〔大作為之至有四。三：弘道為大〕

非僅大小與周全總覽，能為大事，更必須從「道」言。正因所弘為道，故更見於人與事兩者間，大作為者不應視事為一己之功，如於道，是人因道為大故盡力成就，非藉由道以顯人自我偉大、非藉由道以使自身如了不起，此始為事者之真實。偉大故非在人，在其事而已。從「道」言，因「事」未必易顯如此道理：人多以事由人，非如道，人是無能藉由道而自顯偉大的。句重點故應在「弘」，言在事與人兩者間，孰為偉大。能成大事而無我，如「弘道」而非「弘人」，此始人真正偉大，其無在乎自我時之至。故如於道，是人弘道，非以道弘人。人其極致、其大，應從此言。

三十、子曰：過而不改，是謂過矣。

〔大作為之至有四。四：改過之大〕

大作為而從改過言，似突兀。然事實是，因由自我，改過於人實極難。《論語》除多教誨人改過外，於改過一事，措詞更似極端：如用「憚」一詞、【「過則勿憚改」〈學而〉〈子罕〉。「憚」，畏懼其難】、對人不知改過而慨歎：「已矣乎！吾未見能見其過而內自訟者也」〈公冶長〉、以「不貳過」者即為好學，甚至僅顏淵一人，其死後則亡、【「有顏回者好學：不遷怒、不貳過。不幸短命死矣。今也則亡，未聞好學者也」〈雍也〉】、連孔子自己亦須「五十以學」始能無大過、【「加我數年，五十以學，亦可以無大過矣」〈述而〉】、故於見蘧伯玉知「欲寡其過而未能」時讚歎、【「蘧伯玉使人於孔子，孔子與之坐而問焉。曰：夫子何為？對曰：夫子欲寡其過而未能也。使者出。子曰：使乎！使乎！」〈憲問〉】、至子貢對改過者極盡讚美：「君子之過也，如日月之食焉。過也，人皆見之；更也，人皆仰之」〈子張〉。從此種種可見，改過雖事小又似必然，然於人中實難。本句「過而不改，是謂過矣」故既含感慨、亦含責備之意。從此可見，人能改過，實已為平凡中之偉大。偉大故無須從眼見大作為言，甚至無須從弘道言。能知改過，已如「日月之食」，為人人景仰者。自我能不再自我，此始其偉大。縱使只改過，故實如大事大作為般，於人而極致。雖似微不足道，然實已是人無我之體現。人所以小，也只因執着自我有過不改而已。改過，故是最微小事中之至大者，人其作為之大亦先由此。

*

大作為之最大者，莫過於對「道」之致力與回歸。〈衛靈公〉餘下分組，故以此為最終主題，分三面：行道之至、行道態度之至、及行道分際之至，三者均大作為之極致，亦《論語》唯一對「行道」之直接論述。

三十一、子曰：吾嘗終日不食，終夜不寢，以思，無益，不如學也。

〔行道之至有四。一：道思與學之生命〕

行道之先須從學言起，而對道理之學，須由事事反省而致，故必然以「思」為本。孟子對周公之學道曾這樣說：「禹惡旨酒而好善言。湯執中，立賢無方。文王視民如傷，望道而未之見。武王不泄邇，不忘遠。周公思兼三王，以施四事；其有不合者，仰而思之，夜以繼日；幸而得之，坐以待旦」〈離婁下〉。周公學道不同於前人：非唯於從政中學，而是從對前人之思而學，故「仰而思之，夜以繼日」。對道理之學固然不得不思，然在思外，仍須契合於行，故周公「幸而得之，坐以待旦」，急於實行。對道之明白若非以思無以透徹深邃，故「學而不思則罔」〈為政〉。「罔」言明知錯誤而仍行。【見：「罔之生也幸而免」〈雍也〉、「君子可逝也，不可陷也；可欺也，不可罔也」〈雍也〉】。

學若不思，無能反省，所見必狹，甚至可如盲目般錯誤。句故亦明白指出，孔子實曾「終日不食，終夜不寢，以思」。

之所以更言「以思，無益，不如學也」，因「思」作為人性靈之本，實為其自我所由出。「思」因可對對象駕馭，可顯人自我之優越，故為人自我之本。西方主體故亦由「我思」建立，為〈子罕〉對自我真偽鑒別之原因。【其偽者以「思」相遠，其真者以「思」求相近，見：「『唐棣之華』，『偏其反而』。『豈不爾思，室是遠而』。子曰：未之思也，夫何遠之有」〈子罕〉。西方重智，中國相反，非以「思」與「智」為人本質，以人性始是。見：「性相近也，習相遠也。子曰：唯上知與下愚不移」〈陽貨〉。人之智思多致人相遠，唯性始使人相近。上智故求為不移離本性而已，非圖智思】。「思」雖為難，（亦人一般所不能），然始終，因為自我（優越性）所在，故仍有其不足與未是。「思」與「學」其差別在：「思」以透知其事為主，然「學」更要求人自身由熟於其事而能，非只知而已，其難在此。若知仍可止於自我，學則必須對我有所改進，從未能而致能，故不再能自我地守於原貌。「思而不學」者故「殆」。「殆」指因未盡其實（真實）而可致危害。道由於必須深遠通達、必須對向存在整體，自有其思之必須，【亦孔子「吾嘗終日不食，終夜不寢，以思」之原因】，然因知其事不代表自身亦能、更不代表因熟於其事而自身有所改變，始終仍可只自我，故縱使能「以思」，仍「無益」。句所教，故非學道可不思，更強調「學」只為說：

對向道、對向真實者，人再不能求為自我，不應只「思」而不「學」，以為能思、能知〔對象〕即一切，自身可不學而改。縱使非如抄襲或摹倣般不真實，「思」故仍有其缺憾：過於自我，非如「學」般為德行。此《易》所以對〈夬〉(明察)有所保留，常以必須中行教誨。本句除學道外，故更對人其自我提點：須謙下地無我，從「學」致道；若只「以思」，可只自我表現而已，始終「無益」。學道之至在此，否則也只如西方哲學，對向經典唯強調「思」，故只助長自我，非求為自我德行而真實。

三十二、子曰：君子謀道不謀食。耕也，餒在其中矣；學也，祿在其中矣。君子憂道不憂貧。

〔行道之至有四。二：「謀道」之生命〕

除學道外，生命仍須以致道為目的。以「謀道」與「謀食」對比，明因人一般生命只在「謀食」，非在道。一如學道之思非在自我，生命之謀與憂亦應唯在道、非在食，此「君子謀道不謀食」、「憂道不憂貧」所指。【求為道之生命，非如宗教信仰對一特殊或具體對象之求索，而是單純求為人生命一切作為行事能真實、一切盡由德行，使生命無尤無悔，甚至由對人性道理之明白，能樂道而滿足】。所以如此，因一求得之生命始終無以饜足，故如「耕也」，「餒〔仍〕在其中」。這是說：耕縱使作為生存似必須，然一切求得之心，始終無所饜足。「餒」言餓而不足，而不足實為一切欲望本態。故如「色」、「鬬」、「得」所以須戒，【見「君子有三戒：少之時，血氣未定，戒之在色；及其壯也，血氣方剛，戒之在鬬；及其老也，血氣既衰，戒之在得」〈季氏〉】，因三者作為欲望始終無所饜足而已。耕亦然：生命若以外在求得為本，無論怎樣，仍必感缺乏，心無由德性而感滿足故。「學也，祿在其中矣」所言故相反：若以學道為本心，如孔子對子張之教誨，【見：「子張學干祿。子曰：多聞闕疑，慎言其餘，則寡尤。多見闕殆，慎行其餘，則寡悔。言寡尤，行寡悔，祿在其中矣」〈為政〉】，因謀道而致無所過錯、無所尤悔之生命，始是人真正幸福〔祿〕所在。人故唯由對道明白而知德行，否則其一生鮮能真正滿足、鮮能由明白存在意義而感幸福。非因無貧或無憂，心毫不在此而已。如是真實生命，故是生命可能之極致。

三十三、子曰：知及之，仁不能守之，雖得之，必失之。知及之，仁能守之，不莊以涖之，則民不敬。知及之，仁能守之，莊以涖之，動之不以禮，未善也。

〔行道之至有四。三：在位者之行道〕

前兩句言人一般謀道之生命，今兩句更從在位者言。上位者之行道怎樣始為善、甚至為至？句所以對德性（知、仁、莊敬）仍有如「雖得之，必失之」「則民不敬」「未善也」等否定性，非因德行如此，只因所言為上位者（之行事）而已。上位者之行道，故非因為「道」便理所當然，仍須察乎情況及對象之具體而行。道之實行怎樣始完善完美？「知及之」明指對道及對行道種種之知，而此亦明白為最先。【所以言「知及之」，教人縱使知，仍有不及可能，故須徹底通透】。只是，縱使「知及之」，仍須以能仁始為是。從「仁能守之」言，所喻應為：對道之行縱使為正，然仍應堅守着仁，不能因為正道便嚴苛地實行，如法治那樣。用「守」字可見，無論多為正，堅守仁始終為上位者根本。故若未能，只會得之而又失；非道為道便是，人性始終根本。然縱使能守仁，若對向民而不莊敬，民亦不敬。此在知道、守仁外，更有對人（民）方面，非能因為道便無視於人。最後，縱使知道守仁並莊以臨民，然若非一切由禮、在禮分際內，如是仍未為善，如「知和而和，不以禮節之，亦不可行也」〈學而〉所言。【亦參考：「恭而無禮，則勞。慎而無禮，則葸。勇而無禮，則亂。直而無禮，則絞」〈泰伯〉、「禮以行之」〈衛靈公〉】。在知道而仁外，故仍須顧及對方（民）、甚至知有所分際，此行道時之具體，由此始至善。（上位者）行道其至如此。

三十四、子曰：君子不可小知而可大受也，小人不可大受而可小知也。

〔行道之至有四。四：在位者行道之用人〕

上位者行道而用人，所求亦為真實之人（君子）而已。對向如此之人，是應無條件信賴而授以重任的。「受」言委任；「大受」者，賦予權力而行事。「小知」指用其為聰明知識小事而已，非授予權力。對真實之人，其用應大（大事），非徒求其所知。行道用人時應有如此態度，此用人之至。【有關用人時對人之分辨，請參考〈子路〉二十一至二十八句】。

*

在言學與行道後，最後即行道時態度與分際問題。行道態度從兩方面言：道本身重要性、及人對道應有態度。

三十五、子曰：民之於仁也，甚於水火。水火，吾見蹈而死者矣，未見蹈仁而死者也。

〔行道態度之至有四。一：「甚於水火」〕

水火，傳統從正面解：「水火與仁皆民所仰而生者也」。《孟子》中偽作〈盡心〉亦然：「民非水火不生活」。然《孟子》本身唯以水火喻災難。【見〈梁惠王下〉：「以萬乘之國伐萬乘之國，簞食壺漿，以迎王師，豈有他哉，避水火也。如水益深，如火益熱，亦運而已矣」、「今燕虐其民，王往而征之，民以為將拯己於水火之中也，簞食壺漿，以迎王師」、〈滕文公下〉：「救民於水火之中，取其殘而已矣」】。《論語》「水火」若從正面解，那「水火，吾見蹈而死者矣」意將如皇侃疏：「民人若誤履蹈之，則必殺人」，然此又只能以「水火」為負面，故同一意象前後解釋不一。「水火」應單純從負面解，如孟子。句意故應為：水火作為災害其急迫性明顯，絲毫不能等待。人多以為仁非是。孔子意相反：仁對百姓言，其急迫性甚於水火。對水火災難，人為救其急而見蹈而死者（為救而有所犧牲），然對更是急迫之仁，從未見人知其緊要而為其犧牲。以仁與水火相較是為說明：於民成就仁，其迫切性實有甚於水火之害；人不知或不行而已。若如傳統解釋，以益人之水火仍時可殺人，唯益人之仁始終無害，如是所言雖是，然從不害言仁，則毫無意義：仁本不應從不害言其是故。因甚於水火，仁之急迫性故極致。

在《論語》中，「未見」一詞所接言均正面之人事，如「我未見好仁者、惡不仁者」〈里仁〉、「吾未見剛者」〈公冶長〉、「吾未見好德如好色者也」等等，故若「未見蹈仁而死者也」只必然事實，非真切未見，如是「未見」非孔子慣語。

三十六、子曰：當仁不讓於師。

〔行道態度之至有四。二：「不讓」〕

若相較水火見仁之迫切性，如此態度相對他人言亦是。師為尊，凡事不得不讓。然於仁前，縱使為師亦不讓。「不讓」亦可從求勝於師之為仁解。無論怎樣，對仁與道之重視能致此，故為行道態度之至。

三十七、子曰：君子貞而不諒。

〔行道態度之至有四。三：「貞而不諒」〕

「貞」如《易》之「貞」，解人自守而不妄行之德。【「貞」相對「亨」言，後者指通達】。如此自守〔節制〕之德實獨特，為中國自《易》特別強調。西方如古希臘所言節制因對向神靈，故始終暗藏〔對神靈〕超越之欲望，非能單純自守。君子之自守若可至不求人體諒、理解地步〔「貞而不諒」〕，此實自守之德之至。

又：「貞」作為道理，言人縱使未能依道而行，仍可由自守不妄而正。如是「貞」仍近道。縱使未能聞道，能自守而正，實仍人極致所在。

三十八、子曰：事君敬其事而後其食。

〔行道態度之至有四。四：「敬事後食」〕

最後，對行道時之所得，一如事君，只「敬其事而後其食」而已。一切真實之人，對所得本應毫不在乎；所在乎唯事與道而已。像這樣道理多次見於《論語》，這裡重複，只求為行道態度總結而已。君子所重在其事（道），非在食。

*

在這行道最終分組中（分際問題），因近尾聲，故所用例子非唯從政，更擴展至其他方面，如「教」、「言辭」、甚至「相師之道」等。由此可見，行道實見於一切平常事，非獨政事而已。人故應事事反省，何者為正、何者為非，此實（平素）行道之極致。

三十九、子曰：有教無類。

〔行道分際之至有四。一：對人「無類」付出〕

有關對人之分際，如教，因求為道，故本應無類（無分別其背景貴賤賢鄙）、無所差別或條件，亦不言所得。若有所差異，已非求為道。故儀封人之「請見」「未嘗不得見也」〈八佾〉、又或如互鄉童子之求見，雖「門人惑」，然孔子仍曰：「與其進也，不與其退也」〈述而〉。若對方真誠求教，是可至無條件地步，唯須「不憤不啟，不悱不發」〈述而〉地真誠而已。此行道首先分際：對人「無類」付出之至。

四十、子曰：道不同，不相為謀。

〔行道分際之至有四。二：不同道者「不相為謀」〕

如相反求教者而為不同道之人，道理亦明白：「道不同，不相為謀」而已。於此再無無條件付出之可能。原因亦明白，因所不同，正為道故，故無可退讓。《論語》鮮言拒人，然若與道有關，仍明白不能妥協，如趨附現實者那樣。此行道時人我另一分際。如是不能妥協，故仍為對道之至。

四十一、子曰：辭達而已矣。

〔行道分際之至有四。三：盡簡明〕

行道之分際除對向人外，亦有對向事本身。如此分際，如言方法那樣，直針對「行」本身。用「辭達而已矣」言，既言應極盡簡約、無所造作繁複，亦言必須明白清楚、盡事之真實，二者實對向對象作為時至真實道理。從「而已矣」可見，除其事本身外，絲毫再無人自我臆造之一面，能如是真實地客觀，既求切實事本身、亦絲毫不增減損益，故確是一種至。對真實者（道）之行，更須如此。句所以舉「言辭」言，因辭可隨意，非如物有所耗費，故人多為求辭章華美而失去分際、失卻簡明之真實而反使有偽。

四十二、師冕見。及階，子曰：階也。及席，子曰：席也。皆坐，子告之曰：某在斯，某在斯。師冕出，子張問曰：與師言之，道與？子曰：然。固相師之道也。

〔行道分際之至有四。四：盡細微體貼〕

作為行事簡明分際盡約之反面，亦有行事極盡細微徹底這另一面，《論語》舉相師之道為例。對如瞽者之師冕來訪，由其所需，故應極盡細微體貼地相師：「及階，子曰：階也。及席，子曰：席也。皆坐，子告之曰：某在斯，某在斯」。簡約與細微雖似對反，然仍是依據對象所需之必然，毫無主觀地行事。言分際故須參照對象之真實、盡其道義而行。因有所需，極盡細微體貼故仍為至。

從以上可見，〈衛靈公〉有關至致之理，一如「極端」可無窮無盡，縱使為「極致」，實仍有種種層面或層次可能。「極致」故非如上帝，非獨一而絕對。如「知」，其極致仍有以下種種形態或層面可能：忠恕一貫之知；知德、知世、知人與事之至；遠達至對為邦之知；及平素遠慮之知等。究極之仍有種種可能，此極致貼近存在時之真實；其仍可平實致力，由此。

以上為〈衛靈公〉有關至致之理之分析。

公元二零二零年五月十九日

季氏

總覽之道

若〈衛靈公〉為至致之理，〈季氏〉則為總覽之道。所謂總覽之道，指從一盡可能整體觀點，對事情道理觀察與整理。若至致之理入微而一言蔽之，總覽之道則求全觀。這兩種認知觀法，實思惟所能有至正確途徑，因而重要，《論語》故以此示範教人其道。思惟除依從善與道為準則外，其法即在盡可能對對象作細微與全面掌握，唯如此始能不落於片面或主觀任意之虞。正因為總覽，對象故往往如現象般呈現，因而最能撮取其如規律般法則。縱使非必為規律，整全觀點仍較能得出事情在整體下始能得出之事實與可能。此所以從如「益者三友，損者三友」、「益者三樂，損者三樂」、「君子有三戒」、「君子有九思」等，我們始能對友、樂、欲望、心思所向有一較全面了解。若非對對象有如是總覽，是難以見其事實真實的。總覽使一切直置於眼前，無須一一辯說，其如自明般對錯，故為對道理或事情是與非明白之最好方法，唯必須能致於真正整全而無疏漏或片面之虞始是。

若〈衛靈公〉從內容言主要為為事致道之極致，無論從人個體一面抑從事與道這客體另一面，那〈季氏〉內容相反：除首三句仍從政治言外，其餘則從人類極平素之生活現象方面言，故有如友、樂、言語、欲望、所敬畏、人之等次、平素心思之反省與價值、甚至有對如子與夫妻間關係等事之論述。這至為一般之事與內容，是《論語》其他篇章鮮有所關注的。全集中於此，可見以平素生活事物為現象，是《論語》最後欲教人者。縱使只平素生活，若非真切面對，仍將構成莫大困難，其道理之重要性仍不可忽略。之所以在這平素事道理前仍先有對政治之討論，除政治始終與人平素生存有關外，《論語》更想借政治作為現象之示範，教人見現象之全面性甚至規律之必然性；縱使只人類而非物事，實仍有如此如規律般事實可能。〈季氏〉如此現象整全般反省與觀察，故為求見事情真實者所必須，否則無以明白道之客觀性、無以擺脫主觀偏好而能從整體明理。由於政治最是一種大現象，故〈季氏〉以政治先行，始後對平素事作如現象般分析。

正因本篇以至客觀之總覽思惟為陳述方法，故孔子語不再以「子曰」而以「孔子曰」標示，示其如總體地客觀，非只弟子對老師教誨之記述。

又正因為總覽示範，每句本身都幾近有標示其主題，如「益者三友，損者三友」、「益者三樂，損者三樂」、「君子有三戒」、「君子有九思」等便是。本篇內容之分組故明白：除首三句對政治現象之討論為一組外，其他則為生活事，其順序由外至內：從友、樂等至人心思、價值總體道理之論述，最終以家私下內在關係為結束。這自外而內之平素事，故為：友、樂、言語、欲望、所敬畏、人之等次、心思與價值、存在志向與德行，及子與妻。這些方面，實人平素存在一般而緊要者，亦構成平素現象之一種總覽，為在德行與為事之道外，人作為人（一般人）所無以逃避者。《論語》有如是一篇，故於道理完整而究極。

〈季氏〉之分組主題如下：

一、政治現象道理總覽（一至三句）

二、平素生活道理總覽（四至十四句）

＊

一、季氏將伐顓臾。冉有季路見於孔子曰：季氏將有事於顓臾。孔子曰：求，無乃爾是過與？夫顓臾，昔者先王以為東蒙主，且在邦域之中矣，是社稷之臣也，何以伐為？冉有曰：夫子欲之，吾二臣者皆不欲也。孔子曰：求，周任有言曰：『陳力就列，不能者止』。危而不持，顛而不扶，則將焉用彼相矣。且爾言過矣。虎兕出於柙，龜玉毀於櫝中，是誰之過與？冉有曰：今夫顓臾，固而近於費。今不取，後世必為子孫憂。孔子曰：求，君子疾夫舍曰欲之而必為之辭。丘也聞有國有家者，不患寡而患不均，不患貧而患不安。蓋均無貧，和無寡，安無傾。夫如是，故遠人不服，則脩文德以來之。既來之，則安之。今由與求也相夫子，遠人不服而不能來也，邦分崩離析而不能守也，而謀動干戈於邦內。吾恐季孫之憂不在顓臾，而在蕭牆之內也。

〔政治現象道理總覽有三。一〕

本句（段）於《論語》中亦至長篇之一，記子路與冉有為季氏臣時之發生。若撇開事典不談，其中所教人道理，可歸納為以下五點：一、上位者戰事甚至內門之無道：「季氏將有事於顓臾」、「夫顓臾，昔者先王以為東蒙主，且在邦域之中矣，是社稷之臣也，何以伐為？」。二、為臣之道：「陳力就列，不能者止。危而不持，顛而不扶，則將焉用彼相矣」、「虎兕出於柙，龜玉毀於櫝中」。三、從政者之偽：「君子疾夫舍曰欲之而必為之辭」。四、為國之道：「有國有家者，不患寡而患不均，不患貧而患不安。蓋均無貧，和無寡，安無傾。夫如是，故遠人不服，則脩文德以來之。既來之，則安之」。五、邦分崩離析之原因：「遠人不服而不能來也，邦分崩離析而不能守也」、「季孫之憂不在顓臾，而在蕭牆之內也」。

一、幾近所有戰事，都強者對弱者求為佔據之霸道，其背後絲毫無義、甚至往往無道，如季氏之取顓臾。顓臾只為魯之附庸，甚至先王立以為主蒙山之祭，本不可伐。然其地與季氏相近，故為季氏所欲取。此一切國與國關係無道之首要原因，不外人之貪婪、以強凌弱而已。

二、為臣之道實亦「陳力就列，不能者止」。如《論語》常言：「不患無位，患所以立。不患莫己知，求為可知也」〈里仁〉、或「不患人之不己知，患其不能也」〈憲問〉：一已確有能力始治其職，若力不堪當，則止而不為。甚至，為臣之責，唯在持危扶顛，其用在此而已，非助人濫伐、助長無道。如替人看守虎兕者而讓「虎兕出於柙」、替人保存龜玉者而讓「龜玉毀於櫝中」，都只不負責任、不盡己力而已。

三、從政者之偽往往即在其辭，以言辭或借口欺騙，如子路與冉有在這裡之託辭季氏欲如此，其二人不欲，替自身尋找借口而實欺瞞。政事與政者之偽往往如此，種種借口、種種言辭之欺騙而已。

四、為國之道在「患不均」與「患不安」：貧非國家首要擔憂，反而是否分配不均更應是所患。同樣，若能與鄰國和睦、【「和無寡」之「和」，包氏解「上下和同」，然更應如皇侃解為「和則四方來至」，唯應從與他國關係（如「魯、衛之政，兄弟也」〈子路〉）、非從民四方來至解。國與國始有眾寡關係，民來至沒有，「不患寡」言此】、國家自身安定，是無孤立之患或傾毀之虞。【皇侃亦注意到，《論語》「不患寡而患不均，不患貧而患不安」句與下句：「蓋均無貧，和無寡，安無傾」無對稱關係。皇侃以為應對應上句而言：「均無寡、安無貧」。然反而是前句宜修正為：「不患貧而患不均，不患寡而患不安」。但如是句後半未為道理，因「寡」與「安」各指不同，一外一內，二者同應並立、同應患；句因此始改為「均無貧，和無寡，安無傾」】。國家之安定與鄰國之和睦，是在「足食」外極緊要事，故「足食」外更言「足兵」〈顏淵〉，非求為戰，只求為內外同安定而已。句故更言：「夫如是，故遠人不服，則脩文德以來之。既來之，則安之」。「遠人不服」有以為不服從，皇侃以為「不服化」，然「服」應從心服、服膺解，指人（他國或他國民）由羨慕而不服，夫如是，「則脩文德以來之」。此為國之道。

五、最後一點，而我想，亦應為〈季氏〉本句主旨，即在邦分崩離析原因之論述。其他道理他篇已有提及，只總覽於此而已；唯邦分崩離析之原因，則未見提及。「邦分崩離析而不能守」、甚至「遠人不服而不能來」，其原因正在：「季孫之憂不在顓臾，而在蕭牆之內也」。這「內」可從幾方面言：一為季氏本身，其以為憂他，實只自身有所欲而制造禍亂而已。二為如子路冉有等偽臣，因既不持危扶顛，更求助長無道濫伐，故實為邦家崩壞之主要原因。三為季氏之欲伐顓臾以顓臾近費而必為「後世子孫憂」，然顓臾實在魯封內、亦屬魯國，取顓臾故只內戰，亦為邦家分崩離析時自內而致之主要原因。孔子對一切敗亡之觀察，對其現象歸納而得出：一切壞亂，實由內致而已，國如是、家亦如是，無論是從領導者、抑承輔者、甚至從事情之發生言（如內戰、或內之不和睦）。我們當然亦可訴諸於如貪婪等欲望，然始終，一切敗壞始於內、非由於外，這始是根本原因、甚至規律，亦《論語》藉着本句所欲教人者。像這樣現象，必為孔子或《論語》編者由觀察而得，亦其視如一切敗壞現象之規律與原因：「季孫之憂不在顓臾，而在蕭牆之內也」。以此為以上道理最終慨歎，其總結性在此。

〈季氏〉這首句，故既歸納一切與政治有關之道理，最終亦如現象規律般，教人一切敗壞其原因所由起，自內而致而已。此本句為總覽道理之原因。

二、孔子曰：天下有道，則禮樂征伐自天子出；天下無道，則禮樂征伐自諸侯出。自諸侯出，蓋十世希不失矣；自大夫出，五世希不失矣；陪臣執國命，三世希不失矣。天下有道，則政不在大夫。天下有道，則庶人不議。

〔政治現象道理總覽有三。二〕

本句作為總覽道理更明顯。總覽性道理其總覽非只由於善，更有對現象般規律作歸納。如是規律故可教人，縱使人多不依從德行，然因事情仍有規律般必然性在，人始終不得妄為，仍須有鑒於此，否則只造成自身更大敗壞而已。《易》所教人道理往往亦如此。又：《論語》畢竟為道理之書，本句故仍應從道理解釋，不宜視為針對特定制度或歷史事實而言。

本句明為對政治中有道無道之總歸納。非言有道無道（道）道理本身，只為指出其結果如一現象般規律而已，而此可分三點言：

一、「天下有道，則禮樂征伐自天子出；天下無道，則禮樂征伐自諸侯出」。所以用「天下有道」「天下無道」言，既一面言其為普遍（天下）法則，另一面更言政治治理事本應至公、為天下道，非任何個人所屬，故不應為個體所佔有，甚至為個體與個體間對立（人與人、家與家、國與國）；如是對立，只意味僭奪與造成黨派爭鬥，非治國本來目的，其失敗由此。本句所刻意突顯，故為「自天子出」與「自諸侯出」這樣差異。其意明顯：因諸侯已落於個別國家與君，若「禮樂征伐自諸侯出」，這已屬特殊力量間事，就算不言僭越，實必已有勢力間權力力量爭鬥在，如是之行，只私而再非公，其無道由此。句之後雖仍有提及「自大夫出」及「陪臣執國命」等，然所言只是：其層次越低、越屬個人，則其崩壞越速，非更有其他意思。問題故始終出於政事由公抑由私這樣差別而已，非言其他。【諸侯等雖仍為政治中人物，然始終只能相對自身封地言，若不知安守其份，權力「出其位」，因而使政治由治理轉變為權力爭鬥之事，如此無論如何，即無道之始】。非言天子能為獨裁者，若獨裁，仍自視為私而已、非為公。事實上，對至高者權力（力量），分封制已言如此力量之分立（分散），此時道應在各盡其份、在治理而非力量比試。我們今日已麻木於此，以政黨為政治，因而默認鬥爭與對立為政治必然樣態，如是非但助長私意私欲，更模糊了「公」與「私」真正意思與差異，借由法律表面之公，行使種種私欲私利，甚至造就種種假象性道理，使直道喪失。【如以為選舉即公意、如以為政治即治理、甚至以為法律即正義，使人更不知自身人性直道所是與責任】。如是遠去民生與安定之政治，實是存在無道之始。我們不應對本句所言道理執着於人（天子）之一面，而應理解為：若一切與政道有關事非如「天」般公信公義，那這只將為無道。個人自我或政黨利益，無論怎樣，都無以為有道者。事實上，《論語》所言明白為「禮樂征伐」，換言之，為政中至大事。對如此事，一如禘禮其意義，實天下人所共知，故「知其說者之於天下也，其如示諸斯乎。指其掌」〈八佾〉。對如此與人人有關重大事，其公道明顯：縱使為天子，也無法曲解其是與非。反而，若以為政治為專業特殊事，非人人能直道判斷，如是政治，已非為真正政治，其中一切再非公道，必已屬無道。今法律以為繁碎立法便往往如此，使「民無所錯手足」〈子路〉而已，非求為直道之正、非為人性道之公。【法律雖表面為公，然因超越於人（外於人）

而絕對，故反以人（其人性）各為其私。問題本應求為人人能公，非只圖立一「公」之機制，如視除法律本身外，人各為其私，無一人為公。如是機制，只使政治及從政者為上，非百姓其人性為本。由是，從政者故無須從一己是否公道衡量，只求為法之掩飾便是。法律如是絕對性，故可無視人民人性，只言國家利益。「公」故再非人性道之公，只如物般在人人外客觀而已，只公道之假象而已，非人性明白之公。我們不應忘記，存在中一切制訂始終由人，法律因而仍可為人操縱。唯出於人人心明白之公義，否則無論多似為公共，始終只無道而已。孔子舉「禮樂征伐」言，其所言「公」之道理故明白：於如禮樂征伐等大事，其是與非，是人人明白而無以曲解、無以言個人好惡或利益的】。

二、「自諸侯出，蓋十世希不失矣；自大夫出，五世希不失矣；陪臣執國命，三世希不失矣」。十世、五世、三世所言是：層級或代表性越低者掌持國命，其爭議性越大，故更易造成人人以己為政、以己掌持權力。在這樣情況下，權力之穩定性必不再。國家更落於爭鬥，非治理。權力越失其客觀性，其崩壞越速。此十世、五世、三世所言。

三、除以上現象外，《論語》更以「天下有道，則政不在大夫。天下有道，則庶人不議」為總結。句前半只對以上道理總結，以政不得落於承輔者手中、不得為私，否則只無道。舉大夫言，只更言其份位之個人而已，如季氏便為最好例子。至於「天下有道，則庶人不議」一語，人多以「議」為人民對為政者之非議（批評），由如是批評見為政者之無道。這樣解釋忽略三點：「議」之意思、「庶人」所指、及何以《論語》從正面（「天下有道，則庶人不議」）、非從反面言（如「天下無道，則庶人非議」），意思故明顯不止於後者。首先，若是百姓對無道者反應，於《論語》應為「怨」，此所以「《詩》（…）可以怨」〈陽貨〉。【亦參考：「在邦無怨，在家無怨」〈顏淵〉、「沒齒無怨言」〈憲問〉、「不怨天，不尤人」〈憲問〉】。「議」一詞應如孟子，為類如知識份子之言論議論：「聖王不作，諸侯放恣，處士橫議，楊朱、墨翟之言盈天下，天下之言，不歸楊則歸墨」〈滕文公下〉。「議」本不必然負面，故《論語》亦有：「士志於道，而恥惡衣惡食者，未足與議也」〈里仁〉，此時之議，仍在士人間，非百姓事。【士人間議，仍應為道之理（「士志於道」）。故若為仕而「恥惡衣惡食者」，即仍只求一己所得者（私），故是「未足與議也」。故孟子說：「王曰『何以利吾國』，大夫曰『何以利吾家』，士庶人曰『何以利吾身』」，對只知求為「何以利吾身」者，故「未足與議也」】。對私意而非公道之論說，孟子故用「橫議」，言其無理無道故。《論語》本句用「庶人」，【《論語》唯此處用「庶人」】，不用「民」、「百姓」或「眾」，亦必與其道理有關。有關「庶人」，【「庶人」於《儀禮》，多指民在官者】，《孟子》有：「萬章曰：『敢問不見諸侯，何義也？』孟子曰：『在國曰市井之臣，在野曰草莽之臣，皆謂庶人。庶人不傳質為臣，不敢見於諸侯，禮也』」、又有：「下士與庶人在官者同祿，祿足以代其耕也」〈萬章下〉、「士庶人不仁，不保四體」〈離婁上〉。士與庶人並列，庶人所指，最低限度應如今日知識份子，或生活因較為寬裕而有見識見聞甚至學文者。唯這樣人物始能「議」，一般百姓是無以言「議」的。孟子之「在國曰市井之臣，在野曰草莽之臣，皆謂庶人」故實明白。《論語》之「天下有道，則庶人不議」，故非言百姓對上位者之非議，而是如孟子所謂「處士橫議」，即知識份子或如今日媒體對政事之議論，如此議論多只個人主張，甚至有權力欲望在，為言論上一種「私」，非由道，故為「橫議」。若「天下有道」，是不應致有如此議論主張的。如是說，如此議論主張之出現，實亦為天下無道之現象，即孟子「處士橫議」所言。我們故應把句中「天下有道」三事並列而觀：「天下有道，則禮樂征伐自天子出」、「天下有道，則政不在大夫」、「天下有道，則庶人不議」。如是清楚看到：禮樂征伐、政、議實三層次：禮樂征伐為政治中至大事，故須由天子出；政為國內事（如內政或治理事），雖可由大夫輔助，然仍應由國君主導，非大夫主決。至於議論，雖大夫與士（一般從政者）因事務職位而有，【如「孔子（⋯）在宗廟朝廷，便便言，唯謹爾」、及「朝，與下大夫言，侃侃如也；與上大夫言，誾誾如也」〈鄉黨〉。亦參考：「子路問曰：

何如斯可謂之士矣？子曰：切切偲偲，怡怡如也，可謂士矣」〈子路〉】，然始終不應為如庶人「橫議」般致使天下無道。「禮樂征伐自天子出」、「政不在大夫」、「庶人不議」，故實言自天子至庶人，各「思不出其位」，【見：「子曰：不在其位，不謀其政。曾子曰：君子思不出其位」〈憲問〉】，如是人之能公而無私，始為從現象言，天下之有道。

三、孔子曰：祿之去公室五世矣，政逮於大夫四世矣，故夫三桓之子孫微矣。

〔政治現象道理總覽有三。三〕

本句明顯承上。於孔子時，爵祿（政權）不由君而出於大夫已五世（在魯文公後，已經歷宣公、成公、襄公、昭公、定公五代）；大夫掌政，至孔子時，亦已歷經季文子、武子、悼子、平子四代。三桓者，仲孫、叔孫、季孫；三家同出桓公。因前句有言：「〔禮樂征伐之政〕自大夫出，五世希不失矣」，故「夫三桓之子孫微矣」。本句目的只求為印證孔子所觀察規律，以大夫掌政不出五世。句置於此，非言孔子預測多準確，只為指出：上述對政治如現象般總覽，是應得出必然規律者。其目的為教人應從總覽得出規律道理（如孔子於本句所作），非孔子個人之判定是否準確。

縱使只政治現象，所涉只人而非物，然若總覽地觀，是仍有規律必然性在，此〈季氏〉首三句目的，教人見現實事（無道事亦然）其仍有之限制，不應以為力量即無限、或強力可無道。若從總覽觀，無道始終無以取代有道而為長久者，此十世、五世、三世之意，及其規律必然性所在。

*

自以下始，〈季氏〉進入另一大分組，以平素事為總覽對象。平素事雖未必與德行無關，然無須視為基於德行。其種種主題（如友、樂、言語、欲望等），可視為之前篇章道理之補充，為對人或為仕者言、生命中次要道理，與道特殊生命無關，亦所以從總覽言。畢竟，這些平素面相，對人始終產生莫大影響，是從這樣角度，《論語》對如此主題作分析，仍為教人：縱使為平素事，其影響仍甚。

四、孔子曰：益者三友，損者三友：友直，友諒，友多聞，益矣。友便辟，友善柔，友便佞，損矣。

〔平素生活道理總覽有十一。一：友〕

友作為人平素所交際者，雖未必與為事有關，然如近朱者赤、近墨者黑，始終對人影響可深。人多只在乎他人是否認同抑對立自己，而忽略：縱使為友而非敵，仍可不知不覺地對己有所損害，快樂亦同樣。友故非僅交際或認識之人而已，更如承輔者那樣，對己可有助益或損害。故唯對此總覽，否則不易見其事實。此《論語》從損益分析「友」與「樂」（見下）之原因。

之所以「益者三友」（「友直，友諒，友多聞」），因人求諸友或人者，主要亦三面。首先是求為協助幫助，此主要以「友多聞」包含一切。若更有其他方面，如「以文會友，以友輔仁」〈顏淵〉，這當然更是，唯非能平素通常而已。從平素言，「友多聞」已是協助，其為益友在此。《論語》列為第三位，因此點最通常一般，亦於三者中為最外在。

友更重要及更真實關係，在其能對己過失有所改正，此時之友，故須為直者。「直」指於道理與行事中正而無曲隱。正因如此，故必對己過有所指正，如《論語》所說：「子貢問友。子曰：

忠告而善道之」〈顏淵〉。本來，朋友之道基本上亦「信」（因真實而可信）而已，如：「與朋友交而不信乎？」、「與朋友交，言而有信」〈學而〉、「朋友信之」〈公冶長〉；然「信」只人與人能為友之基礎，非其關係，「友直」或「友多聞」始是。始終，友能直始為首先得益，有人扶助己改過故。從此點言，故較「友多聞」更重要、更為先。

至於「友諒」，傳統以「信」解「諒」，然《論語》本有「信」字，無需多用「諒」。若撇開「高宗諒陰」〈憲問〉及此處「友諒」，「諒」仍有兩出：一為「君子貞而不諒」〈衛靈公〉、另一為「豈若匹夫匹婦之為諒也」〈憲問〉，二處解為「信」均不妥，宜作體諒、諒解、或理解。友情雖可緊密，然始終仍必有困難之時。友能寬大而體諒、諒解，明白人與人之困難、不失其和睦與信任，如是交往始為善，非只求為個人而已。

「友直」與「友諒」，故一直對自身之改過助益言、另一則從雙方體諒與明白言，由是甚至可並立。「友多聞」只在兩者外，更言協助而已。如是三者，基本上窮盡「友」可能之善。

我們可注意到，三者於人都有一種客觀性在：直因道與正而客觀、諒有對人情明白而客觀、多聞更有對事情見識而客觀，三者所以能善由此。相反，「友便辟，友善柔，友便佞」所以為「損矣」，因三者於人實主觀而已。

「便辟」「便佞」所以多出「便」字，同樣，「柔」所以多出「善」字，都為指點其主觀一面：「便」有順隨之意，為人主觀時之隨任己意而為。「辟」言偏僻乖僻而極端、少誠實平實以對，此所以子張「辟」，【「師也辟」〈先進〉】，好大而乖僻極端。【故「子游曰：吾友張也，為難能也，然而未仁」及「曾子曰：堂堂乎張也，難與並為仁矣」〈子張〉】。子游與曾子所言子張之「難能」與「堂堂」、及其「難與並」，都反映出人因能力而主觀時，難以相處之情況。「便辟」指此。雖對人非無所指點，然因一己主觀自視故未必是、亦未必盡人情。上引子貢問友孔子之回答故在「忠告而善道之」外，仍有「不可則止，毋自辱焉」〈顏淵〉之提點，此即「便辟」者自視而極端時所沒有，其「難與並」由此。「便辟」者甚至因所好偏僻極端而非平實真實，故多損而少益。

「善柔」同樣。作為「柔」似無所計較、事事可接受而非堅持；然這樣闊大，非出於真正體諒與明白，只出於主觀性情而已，如是仍可引致相處上之主觀困難，由非對人情明白故。「善柔」之近於無原則，故實難成就相互輔助而並立，此「友諒」所以為益。

最後，「便佞」所指為習於言語（多言）而無聞見之實，任隨言語而表現反應，非在乎真實。人如此故仍主觀，表現如聰明，然絲毫無所真實，其無益甚至有損在此。

在人與人間，若非由他人忠告己過、若非由能體諒而並立、或由多聞見（能力）而致協助，其他若非有害，也只多損而已。縱使只友，故仍不得不慎。《論語》若非由對人與人間損益總覽，是無以致如此明白。因友始終可有輔助意義，故隨任為友、或只由於一己主觀好惡，如此影響始終深遠。於平素事而先論友，其原因在此：人對人之牽引，始終難於自覺故。

五、孔子曰：益者三樂，損者三樂：樂節禮樂，樂道人之善，樂多賢友，益矣。樂驕樂，樂佚遊，樂宴樂，損矣。

〔平素生活道理總覽有十一。二：樂〕

若「友」從「人」言對人可有損益，那「事」亦然，特別看似正面、為人人生命所求之「樂」更是。有關「樂」，《論語》同樣總覽為「益者三樂，損者三樂」。樂本有無窮多種，《孟子》便有田獵、苑囿、結交、甚至好慵懶、好貨、好色等樂；《論語》在本句外，亦有「學而時習」〈學而〉、「知者樂水，仁者樂山」〈雍也〉、「遊於舞雩」〈顏淵〉等樂。【參考：「莫春者，春服既成，冠者五六人，童子六七人，浴乎沂，風乎舞雩，詠而歸」〈先進〉】。雖非窮盡，然若細觀，一如論友，《論語》對樂仍是作了一原則上總覽。

樂之益與損，基本上由是人倫人性、抑由只自我而分：只求為自我、或只由於自我而樂，都只損而已。自我一方面對立他人、另一方面亦對反人性，故如孟子，便唯以「與眾樂樂」或「與民同樂」始為正，「獨樂樂」非是。

「樂節禮樂」言見禮樂（文之美善）而樂。禮樂（文）之美善確實如此，其於物事中，既人性亦謙後，其美故極致；除天地四時草木外，於人間，再無事物能相媲美，此文與禮樂所以為樂之至。「樂節禮樂」中「節」所言喜悅，更指樂以禮節己、及於樂（音樂）有所節儉，非如季氏「八佾舞於庭」〈八佾〉、或如「樂云樂云，鐘鼓云乎哉？」〈陽貨〉那樣奢浮，後二者一者僭、另一者驕。聲色享受（如鄭聲）或一切沉迷，都非由「節」而生之樂。節約如簡素淡味，其為樂獨特，亦人回歸於人自身、再無依賴於物時之一種存在心境。【見孔子：「飯疏食、飲水，曲肱而枕之，樂亦在其中矣。不義而富且貴，於我如浮雲」〈述而〉】。我們可完全無知於節約之愉悅，以為只能求多；然若一旦明白，如是喜悅至為獨立無待，因而有難言滿足在。《易》故說：「商兌未寧，介疾有喜」，亦說「來兌，凶」，意為：若如商賈般從求得而喜悅，實無以安寧，唯能限制（介）這樣疾病，始能真有所喜悅；故喜悅若來自外物（非由心），凶。此「樂節禮樂」所以首先，既因回歸禮樂人性與人文之美而見樂、亦由節約無待因而自得而樂。

「樂道人之善」者，「道」於此非如傳統以為，指揚說人之善事，此實無義、亦無真實快樂可言，只行另一種「道聽而塗說」〈陽貨〉而已。「道」如「道千乘之國」〈學而〉、「道之以政」、「道之以德」〈為政〉等，應作「導」解。若「樂節禮樂」為廣泛地樂於人性之事，「樂道人之善」則切實回歸於人，從導人於善而樂：或使人能善、或協助人而善。如為善事般，其樂無比，有曾如是者必知之。事實上，如顏淵所言，孔子「循循然善誘人」〈子罕〉。如是之樂，正與人求為自我肯定、他人對己之仰慕與讚美相反。如此之樂實非只樂，亦已為善。

最後，若從所有言樂，其仍能為善者，唯「樂多賢友」而已。因賢友而有所得益改過、甚至因能導我於善，此從所得言，實莫大喜悅。人離別父母與師長而獨行於世，亦唯由賢友始能有所提點致善。為仁故亦「事其大夫之賢者，友其士之仁者」〈衛靈公〉；而交友亦「以文會友，以友輔仁」〈顏淵〉。唯由如「見賢思齊」〈里仁〉、或由友之「忠告而善道」〈顏淵〉，否則若只求為悅己之友，不知樂於賢，【「賢賢」〈學而〉】，人對自己生命亦鮮有誠懇。【有關賢友，請參閱前句】。

至於「損者三樂」，「樂驕樂」所指，為人藉由物與事之貴重或虛榮而致優越時之滿足。如是之樂，實非在物事本身，而在自我與他人間。

若是對物事本身之嗜，因享樂最在食，故宴飲酖酣最代表人求歡快之慾。如是之樂，明與善無關，亦一時欲望而已。如食，始終可因過度（暴飲暴食）傷身。人求為如此，亦易失卻該有對人性道之覺知，故由鬆懈而對自我放縱；一如好聲色，始終不見真實在，人變得越加表面往往由此。「宴樂」統攬一切對物欲之嗜或沉迷，其為損明顯。

最後，在「驕樂」與「宴樂」間而放置「樂佚遊」，「佚」所指為如「飽食終日，無所用心」〈陽貨〉那樣，只求為身體無需勞動時之一種享逸，非性好靜之仍有用心。「遊」從樂言，指遊玩之樂，一種漫無目的、無所用心、僅虛度時光時之求為輕鬆歡快，與「知者樂水，仁者樂山。知者動，仁者靜。知者樂，仁者壽」〈雍也〉無關，後者始終為一種（德性）心、藉由山水體會，為心與天地融合時之共感共鳴，甚至為人感動於天地萬物時之心懷。「佚」故非靜（「仁者靜」），而「遊」亦非動（「知者動」），二者始終無所用心或無所心懷故。

從以上可見，樂之為損益，除人性抑自我外、直與為善抑只求為好處有關。樂之益者故對反其損者：「樂節禮樂」反面為「樂驕樂」；「樂道人之善」所以與「樂佚遊」對反，因二者均從行動言；「樂宴樂」表面雖仍與人（友朋），然因非求為賢友故與「樂多賢友」對反，其為享受，更與求賢無關。若從內容言，「樂道人之善」與「樂多賢友」因與人有關，其反面故為「樂驕樂」，自我從對立人而樂故；「樂驕樂」如是亦與「樂節禮」對反，二者之行作方式與所重視正相反故。

同樣，「樂節樂」因從「節樂」言，故相反「樂宴樂」。至於「樂佚」與「樂遊」，其所對反即如仁者之「樂山」及智者之「樂水」。以上為《論語》對「樂」之總覽分析。

＊

六、孔子曰：侍於君子有三愆：言未及之而言謂之傲，言及之而不言謂之隱，未見顏色而言謂之瞽。

〔平素生活道理總覽有十一。三：言語〕

本句表面為言「侍於君子」時之過失或差錯，然若從「侍於君子」之過失或差錯言明顯非僅如此。句故更應只限定在「言」一事之過失上，而此實亦在作為前，人與人最易見過失：人與人必首先以「言」交接故。之所以特舉「君子」，因若連君子亦感其言之失，那非君子之小人必更是。句故實言人於言詞上所有過錯，對象應為所有人，非獨君子、亦非只於侍時。

《論語》之所以用「侍於君子」一情況而說，因「侍」通常為下對上關係，故本應有所慎。若仍見過失，其過失必非偶然。故如舉君子為對象那樣，若連下對上仍有如此不慎，其過明顯，必須改變。此所以《論語》舉「侍於君子」一情況為例，顯其過之嚴重性或明顯性故。如是之過，必平素亦然。

「言未及之而言謂之傲」，《魯論》本為「傲」，非後改易之「躁」。「躁」言不安靜，未是。傳統又以「隱」為「隱匿，不盡情實」，亦未是。又：此處與前〈衛靈公〉之「可與言而不與言，失人；不可與言而與之言，失言。知者不失人，亦不失言」及「君子不以言舉人，不以人廢言」相同：「言」可不單純指「言」，亦實包含「事」在內。在人與人間，從現象觀，若非「言」，便即「事」。人與人平素之道，全繫於二者。舉「言」以言，因「言」最似輕微容易而直接，非如「事」更有嚴重性在，然道理始終如一。

首先，「及」於《論語》多次見用，意思亦幾近唯一，言逮也、至也；自後而至或有所追及亦曰「及」。【參考：「賜也，非爾所及也」、「其知可及也，其愚不可及也」〈公冶長〉、「學如不及，猶恐失之」〈泰伯〉、「唯酒無量，不及亂」〈鄉黨〉、「從我於陳蔡者，皆不及門也」〈先進〉、「一朝之忿，忘其身以及其親，非惑與？」〈顏淵〉、「羣居終日，言不及義」〈衛靈公〉等等】。「傲」為倨傲，一種不遜而慢。通常，人在言語時，想言便言，鮮顧及對方是否聽後能行、所言是否對對方有用，只求為自己說理便是，不會先從結果衡量說話是否能有真實意義。如此即傲。若明知無用而仍說，如此即「言未及之而言謂之傲」。

相反，若因種種理由、無論是自身怯懦或懶於行事、甚或是其他不必要顧慮，明知向對方言之有用而不言，如此即隱，亦「言及之而不言謂之隱」。

在二者外，若非有考慮言對對方是否有所意義、幫助，而於時機或場合不恰當時言，此即如瞽。《論語》所舉例子為「未見顏色」，這只單純從對方方面言而已，事實是，恰當性仍有種種可能，非必與顏色（臉色）有關，顏色最與對方心感受有關而已，然非必唯一。無論怎樣，對一切不恰當情況不察，此之謂瞽：「未見顏色而言謂之瞽」。

人言語甚至行事實往往如此，不理會對方，只一己欲言欲行，故造成人與人交接上過失與艱難。唯考慮言行之後果、及亦察其時機，否則言行易有過失，此《論語》對人與人交接關係簡單而核要總覽。

七、孔子曰：君子有三戒：少之時，血氣未定，戒之在色；及其壯也，血氣方剛，戒之在鬭；及其老也，血氣既衰，戒之在得。

〔平素生活道理總覽有十一。四：欲望〕

《論語》借助「戒」，對人類欲望總覽，見其三型。所以從「血氣」（身體年歲階段狀況）言，因由此可指出：欲望實有所由或相繫條件，非不能免，否則言「戒」便無意義。以欲望相關於身體狀況言至為恰當，因除確實如此外，【佛洛伊德便明白指出：欲望甚至本能，均源起於身體器官。見其後設心理學論文】，更見其被動性（反應性），非如表面以為，為心純然主動。正因與身體狀況有關，而人心本可獨立於此，故人實仍可不受制於欲望，故可言「戒」。欲望其所是故為：本於身體狀態、既似主動實亦被動、既似必然實亦可不必然之心行動，此孔子對人類欲望之探析。

人類欲望有三：色欲、好鬥、與欲得；後者包含富有、地位、聲名等等。三者為欲望形態總覽。【孔子這對欲望劃分實屬深思：欲望本有無窮多種，難於歸納。如好奇趣（怪力亂神）、自由、超越性、權力力量、競爭、甚至知識等，均可為欲望。孔子故非從對象內容，而是從其於人自身所本，對欲望分類。如是，如追求權力力量、競爭、名望成就、甚至知識，均可視為好鬥時之表現或需要。連求為自由與超越性，亦因與現實處境或情況有關，故仍屬好鬥範圍內，無須視為獨立，更非有所絕對必然，故不應視為根本價值。以「鬥」言，又見如此欲望實出於人心態（「及其壯也」），於客觀存在無此必然。經濟競爭故非（客觀之）「義」，始終只由人而已】。

「少之時，血氣未定」故「戒之在色」。以心身未定言色欲至為恰當，因無論志向（價值）或生活成就於少時均為未定，人心所向多只外表甚至表面，心不知收斂，其所欲外在而表面，故為色。【現實中未定狀態（如浮誇之風等），因往往使人心無定向、無價值向往，故易使人落為對色之追求、有賴於色作為滿足。色作為誘惑，實亦使心無所定向、不知收斂而定而已。此色欲所是：心之未定狀態。古時唯少時始未定，故從「少之時」言。其意在「未定」，非獨少時】。又從「血氣」言，雖為身體或年歲狀況，然非如佛洛伊德，以之為〔本能〕潛在之事（性欲本能），因而對人言為超越、非能「戒」。【巴塔耶以好色（色情）為人其君主性體現，然正因為一種對反現實存在時之耗費與自我表現，故仍可視為〔對立現實理性時之〕一種「鬥」：由越度禁制（transgression）而鬥】。

「及其壯也，血氣方剛，戒之在鬭」。如我們所言，以「鬭」言欲望極為恰當：欲望常以與人鬥而體現，為人與人對立及相互超越之心，非僅一己欲求而已，此於富有、權勢地位及能力力量等競爭明顯。「鬭」甚至可包含犯上作亂、或一切叛逆之舉，不必只權力。正因如此，「鬭」故往往伴隨強勇、為由「血氣方剛」引發。然無論現實抑自我而「血氣方剛」均只外在階段狀態、只反應性，與人自身真實或事義客觀無關，故宜戒：盡少行其自我所欲、盡去其自我不必要性情。

最後，「及其老也，血氣既衰，戒之在得」。欲得雖可造成鬥，然其所本，確因人衰老虛弱似有所必需。【「及其老也」無須限定於老年，只有慮老時故有求得之心。若生命仍有力氣體魄，未必對有無如是在乎】。然為欲望者非單純從必需言，更在需要外有求得更多之心，借需要為藉口而已。如是欲望故仍無必，言「戒」指此。

孔子這欲望三態，反映欲望其所由根本：蒙昧無知、自我現實性與現實心、及所需。【心況未定、順承自我與現實性、及出於需求】。前二者本可免，【由狀態改變與自我克制而免】，而由需要而致之欲望實非由於需要本身，只在其上求更多而已，故仍無必。三者可戒由此。畢竟，人心始終獨立，可不受制於身體狀況，【如孔子之「不知老之將至」〈述而〉】，或最低限度可另有心之所向，與身體狀況無關。欲望故可戒，亦「君子有三戒」道理所言。

八、孔子曰：君子有三畏：畏天命，畏大人，畏聖人之言。小人不知天命而不畏也，狎大人，侮聖人之言。

〔平素生活道理總覽有十一。五：敬畏〕

最後，平素除與人交接過失與一己欲望外，人亦多由無所敬畏而放肆。放肆不放肆，首先在是否有畏。所以從「畏」如此反面言，只求為最低限度而已；若從更有價值向往言，應為「敬」、非只「畏」。句從君子言，所言「畏」故既真實亦基本，為人人應如是，否則存在也只會由無所畏而致放肆放縱。真實之「畏」有三：「畏天命，畏大人，畏聖人之言」。一對天、二對人、而三對事（言），此「畏」可有三類。【這裡「聖人之言」，如前「侍於君子有三愆」句，仍實以「言」代「事」】。

「天命」非言宿命論。然生命無論多由於一己引致造成，始終仍有命運之偶然性在。如此偶然性因非由人取決，故似由天、為天命，如天對人性命之安排那樣。對自己一生，故唯由至如五十始知其所是，亦孔子「五十而知天命」〈為政〉之原因。對天命而畏，所畏故實是一己生命之無可盡決，由此始知對生命努力，知謹慎人生，此亦人所以能不妄作為、甚至有所成就之原因。敬畏其首先意義在此。

若是對人（他人），「大人」指有成就、有能、甚至有地位者。無論是因賢能而敬、抑因威望而畏，知對人敬畏，所反映實是人對存在困難之察知，故見人之大而畏。否則所反映，實只一己無知於上下大小輕重、無能鑒察存在之困難，甚至所顯只一己之無能、無能為大而已。

最後，「聖人之言」所言，為有德行者之言與行。對如此而敬畏，因知德行為人所能之至高真實故。對此而畏，實見人對真實價值知崇尚，亦人其「知」極致之體現。【見「知德者鮮矣」〈衛靈公〉】。人唯由知價值、甚至知德行，否則生命無以為真實。生命是否能有所定向、有所立，往往由此。否則，生命若非坎坷，亦多只毫無意義並虛浮而已。

從以上三者可見，「畏」所言實一種存在之客觀性，再非自我而盲目。由知「畏天命」而生命知努力成就、由知「畏大人」而知鑒察存在之困難而大、由知「畏聖人之言」而生命終有定向與意義。人生命之成、其成能大、其大至如極致，這一切，均由「畏」而始。

有所畏之生命若非因畏而小、反因畏而大，故無所畏者，實小人而已。小人故反是：以為無所畏，然於人實小而已。故對自身生命，小人不知重視，故任性而難有所成，更不知生命之致力應有所導向，如天所授予那樣。對天命不畏，實無視自身生命努力而已。其無對天命有畏，實亦蒙昧無知而已，此所以言「小人不知」。

至於對大人而狎，無論因出於利益、抑因由對「大人」求阿諛奉承，所見故仍為人心之狹小。所以「狎大人」非因其成就之真實，只為圖自身利益而已，甚至因而低貶自身人格仍然，此所以為小人。人與人本由分際而立，故須相互敬畏；若只輕浮暱交，實自身無所立而已。狎人者故見其小。

對有真實德行者（非必有現實成就），因德行非小人心中價值，小人故非但漠視、更對如此言行之真實輕慢甚至輕蔑，故「侮聖人之言」：對一切德性價值傲慢故。

敬畏其反面，故或由無知、或由輕狎、或甚至見蔑視。三者所顯，實人其渺小而已。人其能大，故由對天、對人之大、對人之聖知敬重而致。人能佇立於天地間而有所生命成就、其成就能大（其人能大）、至其能德行地極致，如是一切，均先由知「畏」而已。

《論語》藉由人與人交接之過錯、其自身欲望、及其無所敬畏姿態，見平素人未是之一面。如是庸陋，都與人自我狹隘及現實心有關。縱使似只三者，然實已為對人平素庸陋之總覽：或無知於他人、或自身更有所欲望、甚或心無所價值與敬畏。三者雖非從德行言，然實是人絲毫無所真實、無所價值之首先原因。《論語》對人如此平素事實總覽故實重要，人平素與人之交接、其自身欲望、及其生命之真偽、大小、是否能極致，實先由此。

*

在平素友、樂等事，及人平素之「作為人」後，《論語》對「學」與「思」作一總覽，前者見人之等次，為孔子對人等次之唯一判別；而從後者所及層面，總覽人平素宜應注意重視者，而此非必從德行、亦可從得益言。對平素問題，《論語》故從外來影響（友、樂）、人之作為人（交接、欲望、與畏）、回歸至人自身之「學」與「思」，二者始終仍從平素言，為人自身所是。

九、孔子曰：生而知之者，上也；學而知之者，次也；困而學之，又其次也；困而不學，民斯為下矣。

〔平素生活道理總覽有十一 。六：人之等次〕

有關「學」，關鍵非先在學甚麼，更單純在學與不學。學雖似必然亦自然，【亞里士多德便以為人類有對學之自然傾向】，然實不然：人由自我鮮能謙虛真切地學。句所指出是：若在人與人間真有所等次，是不應從如出身、地位聲名、富有與成就等衡量，而應從「學」言而已。【除「學」外，孔子再沒有以其他標準對人作等次區分。故如顏淵之毫無世俗成就、公冶長之曾在「縲絏」、仲弓之出身微賤等等，都仍為孔子所肯定】。世俗間一切，對人言畢竟外在，唯「學」始反映其人自身。從「生而知之者」可見，此時「知之」應指對「作為人」其道理之知，而此於人人必然，無分上下。若是知識或技能，言「生而知之」將是天才，而此明為無義。因人畢竟是人，若知事事盡心反省，是應對人性道自然有所明白者。此亦「上知」從「智」言之原因。【見「性相近也，習相遠也。子曰：唯上知與下愚不移」〈陽貨〉】。事實上，若非自身人性，是無能要求百姓亦必學習者。【見：「民斯為下矣」】。至於孔子所言「學」之等次：「生而知之者」、「學而知之者」、「困而學之」、及「困而不學」，四者實只區分上之枚舉，非反映事實。若從事實言，孔子鮮見人好學，故說：「十室之邑，必有忠信如丘者焉，不如丘之好學也」〈公冶長〉；亦說：「有顏回者好學：不遷怒、不貳過。不幸短命死矣。今也則亡，未聞好學者也」〈雍也〉。縱使非「生而知之者」，能「好學」，實已為德行，故孔子亦自視為「好學」者而已，非「生而知之者」。【見：「我非生而知之者，好古，敏以求之者也」〈述而〉】。人所以鮮為「好學」，除因現實只求為利益外，【故「今之學者為人」〈憲問〉，求為利益，非為己而學】，縱使已為對德行有所好者，仍可不學。【見：「好仁不好學，其蔽也愚；好知不好學，其蔽也蕩；好信不好學，其蔽也賊；好直不好學，其蔽也絞；好勇不好學，其蔽也亂；好剛不好學，其蔽也狂」〈陽貨〉】。為何如此？這是因為：對德性之好仍可只出自人其他方面，如好仁由人性心、好知由自我、好信由社會風氣、好直、好勇、好剛等由於性情，然因「學」對人自覺性更有所要求，除非自身有強烈向上、或有對己改過之心，否則縱使好德行，仍未必學。【言「好仁不好學」故發人深省：縱使善如仁者，仍可不學或不好學，故始終仍愚】。此所以「學」於人確然獨特：神靈與人類可同然從德行言，然唯人須學、神靈無須學，此「學」與「人」之內在關係，亦人其等次所以能以「學」區分之原因，「學」直與「人」所是有關故。正因如此，縱使「學」非如「德行」反映人之賢鄙，然「學」更先反映其人，反映其是否向上、有否成己之心，與其德性、性情、聰穎與否等無關。「學」作為等次故既平素亦極特殊，單純只就人自身言，非涉其他。如是，「困而不學」所以為「下」，除因絲毫無學「為人」之心外，更由其作為自己時絲毫無所向上，特別於困仍然。人無能無過，必須由學改善，【「有顏回者好學：不遷怒、不貳過」〈雍也〉】，若不學甚至「困而不學」，如是之人故為下。孔子用「民」字言（「民斯為下矣」），實見其貶斥之嚴厲。一因縱使為「民」亦必須學，毫無例外；【學非因職能，縱使民非士，始終仍須學，此所以這裡以「民」言】；二由於「民」於階層中一般言最被貶抑，孔子雖不會如此，然若見民確然不學，如是之民，實如人所認為，為下等，此「民斯為下矣」意思，意謂如是之民，實亦（如人所認為）為下。人故非從知多少定奪，從對「學」之態度定奪而已。如此態度，與人對自己、及對真實性攸關；其為態度，在「學」之主動抑被動上，此亦「生而知之者」、「學而知之者」、「困而學之」之差異。如對「不憤」「不悱」者（非主動思索提問者），孔子「不啟」「不發」。對人若「舉一隅不以三隅反」，孔子亦「不復也」〈述而〉。「次也」與「又其次也」故就此主動被動差異言。以「好學」為德行，其原因亦在此，故孔子「發憤忘食」〈述而〉、亦「吾嘗終日不食，終夜不寢，以思」〈衛靈公〉，其主動如此。

人所有上下，故非由富貴地位或能力定奪，單純由是否學而已。其他一切仍外在，唯學純是人自己事，與外來無關。除德性外，人之賢否，故更先由「學」見。人是否自我，亦先見於此。

十、孔子曰：君子有九思：視思明，聽思聰，色思溫，貌思恭，言思忠，事思敬，疑思問，忿思難，見得思義。

〔平素生活道理總覽有十一。七：心思〕

在「學」與「思」二者間，我們可能以為，「思」較難而「學」較易，事實不然：人因有求自我，故反而知致力於思而不願謙下地學。孔子故沒有從「思」對人分等次，反而指出：「思」非人自我表現，更應是人對事情謙下關注時之德行：非求為自我而思、而是求為德行而思，此始「思」之真實、其更大意義。「思」故應為人人平素事，既非有所欲求時之「想」、亦非一般所言「思想」。「君子有九思」，非「思」唯有「九」，只言其無微不至、其盡力、其全面而徹底而已。「九」故有總覽義。【雖正有九項，然「九」字亦含遍及全部之意，故《論語》有：「子欲居九夷」〈子罕〉、「桓公九合諸侯」〈憲問〉。「九夷」、「九合」都非能實數解】。「九思」作為平素總覽，其所關注事，亦平素微不足道事而已，非大事大物，如西方「思」那樣。從這點言，中國所言「思」只為「近思」，平實而無好高騖遠。「思」真正遠大反而在此。【見：「子張問明。子曰：浸潤之譖，膚受之愬，不行焉，可謂明也已矣。浸潤之譖，膚受之愬，不行焉，可謂遠也已矣」〈顏淵〉】。

「九思」可分為以下幾方面：視聽、色貌、言與事（言行）、心況、外得。視聽為嚴格義之「思」，與知有關；色貌為外表態度；言行為身體進一步對外關係；心況即心被動於外時之狀態；而最後，所得直就是外來事物或所得本身。如是可見，「九思」所教人宜用心關注者，實人平素基本面相，更以「思」用心關注而已。對如此面相，孔子以最簡明方式指出各各應有之正、其道所在：故視聽宜明與聰、色貌宜溫與恭、言行宜忠與敬；若心有所疑則問、有所忿則思可引致困難（或他人之難）；而若「見得」，應不忘是否「義」，絲毫不應有所貪。能如此謹慎關注，人始能平穩其生命生存，不會因不察不思而過失。

「九思」道理故既簡明亦總結性，為在平素對向人事時基本。從《論語》在日常知見、態度、言行外，更有對被動心況之提及，教人不為情緒衝動而一時盲目，甚至不為疑惑所干擾，【疑而不問實已為通常現象，或由於顧忌、或自我心太重、甚或因已成不求明白之習慣】，如是種種，實見《論語》總覽時之微細與深察。確實，如忿，實是情緒最好代表，亦往往使忿者心因不平而困難或難過、甚至可能因一時反應而有所傷害，為人最大困難處。「忿思難」正能針對此，此時之「思」使人冷靜客觀故。【「難」不宜解作患難，只「忿」於人所造成之困難難過而已，於人於己均是】。如是《論語》「九思」實即一種修身：非言特殊修煉，用心關注每事而已。

《書・洪範》亦曾提及「五事」：「五事：一曰貌、二曰言、三曰視、四曰聽、五曰思。貌曰恭、言曰從、視曰明、聽曰聰、思曰睿。恭作肅、從作乂、明作晰、聽作謀、睿作聖」。〈洪範〉「五事」以人頭部五種主要溝通或覺識能力為依據，以示人應自覺努力之德行（恭、從、明、聰、睿）及其成就（肅、乂、晰、謀、聖）。【嗅、味及身體行動因非知性高等官能或非自主性，故沒有列入五事內。五事所據，故唯貌、口、目、耳、腦五者】。我們可注意到，〈洪範〉把「思」獨立開來。〈洪範〉「思」之獨立，非如西方言思想時之獨立性，只指人心思心志之獨立，如孔子之「志於道」〈述而〉、或人民百姓心之「思無邪」〈為政〉，都只從人心懷言而已，故仍與德行（睿、聖）有關。〈洪範〉所以獨立「思」，因其針對主要為君主，非如《論語》對象為所有人。作為君主，除個人心思外，更須有對向人民整體之心懷，是如此心懷，使「思」於〈洪範〉為獨立、亦「思」所成為「聖」。

縱使無以「思」為獨立，始終，「九思」中仍有「視思明，聽思聰」與聞見有關之獨立性，為在溫、恭、忠、敬、義等德性外而獨立。何謂「明」與「聰」？前引「子張問明」〈顏淵〉句中「浸潤之譖，膚受之愬」是說：若是大惡大過，人必見而知之；唯那不易見、不易明之過錯，如平素日漸積累而成、在皮膚表層近至不為所察之「譖」、「愬」（譖言與誣訴），其虛假性至為深遠，其察知與改過亦至難。日復一日無形地形成之膚受浸潤，若仍能「明」見，始「明」之真實、其極致。

「明」故非只對錯之分辨，更是對難於分辨真偽對錯者之分辨，如此之「明」，故為真實之知或智，其為「明」故「遠」。「明」故非知見而已，而是極微之知見，「視思明」所言用心如此。人類之惡實由千萬微細之惡而成。能見微至此，始為「明」。

至於「聽」，《論語》本身再無提及；而從〈洪範〉「聽作謀」可見，「聽」應從思慮深遠之謀言。「聽」故為對未然事情之推度，為孟子視為王者所以為王者之能力。【見〈梁惠王上〉第七章】。於《論語》，「聞一以知十」〈公冶長〉或「舉一隅〔而〕以三隅反」〈述而〉等應為「聽」。「聽」故為由「一」推度至整體、或由觀見整體而作之推度（周慮）：或知本末、或知「周而不比」〈為政〉。

*

孔子「九思」，故既從思與知見、亦從具體行作，對平素德性窮盡。其為總覽在此。

十一、孔子曰：見善如不及，見不善如探湯，吾見其人矣，吾聞其語矣。隱居以求其志，行義以達其道，吾聞其語矣，未見其人也。

〔平素生活道理總覽有十一。八：價值與存在志向〕

在「學」與「思」後，縱使為平素，人仍應回歸德行價值。因為平素，此時德行故只從「善」言，若更有，則人其「行義」及其「求志」品格。

「見善如不及，見不善如探湯」，對善不善之反應，縱使為現實，人人仍知如此，故：「吾見其人矣，吾聞其語矣」。「吾見其人」與「吾聞其語」之差異在：前者實見其人（見人實行），而後者只見人對如是道理之論說，故縱使有所知曉，然仍未必能行（未見人行）。【「語」如：「子語魯大師樂。曰：樂其可知也」〈八佾〉、「子不語：怪、力、亂、神」〈述而〉、「顏淵問仁。子曰：克己復禮、為仁。一日克己復禮，天下歸仁焉。為仁由己，而由人乎哉？顏淵曰：請問其目？子曰：非禮勿視，非禮勿聽，非禮勿言，非禮勿動。顏淵曰：回雖不敏，請事斯語矣」〈顏淵〉、「葉公語孔子曰：吾黨有直躬者，其父攘羊而子證之」〈子路〉、「子曰：由也，女聞六言六蔽矣乎？對曰：未也。居，吾語汝」〈陽貨〉等，為如有見解地說】。

善不善正因如此平素，甚至可引致利益或好處，【就算非從利益言，始終仍有以人性為本】，故於無論怎樣社會、怎樣現實，都仍有見人如此、人亦自能知曉其為道理。孔子非因此而低貶善，只是借由這樣對比指出：縱使多麼現實，某些德性（如善不善）始終仍存在於世、甚至存在於一般人身上。但另一些更高尚德行與品格，縱使更應與人自身所是有關，然這樣德行則反而再不見於世，此其可惜與慨歎。「隱居以求其志，行義以達其道」與「見善如不及，見不善如探湯」二者之差異：前者之德行在人自己、後者所言善仍可只外在，正因外在，故反而為人人所在乎；相反，若只為人自身德行之致力、非外來之善，是再不見有人如此執着、不見有人如「見不善如探湯」那樣立即反應。「吾聞其語矣，未見其人也」是說：人們仍實知曉如此道理、知德行品格之善，然現實再無如此之人、再無實行如此志向與道義者。如是對比故顯出：在「學」與「思」後，人志向於道義或志向於德行品格，這本應為人人致力之事，然事實再非如此。句以「見善如不及，見不善如探湯」先言，故實教人：正因人平素仍知如此，故不能以為德行品格與人或與平素無關。雖未見「隱居以求其志，行義以達其道」者，然「見善如不及，見不善如探湯」者仍是事實、仍確然可見，人最低限度故仍應自勉於此。【本句無須扣緊特定歷史人物解】。

十二、齊景公有馬千駟，死之日民無德而稱焉。伯夷、叔齊餓于首陽之下，民到于今稱之。其斯之謂與？

〔平素生活道理總覽有十一。九：德行〕

本句故承上句，指出從平素現實角度言，德行所仍可有之真實或意義。句所對比明白：「齊景公有馬千駟，死之日民無德而稱焉」，然「伯夷、叔齊餓于首陽之下，民到于今稱之」。現實中有權有富者，其死無可以德行稱頌；現實無所得如伯夷、叔齊者，其德行始終為人人所傳誦顯揚。現實與德行，其差異實如此。

從以上兩句故可見，縱使非對德行內容確指，然句已對德行其與現實作一現象式總覽，既見「善」之本然、亦見「志向」最終真實，故為對德行其於現象中事實存在之總覽。

以上為〈季氏〉對平素德行總覽性述說，從友與樂、至對學與思甚至德性之簡明提點與辯說，這一切，都求為一般人其對德性道理之總覽及關注而已。其用心在此。

在〈季氏〉最後一組句子中，在平素德性、或對人德性有所影響之面相後，即為對子與妻子其道理之說明，二者明白為人人所有人倫之事，亦屬平素道理總覽內，為《論語》其他篇章從沒有提及者。

*

十三、陳亢問於伯魚曰：子亦有異聞乎？對曰：未也。嘗獨立，鯉趨而過庭。曰：學《詩》乎？對曰：未也。不學《詩》，無以言。鯉退而學《詩》。他日又獨立，鯉趨而過庭。曰：學禮乎？對曰：未也。不學禮，無以立。鯉退而學禮。聞斯二者，陳亢退而喜曰：問一得三：聞《詩》，聞禮，又聞君子之遠其子也。

〔平素生活道理總覽有十一。十：子〕

中國所謂「家」，主要從子對父母言，其德行在孝；西方所謂「家」，則從父母對子女言，若為道義，則在慈。當「季康子問：使民敬忠以勸，如之何？」時，孔子之回答即在：「臨之以莊則敬，孝慈則忠，舉善而教不能則勸」〈為政〉。意思是：以莊面對百姓則民敬；對民老弱者孝悌、而對如子女般子民則以慈，如是而民忠；最後，舉民之善者教不能者則勸。「孝慈」因而為家庭內部德行，或子對父母、或父母對子女。雖然如此，仍有父母對子女教養上之問題，此為本句所言道理。

陳亢以為孔子對子伯魚之教必有異於其他弟子，故問。然從伯魚之回答可見，孔子對伯魚之教，亦如其對人之教那樣，為《詩》與禮二者而已，非有其他。之所以以二者而教，也為人之「言」與「立」而已，〈述而〉故有：「子所雅言：《詩》、《書》、執禮，皆雅言也」，即孔子視為正道者，除《書》內容有所特殊外，亦《詩》與禮而已，故孔子之教無隱。【亦參考：「子曰：二三子以我為隱乎？吾無隱乎爾。吾無行而不與二三子者，是丘也」〈述而〉】。「子以四教：文、行、忠、信」〈述而〉中，「文」與「行」主要亦《詩》與禮二者；而作為德行基本，亦忠信而已。孔子之教始終簡明無隱。甚至，對伯魚之學，亦求其自學，故只提醒，非嚴格義之教。從如是作為、從孔子之獨立，【「嘗獨立」雖本只言立於庭，然明顯喻孔子對人獨立性之期望，故求為伯魚之自學，非教授】，故陳亢明白君子對其子之道，亦「遠」而已：「聞《詩》，聞禮，又聞君子之遠其子也」：不過於寵溺、不期有所依賴、求人之自立自學，此父母對子女應有之道。故非加強其童稚氣或遊玩之心、亦非只因求為保護而養成依賴無所獨立。此《論語》所言父母對子女應有之道。

又：從顏淵死而孔子慟，仍是見父母對子女情感之深及其相互內在性。有關此，請參考〈先進〉之「顏淵死，子哭之慟。從者曰：子慟矣。曰：有慟乎？非夫人之為慟而誰為？」及「顏淵死，門人欲厚葬之，子曰：不可。門人厚葬之。子曰：回也，視予猶父也，予不得視猶子也。非我也，夫二三子也」。

十四、邦君之妻，君稱之曰夫人；夫人自稱曰小童。邦人稱之曰君夫人；稱諸異邦曰寡小君；異邦人稱之亦曰君夫人。

〔平素生活道理總覽有十一。十一：妻〕

夫妻間之道，《論語》借君與其妻子種種稱謂關係表出。首先，於君與妻子兩人間，其關係為禮讓而非言主次：君對其妻尊重故「君稱之曰夫人」，夫人讓而自謙故「夫人自稱曰小童」。互敬而讓，此夫妻關係本道。以「夫人」稱，這是至為尊重之表示。如此尊敬，故亦同見於邦人及異邦人對君妻之敬重上，故或「邦人稱之曰君夫人」、或「異邦人稱之亦曰君夫人」。無論是自身國內、抑其他邦人，都如君一樣，對其妻有所尊敬而以「夫人」稱。唯國人對向異邦時，為表示謙虛居下而敬重對方，故稱君妻為「寡小君」：一猶如君、另一因為君妻而非君本身，故為「小君」，以敬對方故。無論於君眼中、邦人眼中、抑異邦人眼中，君妻故均同然尊貴。換言之，君對其妻尊敬態度，實如邦人或異邦人對其妻之尊重那樣，同以為「夫人」。夫妻間關係，如是實亦相互敬重而已，至如外人般……。敬重故為夫妻間關係之本。夫妻間其他一切，由此而明。

以上為《論語》對家內關係之總覽，言其至要而已。

〈季氏〉由如是人倫關係，終結一切平素道理，亦示人思想所有總覽之法。

公元二零二零年五月二十八日

陽貨

論虛假性

繼至致〈衛靈公〉與總覽〈季氏〉道理，《論語》以〈陽貨〉對虛假性問題作論述。【思想之道，除明白正道外，故即能對事一言蔽之、能總覽、及知對虛假作分辨三者】。人類虛假性由來已久，若非如此，道理甚至《論語》根本無須存在。事實上，在《論語》每一道理背後，都可見人之一種虛假性在：「人不知而慍」、「犯上」「作亂」、「巧言令色」、「為人謀而不忠」、「與朋友交而不信」〈學而〉，以致「今之學者為人」〈憲問〉等等，都實種種人之虛假性而已。虛假性因與道或真理相反，故伴隨整本《論語》無處不見。若如此，那《論語》何以特有〈陽貨〉一篇？之所以有此一篇，因除教人見有虛假性事實外，《論語》更欲對虛假性作一總覽分析，教人見其種類、並對其形態或範疇分類窮盡。如此試圖實屬驚人，因縱使西方思想，也只能各體系或理論指點其相應之虛假性而已，從沒有一理論或論着能對虛假性窮盡、或有如此試圖。對虛假性窮盡除因總覽而徹底外，更教人從中自我檢視，看自身虛假性所在，從而反省改過，並明白應有道理。

所謂虛假性，非一般言之錯誤或過失。錯誤或過失只針對事情，其客觀性易知而明顯，亦非必與人類存在本身有關。虛假性故非從事、而從人言。物本無性靈、無心思，故不能言虛假與否，能言虛假，故唯人而已。甚至，對人類思想之錯誤，因思想本身無一定定向，故無以言是否虛假；以思想為虛假，故仍由於人自身：如人類以非能為真理之思想為真理，如此想法上之偽，始終只人類自身事，與思想本身無關；其虛假性在人，非在思想本身。言智思之虛假性時，所言故是其中人之欲望、其心態之誤向甚至扭曲，非言思想本身事。在思想理論背後，是有着人類錯誤價值在，思想理論之虛假性是從此言。

人類由其虛假性，塑造並使存在亦呈虛假。縱使在虛假性中，人類仍可活下去，唯不善或極不善而已，此所以「民之於仁也，甚於水火」〈衛靈公〉。若能求為正道，孔子故必求其實行；然若不能，仍盡教人知其虛假與非是，此「民可，使由之。不可，使知之」〈泰伯〉意思。

人類虛假性，主要分兩類：或由欲望無知於道而虛假、或偽裝為善而虛假。前者多與真理性（真理姿態）有關，其為虛假性亦瀰漫在普遍人身上，非特為個人之舉。類如這樣虛假性，因往往有思想想法為根據，其錯誤難知，故亦為人自以為真理、為爭辯之所由、更為眾人所盲目接受，故為「無知之虛假性」；如人類以人性為惡、以智思為尚、以法制為唯一治道、以現實為不可逆而必然、以藝術為唯一心靈所寄、以功利為唯一價值等等。至於偽裝為善之虛假，因其偽裝刻意、非無知或不知，故本身應屬明白事，為人刻意偽裝妄行而致而已；其為錯誤縱使亦可為社會普泛風氣，然多落於個人身上，為個人之虛假虛偽，如「道聽塗說」、「巧言令色」等便是。因虛假性主要亦此兩類，故〈陽貨〉分為兩部份：二至九句言「無知之虛假性」、十至二十四句言「有知之虛假性」。於這二十四句中所言虛假性，雖非僅例子而實為系統性總覽，然始終仍非受限於句中內容所言，而是：句中內容僅只代表而已、只求為標明其虛假性形態而設而已，非限定於內容所是、更非因內容之偶舉而偶然。〈陽貨〉全篇故實為種種虛假性範疇之枚舉、為虛假性問題與形態之窮盡。其排列亦由嚴重至較不嚴重者。此〈陽貨〉之編排。

〈陽貨〉之分組主題如下（下列編號同為句碼）：

一、虛假性序言

〔無知之虛假性〕

二、智思移離人性道之偽

三、求道而不顧事實之偽

四、現實效益性（實用性）之偽

五、求「大」（天下）之偽

六、失卻終極之偽
七、失卻「根本」（基礎）之偽
八、對真實事物（《詩》文）否定之偽
九、對真實事物（禮樂）扭曲之偽

〔有知之虛假性〕

十、使真實表面化時之偽
十一、以假代真之偽
十二、混淆或混亂真假是非之偽
十三、欲貪心態之偽
十四、品格之偽
十五、迷惑人心之偽
十六、誘惑欲望之偽
十七、刻求作為之偽
十八、行作無誠之偽

十九、違逆人性心之偽
二十、不用心之偽
二十一、所好（崇尚）之偽
二十二、所惡或厭惡之偽
二十三、相處或自我之偽
二十四、直為惡之偽

當然，若從內容主題作分組未必不能。此時，〈陽貨〉之分組組織應如下：

一、虛假性序言（一句）
二、人類存在終極之偽（二與三句）
三、人類價值認定之偽（四與五句）
四、人類價值與德性實行之偽（六至九句）
五、德行之偽化（十至十二句）
六、人自身品性、性情、心態之偽（十三至十六句）

七、人作為之偽（十七至二十句）

八、人好惡與無理無道之偽（二十一至二十四句）

我們以下仍以虛假性之類型為討論軸心。

*

一、陽貨欲見孔子，孔子不見，歸孔子豚。孔子時其亡也而往拜之。遇諸塗。謂孔子曰：來，予與爾言。曰：懷其寶而迷其邦，可謂仁乎？曰：不可。好從事而亟失時，可謂知乎？曰：不可。日月逝矣，歲不我與。孔子曰：諾，吾將仕矣。

〔序言：虛假性引論〕

陽貨為季氏家臣，其於從政與季氏等同樣虛假。陽貨之欲見孔子，非有用孔子之意，只欲孔子奉承獻媚甚至拜服而已，故不直往見孔子而只饋孔子豚，使孔子不得不回拜。孔子知其偽，故待陽貨外出始回拜。二人遇於途中……。論虛假性之〈陽貨〉始於此一故事是為說明：無論陽貨抑孔子，在這裡沒有一言一行真實：陽貨欲見孔子非真實；孔子回拜亦非真實（故時其亡也始往）。陽貨所言「懷其寶而迷其邦，可謂仁乎？好從事而亟失時，可謂知乎？」非為仁與知真正道理；【「懷其寶而迷其邦」因好大喜功故非仁；「好從事而亟失時」因只投機取巧故非智】；其惋歎「日月逝矣，歲不我與」同樣非真實；孔子之「諾，吾將仕矣」因終無應允，故亦非真實。本句無一事一言真實。作為首句，意所欲指出故是：虛假性實普遍地見於人類行為作為，【連真實如孔子者仍表面可有偽。對偽故應加以分辨：孰偽為真、孰偽為偽】，唯人類始有虛假性、始會虛偽地行作，此故為有關虛假性所首先應反省者。

孔子非虛偽之人，唯其面對陽貨或面對虛偽時不得不如此而已。編者明借此事教人：在面對無可改變之虛偽時，遠去便是，對不可改變之虛假性，人無需以真實方式或態度面對；非自身虛假，不落於虛假人事而已。不過，在這種種虛假性背後，仍可有真偽之別：孔子表面雖似虛假，然其人自身內裡仍真實。真與偽故非單純外表或外在之事，而仍須由內在取決。換言之，非單純人外表之作為，而是其內裡心意與目的究竟為何，此始為真偽之決定因素。對人故不應以一二事判決，仍須見其內在自己（甚至生命）之作為。孔子與陽貨，二人之真偽故由其人內裡判定。而此是說：人真與偽，先由其心是否本有真實價值取決：虛假之人，心不再有「真偽」價值與分辨，故唯以「真假」為手段，非以「真偽」為價值。虛假之人，實再無在乎真偽之心，其作為亦再與真偽價值無關。人之真實，故先見於其心對真偽有所自覺、並誠實地面對；如此之人，故對外表與內裡、表面與深層有特殊關注，否則無以言對真偽關注。真與偽故非對象問題，而先在人自己：在人心價值、及其對真偽辨別之能力與智慧。〈陽貨〉首句雖非直言真偽本身，但已指出：虛假與否實先在人而已、在人自身之真偽而已，而這是真理問題中至根本者。

＊

二、子曰：性相近也，習相遠也。子曰：唯上知與下愚不移。

〔無知之虛假性有八。一：智思移離人性道之偽〕

人類智思（思想）若有所虛假，如此問題將嚴重亦困難，因作為萬物之靈，人所有，似只為智思而已，人類成就之一切，亦似由於智思而已，再無其他。若智思有所偽，問題因而嚴重而複雜。然智思所以偽，非在智思作為思想本身，而在人類之運用上：以智思之用背離自身人性，故而偽。對如此問題，故須以智思對比人本性言，更須對「性」與「習」（似為「性」然實習得者）其差異有所辨別，後者明顯與智思攸關。對如此複雜及嚴重問題，孔子亦一語而已：「性相近也，習相遠也。唯上知與下愚不移」。

首先何謂「性」，其與「習」如何分辨？何以孔子以「相近」「相遠」區分二者？「性」若指人性，那由後天習得、因而亦持久於人而如本性者，即為「習」。因為後天，故「習」與實行、作為或行為等有關，亦人由社會實踐甚至人類文明所習染或因襲者。「性」因本然，故非能由「習」而致。此外，「習」於人類中往往亦普遍，同見於人人身上、亦似為人人共同。告子所言「食、色性也」《孟子．告子上》嚴格言，應歸屬「習」，非「性」。

首先必須明白，所謂人性，實以人對向人為基本，否則根本無須言人性；單獨個人（沒有對向性）非有人性真正意義。然在人對向人這關係中，始終有兩種模態可能：一為「為對方」地對向、另一於對向關係中先求為自我或自己。如人對父母之思念、或《詩》所言「鼓瑟鼓琴，和樂且湛」〈鹿鳴〉、甚或孟子所言「人皆有不忍人之心」《孟子．公孫丑上》，如是種種對向，是以「為對方」之心、非以「為己」之心為本。同樣為性向，若以「為對方」或「為人」之心為本，此時之性向即為

「性」、為「人性」。相反，若於對向中非以人而只以「為己」之心為本或為先，因而含一切如此個己心態，其若為性向（如食、色之性），則只為「習」，非「性」。「習」之為性，故如人在社會中、在現實中，由自我而有者。「習性」故實亦一種「自我性」，最低限度從屬其下。在這兩種性向中，所以言「為人」之性向為「人性」而「非為人」之性向非為「人性」、只為「習性」，道理也很簡單：從人人作為對方角度言，所喜悅只為前者、非後者。「人性」與否故非只單純是否『人人』性向，更須是人人作為人所見為喜悅者，亦從這點言故為「善」，「性善」是從此言，其對人人言為善故，人性不人性亦由此。於見人性，人所見者為「人」、非為自我，人性於人故始為真實；若為「習」，所見也只人自我而已，如於現實所見人那樣。從以上討論故明白，在人對向人中，唯那使人相近者為人性，習性因各求為自我，故使人與人相遠，甚至由相遠而相互對立、貶抑、輕蔑等等。雖同似為人人性向，然一者始終只屬自我，另一者始真正維繫人人而共同，人性不人性由此。故非只共同具有而已、非只看似同為性向而已，仍須先從其所成就人與人關係言。此所以孔子以「性相近也，習相遠也」說明，其見思深。西方因唯以人為「自我」、以「現實」為唯一存在，如以國家凌駕人倫而為存在基本那樣，故始終不承認此人對向人之人性為本，唯以自我性向或習性為唯一，故自然以人性（＝習性）為惡，誤以習性為人性而已。從尼采所強調人與人一體之酒神精神可見，縱使尼采誤解此「一體真實」，然始終，人與人一體實多麼為價值、多麼為人向往之終極；究其原因，實因為「人性」而已。若相反因見人類現實多惡、人其自我只相互敵對，因而言性惡，除犯上述誤以習性為人性一錯誤外，更不知若以人性為人類行為其惡之本，因行為（縱使同一）實有着種種不同原因與理由，無法歸結為一，故於明知行為有無限原因而仍歸咎於單一決定因素而言「性惡」，實只求為對人類貶抑而已、由行為之惡對人類（人性）貶抑而已，再無其他可能意義、目的或理據：行為原因本多重，是不能單純把人類之惡歸咎於單一如本性者。故言性惡時，也只能以其時『性』為如本能般潛在，由潛在而不可確定（可不確定），否則便明白與行為原由之多而牴觸；性惡論者故必有如形上般立論，康德性惡論如此、佛洛伊德本能驅力論（潛意識）亦如此。其共同所犯錯誤，均以『性』為「行為」潛藏或深層決定因素、非為明白可見之「性向」故。然若明白「性」應從性向、從人感受言（故非行為決定因素），那「性」明白只能為善、為人人向往而感受為善者。言「性」為善（性善）故必然；從性向感受言「性」，是無能言性惡可能：善惡感受於人人只單向，是不能有對惡喜好而對善厭惡故；所似有，亦只對偽善厭惡而已，然這實已反映，其人仍對善肯定，故始對其偽（偽善）有所厭惡。言性惡者故不得不察如此矛盾，執意地言性惡故只「率天下之人而禍仁義」《孟子・告子上》而已，人始終沒有厭惡善而喜愛惡之可能，人性善故。

仍須一提，除告子或荀子外，中國《三字經》所言「人之初，性本善」亦同樣引導人對「性善」誤解，因「人之初」與「性本善」明顯暗示「性善」只本來之事，非人必然性向，故特言「人之初」及「性本（…）」。無論《論語》之「性」抑《孟子》之「性善」，都從無提及此「本」字，因「性」均直見於人故、均可為人人於自身感受中反省而得故，非唯「人之初」始有。

人性始終只本然，唯「習」（習性）始可與智思有關，為人利用為其自我目的、成就自我所欲。【以自我為目的，非只言個體，人類整體亦可只如一自我地欲望，致人人相遠、致存在分裂】。「性」相反因為本然，故與智思無關。正因為本然，故「性」（人性）與「道」同一。【見：「夫子之言性與天道」〈公冶長〉】。人依據「性」而為「道」，其不依據「性」即為「習」。人類之「習」，故往往由於智思，智思作為自我之能事，所成就亦只為「習」，「性」無能從成就甚至創為言故。由智思而致之文明實踐（習），因可不依從人本性，故往往只為人自我求為欲望滿足時而行使，由是多易移離人性本性。此孔子所以言：「唯上知與下愚不移」。「上知」由更高智慧、「下愚」由缺乏智思，故二者均不移離本性。上智其智因知人本性故真實無妄；下愚因無能智之虛妄故而亦人性地真實，無智思之欺騙可能。「上知」「下愚」不移離者故為「性」，移離人本性者故為「習」。移不移離，顯人類對智思運用時之差異：若以人性取決一切則不移、若以智思決定一切則多只引致本性之移離。只為「習」之智思，故非「上知」之智，不知以人性為終極而移離故。人類智思（及作為）之真偽，由是而定奪：非只由於知識之真偽、更由於是否知回歸人本性之真實。「上知」與非「上知」其差異在此；人類之真與偽，亦在此。

〈陽貨〉列人類「智思」之虛假性為首先，因其涵蓋至大、亦至為嚴重。我們均以人類為理性動物，由智思而優越於天地萬物。若撇開思想正為欺騙之所由不談，思想作為智思智術之用，雖可帶領人類飛越太空，然亦往往造成環境破壞，甚至可致地球毀滅地步。智思之成就故非因為智思而必然真實，其所朝向『真理』可因構造性欲望而虛假。【於西方歷史中，若撇開人對形上純粹思惟之批判不言，能見人類思想之為虛假、甚至為一種獨攬而無道之超越體，首推馬克思，亦其「思想形態」（Ideologie）一詞意思。從今日西方對智能（AI）之盲目開發便可見：西方實唯以智思為尚。然其後果，一如核武器，可引致智能機器人對人類自身之毀滅。所謂「智能機器人」，實也一『人而無人性』者，此見『純然智思』之危害，亦馬克思見思想之為「思想形態」之原因。然孔子非僅如此：於見智思之偽同時，仍保留一「上智」善之智思可能。而此「智」之所以為上，因不移離人性本性而已。人類實應如此：在行其思想智慧時，不移離或知回歸於人性本性，此始為善、為真正善。孔子語雖極簡，然所言實極深遠】。智思之真偽、其善不善，歸根究柢，故全繫於一點：其是否仍依從人性真實、甚至是否能致人性擴大其意義與真實。「人性」或「智思」二者，故為人類一切可能創為之根本。其他如欲望或激情，若無智思，是無以為人類拓展力量，唯智思能如此。我們可能認為，若非由智思，人類將無所成就、其存在因而亦無所意義。並非如此。人類智思仍可向內發展，依據並使其人性拓展於萬物與存在間，成就一人性人文大地，使無論人類自身抑天地間，都由人性而文而美。此中國從來向往。然人類單純由智思所建造之存在反是：只向外圖索發展與架馭，任憑智思所能求為強大。在「人」、「物」、與「存在」三者間，「人」或人文再非為本，物事技術始為優先。存在故越形非人性化，而智思亦只求為對外掌控及轉化而已，其背離人性本性由此。由智思，人類雖得以外在甚至超越化，然其所依據因非人本性，故只人類好惡欲望。因再無一定定向，智思其移離故往往虛假而嚴重。

若人類作為多由於智思，而智思又未必依據人本性（因而多見惡），那人類作為更不能單純歸咎於人本性，人類作為先由於智思、非由於本性故。人類若以思想塑造存在，縱使成就無限向外拓展，然於人與人間，始終「相遠」而不善。人類若依據人性而作為，人與人將越更親近、越能一致一體，人類性向感受（人性）使人相近而一體故。存在之越形疏離、人心之離散而爭鬥敵對，這只因人類背離人性本性求為作為、求為發展而已。若不顧及人性而只以成就物與世界為終極，如此人類存在，始終只虛假。智思之真偽故非其自身事、非智思本身真不真問題，更先是其人性不人性、其是否以人性為本（終極）這樣問題。人性雖先由於人與人，然其終極，非獨對向人言而已，更須對向存在整體、對向物與世界，為人類存在真正終極所在，否則存在取向與終極價值便即為偽。若以為物與世界在人性外另有自身終極可能，如此已間接成就一對逆人性之物世界與存在，如現今文明那樣。智思之偽，更是從此言。

如是明白，人類作為（習）之惡與未善，不應歸咎於人本性，實由智思習性偏好之差異造成而已。智思以其能力之無限，求改變世界、改造萬物與存在；人類故非由其智而真，反多由其智而偽。思惟之強大，若非知回歸人性，多只成就虛妄，其所謂真理非必然為道。此上智與智所以差異，在是否任憑智思遠離人本性而已。上智唯以人性道為天地間體現；智之移不移離人性、其上下，指此。存在之是否歸仁，亦由此。

人類存在之真與偽，故唯在人性不人性而已。智思若「利仁」〈里仁〉，此其唯一真實，否則也只自恃為無所不能，而致人類與存在於虛假。智思之真偽故非在智思本身作為能力上，在人類於其運用中是否知回歸自身本性為本。智思若只知對人性低貶、只知遠離人性而構作，其後果只使存在相遠而對立；如單純求為經濟發展之智思，所致多只貧富懸殊，若非在人與人間，必在國與國間。人類之先進，故往往只表面而假象。

人類以智思為優越，如此無知，故為人類虛假性之首先形態。孔子「性相近也，習相遠也。唯上知與下愚不移」一語，所見故極深邃。

三、子之武城，聞弦歌之聲，夫子莞爾而笑曰：割雞焉用牛刀？子游對曰：昔者偃也聞諸夫子曰：君子學道則愛人，小人學道則易使也。子曰：二三子，偃之言是也，前言戲之耳。

〔無知之虛假性有八。二：求道而不顧事實之偽〕

若人類智思可為虛假，求道亦然。求為道而不顧眼前對象事實而行，一如智思之運用，同樣虛假；此「子之武城」句所論。道與現實必須同然兼顧始為真實。

子游擅於文，【「文學：子游、子夏」〈先進〉】，於「武」城為宰時，故以樂教化。以禮樂教化本治國正道，唯其先後應從禮始、先「立於禮」始「成於樂」〈泰伯〉，非求速成或好高騖遠，不顧對象或現實所是；於『武』城而求以樂治，此子游所以虛假，過求理想完美故。若以為樂即人文創制之大成，因而求為極致，此實仍虛假而已，子游往往如此，故有言：「喪致乎哀而止」〈子張〉，仍從人情哀樂中求其「致」，非真切於道。孔子莞爾而笑並說：「割雞焉用牛刀？」明針對此用樂之不切實言。子游之反駁：「昔者偃也聞諸夫子曰：君子學道則愛人，小人學道則易使也」為本句關鍵。引孔子言是為自身而辯解。因「愛人」一詞於《論語》特指上下關係，【如君之對民】，非言人與人一般愛心，【人與人唯言仁，非言愛】，故「君子」「小人」在這裡應指在位者。句意為：真實為政者所以學道，因對百姓有所愛；若非愛民而仍以禮樂行，如小人之為政，那也只因百姓受禮樂教化後較易使喚、較能從順而不逆，此小人學道之原因。句故明言學道之真與偽：一在愛人、另一以道為手段。行道而仍偽必因求為利益效益、為易使人，非為愛人。子游故自辯說：我以樂教實出於愛人，非如小人以道為手段。以道為手段只求更易，不會求為更難。而以樂治實難而非易，此所以子游自辯自己實仍愛人而真實，非為小人之舉。孔子不語而出，原因有二：一、子游所言確實，故之後對門人說：「偃之言是也，前言戲之耳」。二、子游所言雖是，然其所用方法實非求道之真實，不切實於眼前人故。【子游對理想之執着，不重視平素基本，故缺乏變通性與人情之平易，見〈子張〉】。孔子事後始言「偃之言是也」，故只其言對而已，非其行亦對。求為道而仍偽故有二：或以道為現實手段、或只好高騖遠，好求理想而非切實真實；前者過於現實、後者過於不實，二者同然虛假。

四、公山弗擾以費畔，召，子欲往。子路不說，曰：末之也已，何必公山氏之之也？子曰：夫召我者，而豈徒哉？如有用我者，吾其為東周乎？

〔無知之虛假性有八。三：現實效益性之偽〕

若任憑智思與不顧眼前現實（只求為理想、好高騖遠）為虛假，那單純返回現實仍可致人類虛假，此即過於偏重效益與現實性時之偽。【有關「現實」，請參閱〈憲問〉篇】。

公山弗擾為季氏邑宰，與陽貨共事於季氏下。公山弗擾以費反叛季氏，召孔子。孔子欲往而子路不悅……。〈陽貨〉有四句與見不見（往不往見）不真實之人有關：陽貨不見、孺悲不見、公山弗擾見、佛肸見。問題故首先是：對虛偽不真實之從政者（公山弗擾、佛肸、陽貨、季氏等），何以孔子見其一不見其二？其中差異在於：陽貨與孺悲不見，因是時沒有事情發生，純然見與不見其人而已；然於公山弗擾與佛肸召時，其時確有「以費畔」及「佛肸以中牟畔」兩事（反叛事情），縱使二人非真實之人，孔子仍往，求看自己能做甚麼、是否對其事仍有改變可能。若單純是人（虛假之人），孔子不往見。往不往見故只與自身作為之可能性有關。於現實，人所考慮多為事情之利益所得、自己之是否受騙，此亦子路之反應，恐其召有偽。然若清楚自己目的、自己能保有真實而不受對方影響，如此縱使對向虛假之人與事，仍無需憂懼至不能作為。自己若確然真實，是不會受虛假性影響而致虛假。縱然公山弗擾可偽，孔子仍往，故「豈徒哉」及「吾其為東周乎」？

【程樹德《論語集釋》引《四書辨疑》曰：「推夫子欲往之心，初亦只是見其來召有道之人，想是有改悔之意，欲往從而勸之，使之去逆從順，復歸於魯而已。其意不過如此？豈有與興周道之理。（…）『吾其為東周乎』，其猶豈也。夫子身在周東，故以東周為論。蓋言凡其召我者，豈虛召哉，必將聽信我言，用我之道耳。譬如今此東方諸國，有能信用我者，我必正其上下之分，使之西向宗周而已，我豈與之相黨，別更立一東周乎？只此便是欲勸弗擾歸魯之意」，以上所言是。孔子意故謂己不會助公山氏在費另求興起，謀叛而致虛假。其往只因自身之行真實無偽而已】。

如子路般現實態度故為虛假性之一種：過於偏重效益成敗、害怕損失傷害，致未能重視事情本身、未能對重大事（如政事）盡個人所能、及未能重視人所有努力與真實。現實心之偽故只重視個人利害而不知事情一面、只重視效益得益而不知主動努力。雖似對向事實，然因太過現實而偽。對重大事情，仍是應盡力嘗試，過於現實地計量仍只虛假。事非唯事實與效益而已，更有人努力之真實在。

五、子張問仁於孔子。孔子曰：能行五者於天下，為仁矣。請問之？曰：恭、寬、信、敏、惠。恭則不侮，寬則得眾，信則人任焉，敏則有功，惠則足以使人。

〔無知之虛假性有八。四：求「大」（天下）之偽〕

在效益與利害後，現實亦往往崇尚「大」、以「大」為價值。子張之問仁，應為問「天下」之仁，以此為究極，非在乎仁本身。【有關子張之好大，請參閱：「子貢問：師與商也孰賢？子曰：師也過，商也不及。曰：然則師愈與？子曰：過猶不及」〈先進〉一句】。孔子「於天下」三字雖仍順承其問，然從回答可清楚看到，孔子所謂「於天下」之仁，實仍平凡無所偉大而已，故只「恭、寬、信、敏、惠」五者。孔子甚至解釋說：五者實多麼平凡之事：由恭可致不受侮辱、由寬可得人心、由信（自身之真實）可得人任用、由勤敏可有功、由惠可使人協助。如是平凡微薄德行，已是「於天下」之仁。

從這樣回答可見兩點：一、本句「恭、寬、信、敏、惠」應針對為仕者言，非如〈堯曰〉之「寬、信、敏、公」，為對向君王言，後者故不再提及「恭」，而「信」則為「信則民任焉」而非這裡「信則人任焉」。又因為君，故不從「惠」而從「公」言：「公則說」。換言之，縱對向子張，孔子實仍不從君王之「大」，而只從為仕者言，此刻意對反子張求「大」之意。二、縱使為為仕者「於天下」之仁，實亦「恭、寬、信、敏、惠」如此平凡德行而已，再非其他了不起者。孔子所以從「不侮、得眾、人任、有功、足以使人」而不從「立人」「達人」言仁，可見子張所在乎仍先只德行之所得、非德行之「為人」。又從「不侮、得眾、人任、有功、足以使人」五者可見，所言非「恭、寬、信、敏、惠」作為德行、更非五者之所以為仁，而只是：行五者對其人自身言實仍有所得，如能致「不侮、得眾、人任、有功、足以使人」等，然這與德行本身實無關。對個人言，求能「於天下」而大，不如能致「不侮、得眾、人任、有功、足以使人」等得益對人自身言更為真實。孔子如此回答，故明見其以人求「大」之心為偽。人多以「大」為價值，然真實本應平凡而中庸而已，「大」實只往往為虛假。

六、佛肸召，子欲往。子路曰：昔者由也聞諸夫子曰：親於其身為不善者，君子不入也。佛肸以中牟畔，子之往也如之何？子曰：然，有是言也。不曰堅乎？磨而不磷；不曰白乎？涅而不緇。吾豈匏瓜也哉？焉能繫而不食。

〔無知之虛假性有八。五：失卻終極之偽〕

除以上外，不求為事情終極（真正目的）與不求為事情根本（其基礎），二者亦常見虛假性。於「佛肸召」而「子欲往」，子路不以為然，引孔子言：「親於其身為不善者，君子不入也」為由，指出孔子之錯誤。引言為是。【《論語》中「聞諸夫子」，見本句與前第三句、〈子張〉第十七與十八句，均指正確道理】。雖然如此，「親於其身為不善者，君子不入也」始終只不得已之舉，非終極之道。從終極言，才盡其用、為人而致善，始人與物其存在意義、或其終極所在。句有關如此真實性，故分三層次言：一、人自己之真實；二、主客相接時之真實；三、能於客體最終實現時之真實；終極真實性指第三者。「親於其身為不善者，君子不入也」為第一種，「磨而不磷，涅而不緇」為第二種，而「焉能繫而不食」為第三種。不同流合污、不隨波逐流、不接近會使自己不善者，這都是人自己向往德行時之真實、一種德行真實性之基本條件。不過，這只從起初言，不能終究如此。「磨而不磷，涅而不緇」則有進一步，雖已身在其中，然自身仍不會受外來虛假影響而致虛假，故自身在混濁虛偽中仍堅定獨立而潔淨。然從最終言，真實性不能止於此，仍必須有所行為、作為，不能終其一生只止於個人之真實而已，故「吾豈匏瓜也哉？焉能繫而不食」。〈陽貨〉本句故教人：連真實性（或德行之真實性）、其運用，都有層次漸進可能；若只死守一方不再昇進、只求為自身真實，如此，從最終言，仍只偽。真實不應有所拒斥致不能行，如匏瓜之「繫而不食」。失卻終極意義與真實，始終仍可只虛假而已。

七、子曰：由也，女聞六言六蔽矣乎？對曰：未也。居，吾語汝。好仁不好學，其蔽也愚；好知不好學，其蔽也蕩；好信不好學，其蔽也賊；好直不好學，其蔽也絞；好勇不好學，其蔽也亂；好剛不好學，其蔽也狂。

〔無知之虛假性有八。六：失卻「根本」（基礎）之偽〕

非僅目的終極，失卻事情「根本」「基本」，無論甚麼，都仍只虛假。為說明如此道理，《論語》甚至舉德行為例說明，其中如仁、知、信、直等，明顯為德行中之極重要者。【《論語》這裡亦提及「知」。換言之，縱使為智，若不學，其為智亦徒然。此所以孔子說：「吾嘗終日不食，終夜不寢，以思，無益，不如學也」〈衛靈公〉、「思而不學則殆」〈為政〉】。一如善，【見：「子張問善人之道。子曰：不踐迹，亦不入於室」〈先進〉】，德行若未為道，仍不能算作「入於室」。故其「基本」仍先在「學」。「蔽」言蔽塞、蒙蔽，不知其事真實究竟。「六言六蔽」意大概如今日諺語「說多錯多」：以為六非只一，故無蔽；然事實只是：有六即有六蔽而已，非因六而沒有。句首孔子問子路：「由也，女聞六言六蔽矣乎？」這可能因孔子時，因德行之多事實未必致人於無過，故人有以德行仍為虛假，對其虛假性詬病而言「六言六蔽」，亦孔子問子路是否聽聞，藉此對其教導。德行之蔽故非因由於片面，再多也仍可如此，無以多彌補。舉「仁、知、信、直、勇、剛」言，六者更反映德行之全面層次：「仁知」為人所有至高德性、「信直」為對行事至重要品格、「勇剛」則為面對世界、面對現實時不可或缺之條件；具備如此德性，無論怎樣，都似足夠甚至完美。如此枚舉而仍言「蔽」，可見失卻基礎時之嚴重性：縱使似至為真實，若無正確基礎，終也只蔽塞甚至弊病而已，非以為德行便必然是。若連德行亦須以「學」為基礎，那一切事更是，無一可免，此「學」所以對人及對一切事言為「本」之意思。【人所以真實、所以為君子，故亦由「好學」界定而已：「君子食無求飽，居無求安。敏於事而慎於言，就有道而正焉。可謂好學也已」〈學而〉】。「仁」若無學而受蒙蔽，可如愚或可致愚；縱使有「知」，若不學而失卻道之真實，只使人蕩：無知真實及價值應有方向（無方）；「好信」而以為堅守諸言並真實者，由不知「道」真實所在故可真偽不辨、以偽為真而更致賊害；以為「正直坦率」然若不學、不知「道」之真實則易致人絞（批評諷刺）；【「直而無禮，則絞」〈泰伯〉】；「好勇」而無道之真實易使人作亂；【見：「勇而無禮，則亂」、「好勇疾貧，亂也。人而不仁，疾之已甚，亂也」〈泰伯〉、「君子有勇而無義為亂，小人有勇而無義為盜」〈陽貨〉】；最後，縱使為「剛」，【剛者不欲、不受外誘而能自己】，若失卻道，可由自恃而狂妄……。故無論從至高德行（仁與知）、從至高人格（信與直）、甚或從至能面對現實時之性情（勇與剛）言，若均無「學」作為基礎，仍可致人於偽。非如此德性本身有偽，人由不學而偽而已。德行之真實，故仍須由「學」而致。【因而在「據於德」前，仍須先「志於道」〈述而〉】。此見於一切事情中，其事之基本基礎多麼重要，事情之真偽往往取決於此。一切故必須從「根本」做起，連德行亦然。而於人，此即「學」，亦《論語》從「學而」啟言之原因。

八、子曰：小子何莫學夫《詩》？《詩》可以興、可以觀、可以羣、可以怨；邇之事父，遠之事君；多識於鳥獸草木之名。子謂伯魚曰：女為〈周南〉、〈召南〉矣乎？人而不為〈周南〉、〈召南〉，其猶正牆面而立也與。

〔無知之虛假性有八。七：對真實事物（《詩》文）否定之偽〕

若「終極」與「基本」為真實性之條件，那對向真實事物之態度更是。此時所有虛假，或由直接蔑視（否定）、或由扭曲其真實。有關前者，《論語》舉《詩》為例，而有關後者，則舉禮樂為例。三者為人性道之全部內容，於人類存在至為根本而真實。【見：「興於《詩》，立於禮，成於樂」〈泰伯〉】。《詩》因為文學，雖人性心唯由此興發，然始終非現實事，故人可不理會。禮樂不同，畢竟為共體必然，不能免，然人仍可對二者扭曲地行，無視其實質。對真實事物，故可由蔑視（無視其意義、價值、與重要性）與由扭曲其實而致虛假。

句從孔子對人蔑視《詩》文而不學啟：「小子何莫學夫《詩》？」。因為對《詩》文意義之質疑，故孔子之回答非從《詩》本質，【如「思無邪」〈為政〉】，而是從《詩》所有具體意義甚至用途言。

孔子這裡詩學獨特：從『總體所是』一一點出《詩》意義、非從《詩》本質（如「《詩》言志」）言。

在回答《詩》所有意義前，須先明白「文」所以重要。人類存在若分為「文」「質」兩面，「質」即生存事（義），亦人人所以視為重要者。「文」不同。因唯與人方面有關，縱使作為人性教育極重要，【存活若非人性實難以忍受】，然因非與存活事有關，故往往為人低估。存在不能人性、不能美善、甚至不能真實，亦由此：人之成人（立）、其對道理之明白，都唯由《詩》而已。此所以孔子之教以「文」啟。【「子以四教：文、行、忠、信」〈述而〉；亦參考：「博學於文，約之以禮」〈雍也〉、〈顏淵〉、〈子罕〉】。對一般人，孔子沒有強求必讀《詩》三百，只如本句所示，從〈周南〉〈召南〉學而已。

《詩》之具體意義有七：

一、「興」：《詩》教人見人心志之懿美、見心感受之真實、為人性心與道理之興發。此從人心言。

二、「觀」：《詩》本身淳樸而美麗，由此可教人觀見存在之所以美。此從對象方面言。

三、「羣」：由共學於詩文而可羣，為「友」關係之善者：「君子以文會友，以友輔仁」〈顏淵〉。

四、「怨」：於孤獨困窮或世無道時，詩為人抒發怨懷而仍美善之唯一方法。

（以上四者為從人自己生命言）。

五、「事父」：人可從《詩》學會對人心、人情、甚至人倫之明白，因而可事父母。「事父（母）」只舉其近，亦喻人倫一切事。

六、「事君」：人亦可從《詩》學會為政者應有真實、為仕者心懷、及人民百姓對為政者之期望，因而可對為事為政之道理有所明白。此「事君」所喻。

七、「多識於鳥獸草木之名」：至於物事本身（自然與非自然學問），學均先由「名」之認識而啟始。由《詩》景象與物事，人故得以開始其對自然甚或事物之認識。

（以上三者，與事情、甚至與事物知識之學有關，故屬對象方面）。

從以上可見，《詩》本來（最根本）意義在「興」：對人性心之教導與啟發，使心「思無邪」〈為政〉、並向往及明白人應有懿美。《詩》「一言以蔽之」本質在此。然從孔子不斷說「可以」、「可以」可見，其回答非僅在《詩》本質，更在其實用性（或現實性），而此明白為人對《詩》文價值否定之原因。故在「興」外，更言「觀」「羣」「怨」「事」「識」等。始終，無論人性道理抑其他使用，《詩》其價值不可取代，其真實與意義在此。

除以上外，《詩》更為百姓個體其對向他人與世界而能「立」之所由，亦孔子對其子伯魚之教，望能最低限度誦讀〈周南〉〈召南〉。〈周南〉〈召南〉為〈國風〉之「始」，一言人與人之思念與期盼、另一論人性與公私關係，二者為人性道理基本。【人對向人、及人於世公與私道理，二者對人人基本而必須】。人由明白人與人間人性對待、及更明公私間分際，始能立為人。此〈周南〉〈召南〉莫大意義。若不知對向人（所對者為「人」），一切只求為自我之立，實也只如「正牆面而立」而已，與「作為人」之真實無關，非對人性人情有所明白故。

【「女為〈周南〉〈召南〉」句用「為」而不用「學」，因「學」只言學詩本身。對《詩》言「為」則藉由《詩》學對人世事物觀察：如從〈周南〉學人性人情、從〈召南〉學公私之道；目的在學為人，非僅在詩，此「為」字意思。故「邇之事父，遠之事君；多識於鳥獸草木之名」。亦參考〈孔子詩論〉：「〈邦風〉其納物也，博觀人俗焉，大斂材焉」】。

《詩》其客體與主體意義故一在人其存在種種面相（興、觀、羣、怨、事、識）、另一在人對向人與世時自身之立。人若不學此人性存在懿美，只圖經濟與物質發展、沉醉於物欲追逐與激情，蔑視「文」之價值與意義，如此對《詩》文真實者之否定，亦人類於價值上之虛妄與虛偽。

九、子曰：禮云禮云，玉帛云乎哉？樂云樂云，鍾鼓云乎哉？

〔無知之虛假性有八。八：對真實事物（禮樂）扭曲之偽〕

真實事物若仍有現實必須，如禮樂之為共體基本，無以蔑視而廢，對此，人仍會以扭曲其真實之法對待，盡虛假地作為。此人類對向真實時另一種虛假性。人與人間不可能無禮，禮實為人性相互對待時之必然；人類亦同樣不會去樂，樂為存在基本所求。然二者其真實，則可為人於行二者時所扭曲：故禮非共體其人性和、敬、愛（情感）之體現，而可落為只物質之饋贈，甚至以貴重者為尚；而樂則可非如〈雅〉〈頌〉之正樂，而落為鍾鼓聲色之享受；此所以孔子慨歎其虛假虛偽：「禮云禮云，玉帛云乎哉？樂云樂云，鍾鼓云乎哉？」。無論禮抑樂，其真實應是人性、非物性的。然現實之虛假把本真實之禮樂扭曲為物質事，於禮中所貴非人而是物之貴賤、於樂亦只求聲色享受，此人類對向真實者仍可有之虛假性：從扭曲其真實而虛假。文明之偽，往往在此。

*

以上八種虛假性雖嚴重亦於人類為根本，然始終只出於欲望之無知，非如行詐般明知為虛假而故犯。以下所言虛假性則不同，明知為偽（或稍作反省便知為偽）而仍然，為人刻意者，如「鄉原」（鄉愿）、「道聽塗說」、搬弄是非、謠言惑眾等。因為刻意，故非如無知之虛假性那樣，普泛於人人身上而不知覺；縱使仍可成風尚，然往往只虛假個體個人之事，此無知與有知兩種虛假性所有差異：前者多為普泛現象，後者則多與個人品格有關。

十、子曰：色厲而內荏。譬諸小人，其猶穿窬之盜也與。

〔有知之虛假性有十五。一：使真實表面化時之偽（如德行之外表化）〕

行偽之首先，《論語》舉「色厲而內荏」者。「荏」，柔軟怯弱。「色厲」本似剛強，然若只為人表面地偽裝、為一種德行表面嚴厲之色，心知自身非是、事實只軟弱怯懦，如此只求為外表化（外表表現），實人類明知之偽中常有並首先者：只圖見於人眼前，絲毫無求有所真實。如此作偽，孔子故以小人之行為譬喻，一切只圖表面而已、絲毫無求內裡真實。穴牆曰「窬」；「穿窬」謂穿牆入屋以竊財物。「穿窬之盜」外表雖似剛強，然心實無比怯懦害怕。「內荏」故言此：只求為外表外在者，無論是德行抑能力，均如「穿窬之盜」，雖自視有勇，然內心明知非有其實，故只能借由欺騙世人之無識無知，以求個人利益，絲毫無能肯定而光明。如此虛偽虛假，於社會處處可見。句借「色厲」言，因「色厲」似有道、似為德行，故為人求媚於眾人者。然對真實事只圖外表，實更偽化其真實而已。此故為人刻意虛假性之首先。

十一、子曰：鄉原，德之賊也。

〔有知之虛假性有十五。二：以假代真之偽（如德行之手段化）〕

除表面化外，真實亦可為虛假所取代，此亦人明知之偽，《論語》舉鄉原為例。鄉原或鄉愿，謂鄉人之同流合污、以博謹愿之稱者。非只如「色厲而內荏」，鄉原更利用德行（謹、善）為手段，以博取他人對自己之稱譽與信任，以德行之偽達成一己所欲，故非只德行之表面化，更是利用德行以矇騙。〈盡心下〉說：「閹然媚於世也者，是鄉原也」。【「一鄉皆稱原人焉，無所往而不為原人（…）。非之無舉也，刺之無刺也，同乎流俗，合乎汙世，居之似忠信，行之似廉潔，眾皆悅之，自以為是，而不可與入堯舜之道，故曰：『德之賊也』」〈盡心下〉】。鄉原故借由德行以塑造自身形象，或為媚於世、或為一己利益，故「同乎流俗，合乎汙世」。其於人前「居之似忠信，行之似廉潔」；因已再無內心不安，又非只限於態度，由是博得人心，使「眾皆悅之」，故更「自以為是」，此所以「不可與入堯舜之道」。鄉原如此矇騙所以賊害，因非唯求摹倣德行之表面而已，更使人以為德行即如此。如是之「似忠信」、「似廉潔」，由其人之偽，終只使人以德行為虛假，言賊害亦由此。德行本只人自身努力，非待人似善、非順隨他人以求媚。鄉原故更抹殺德行之真實，以偽亂真。此人所有對真實性偽化之二。

十二、子曰：道聽而塗說，德之棄也。

〔有知之虛假性有十五。三：混淆或混亂真假是非之偽〕

除德行之表面化及偽用兩者外，於「道聽而塗說」所見，則為德行之第三種偽化。雖非利用德行為個人目的，【甚至，因表示自身對是非善惡在乎及有所分辨，故似為善】，然事實是，「道聽而塗說」者實借由言說以傷人（對事情醜化），求為一己之快，並以此為德行（為善）、為識見之表示。言說必須有實、甚至必須有善意，對人亦須以「忠恕」，此所以「君子成人之美，不成人之惡，小人反是」

〈顏淵〉。若只喜好妄說謠言、喜好世間是非表面，絲毫不深究於道、或深究事情真實，如是生命人格，純只虛假而已、以人世無一為真實而已。落於無實言說之耽溺，故非只德行之表面或偽用，實是心再無所謂德行，此「德之棄也」意思。真實之人唯在乎實行，非在言說。【見：「君子（…）敏於事而慎於言」〈學而〉、「古者言之不出，恥躬之不逮也」、「君子欲訥於言，而敏於行」〈里仁〉、「仁者其言也訒」〈顏淵〉】。「道聽而塗說」如是常態性行為，其虛假故明顯。

若「色厲而內荏」與「鄉原」仍與其人有關，那「道聽而塗說」似再與說者無關：人此時只傳達者、非當事人，故如網絡或媒體，雖以真理為名，然實完全豁免自身對人、對社會負面影響之責任，豁免自身德行之偽。「道聽而塗說」故為虛假性之「微分狀態」：一種瀰漫在一切人中、無所指認其作者主體【既無主體亦無實體之深層微分力量狀態。見 Michel Foucault, *Surveiller et Punir*, Gallimard, Paris, 一九七五年】時之虛假性狀態。其為虛假，似與言說者無關，甚至更是言說者之德行。德行如是之由「行」轉化為「說」、由每人自身轉化為只關乎對象；甚至所關懷只「偽」一面（只對「錯誤」批評諷刺），非對道理或正確者之明白，如是人類虛假現象，無窮無止。若人類以此為真實，如以媒體為真實甚至為真理之代表，這只表示：人類實已全然對真實放棄，不再求為道、亦不以存在為有真實可能。「道聽而塗說」之廣泛與普及、其所造成禍害、其以真理之名而深入人心，其偽故深遠，此人類對真實性之「棄」。所以用「棄」一詞，因所涉為整體而徹底，非只個人之「盜」或「賊」而已。故如「以不教民戰，是謂棄之」〈子路〉；對真實與德行之棄亦然，此「道聽而塗說」者之偽。

以上三句雖與德行有關、似以德行為對象，然「色厲」、「鄉原」、「道聽而塗說」均在人，三者所言虛假，故先是人自己之事、人直行虛假（行詐）時之偽，非存在中由無知（失卻德行反省）而致之必然。如此虛假（「表面化」、「以假代真」、「混淆真偽」），可落在任何層面對象，非唯德行。一如社會公德，一旦外在化為規範，即失去德行之真實。虛假性故往往由於外在化、由於只重視（世界）外在（因而失卻內在真實）、甚至直接以虛假而行詐，人類大多虛假性，均如此。

十三、子曰：鄙夫可與事君也與哉？其未得之也，患得之；既得之，患失之。苟患失之，無所不至矣。

〔有知之虛假性有十五。四：欲貪心態之偽〕

除直行虛假〔行詐〕外，人類之欲貪與鄙陋心態，亦為人明知而見之虛假。一般欲望縱使虛假，然仍可有原因在：或由於心況未定、或順承現實性、甚或出於需求。【請參閱：「君子有三戒」句〈季氏〉】。然如極度貪婪之心，如此明知而仍有之欲望，孔子故直斥為「鄙夫」；其所患、所在乎，只個己之得失，再無其他。因人始終必須面對種種人事困難，若貪婪至只求為個己最大利益、為此而「事君」求高位，只在乎所患利益得失，非求為事人，如此自我，故極偽。句故言：若是如此鄙陋之人而居高位，不但所關心只其個人利益，更可能是「無所不至」者，無道地無所不為者，此其虛假所在。人若只知一己利益，絲毫無為人或為事之心，其利益若不達欲望，將只無所不為地鄙陋。利益至如「患得患失」地步，一切由如是欲望取決，實無道而虛假。我們今日世界求致富便如此。社會所以處處鄙陋、無所不〔敢〕為，實出於如此自我利益心而已、盡求一己最大利益而已，再不見事情應有道義與真實。以利益為價值只使人盲目不擇手段、使人「無所不至」。鄙夫所以欲貪，非因缺乏；縱使「既得之」仍「患失之」，此欲貪所以偽。孔子故相反：「不患無位，患所以立。不患莫己知，求為可知也」〈里仁〉。

十四、子曰：古者民有三疾，今也或是之亡也。古之狂也肆，今之狂也蕩；古之矜也貶〔廉〕，今之矜也忿戾；古之愚也直，今之愚也詐而已矣。

〔有知之虛假性有十五。五：品格之偽〕

除欲貪心態外，人品格亦可虛假，孔子舉狂、矜、愚三種品格為例。【嚴格言，「愚」非品格；然若「愚而詐」，這仍可視為品格】。從「古者民有三疾」可見，對古者言，狂、矜、愚三者本已未為善，縱使如此，仍未致如今人有偽：狂者雖有「肆」(極盡地行)，然始終非如今放縱而不自持，無所價值方向與原則(「蕩」)；矜者縱使有所壓制貶抑，然始終非如今人因受壓抑而必致「忿戾」(怒恨而暴戾)；【《魯論》用「貶」而非「廉」。「廉」因言有所分辨不敢苟取，故非不善】；縱使為愚，古者仍有直(正而不阿)在，非如今人，縱使為愚仍行欺騙，有所詐偽、背信藏巧。今之狂、矜、愚，故非只「疾」而已，更有所偽：或蕩、或忿戾、甚或行詐。此從人(與時代)言，品格所有虛假性。因與時代風氣有關，非人性情本如此，故其偽仍刻意，非為本性而無知，其為有知之虛假性在此。

無論欲貪之心因向外無窮圖索、抑性情品格由時代風氣而偽，人如此虛假性，均由於外、均與外在性有關。下所言偽亦然。

十五、子曰：巧言令色，鮮矣仁。

〔有知之虛假性有十五。六：迷惑人心之偽〕

〈陽貨〉本句為〈學而〉之重出，明顯承續前面有關外表或外在虛假性之討論。本句與下句「巧言」「利口」均屬「言」，「令色」「紫」「鄭聲」均屬「色」。「言」相對「行」而為外在，「色」相對物本身（用）或相對他人而為外在。「言」與「色」均與外在或外表虛假性有關。於人雖有「言」與「色」，於物則唯有「色」為外在而已。又：「言」雖相對「行」為外在，然「行」非必為內在，如「鄉原」之行，實仍為外在地虛偽而已。

本句在「言」與「色」外，更欲說明的是「巧」與「令」所有虛假性，與「言」「色」之虛假性不同。「巧」與「令」之虛假，非唯從外在性言而已，更從深入人心而為虛假：人可由「巧言」以達欺騙、由「令色」而成假象。「巧」言「巧智」、「巧能」；「巧笑倩兮」〈八佾〉亦為巧。「巧」既含「技」

刻意之意、亦含黠慧（與「拙」反）、外表美好、甚至由文飾（無實之文飾）而致之偽幾種意思。「令」仍言律法、訓令、時政等意；如《詩．大雅．卷阿》之「令聞令望」，仍宜解為由嚴律而致之聲名威望，故承前句「顒顒卬卬，如圭如璋」，亦後句所以言「四方為綱」（四方效法而為典範）。因為刻求美好媚悅之言，故既有文飾之偽、亦有表面恭順之態，此所以「巧言令色足恭」〈公治長〉。舉「巧言令色」，故非只言外表虛假而已，更欲指出：「言」與「色」於「巧」與「令」之假象下，所特殊對心之惑亂。

「言」所有偽非只言而不行，由「巧」更可對人心由媚悅而致迷惑。「巧」非只外表欺騙而已，更藉由言之「巧」如仁般直達人心（人性心）而奪取，故可亂德（「巧言亂德」〈衛靈公〉）。「巧言」如此由設媚悅陷阱以獲取人心、使心迷惑，其欺騙故刻意。其偽在「巧」、非唯在表面而已。「巧」故與下句「紫之奪朱」「鄭聲之亂雅樂」雷同。如是對人心之惑亂，故「鮮矣仁」。

「令色」同樣，所言非只色之外表，更是「令」所有如為正道法令時之假象性；今日法律法令往往如此，以為有所正義之實，然其偽正求為權力行使而已，絲毫無所正義或為義。「令色」故如義正嚴詞般以善與忠為假象，由是奪獲人心、使之畏敬，其為虛假由此。若從「色」之正言，「色」唯對人以人性、無論是上對下之「易色」〈學而〉抑「色思溫」〈季氏〉，否則縱使如「令」之忠嚴，始終仍偽而已。「難色」〈為政〉「色厲」故同樣。真實嚴厲應先對己、非對人。「為政」故唯「以德」，若只「道之以政，齊之以刑」地「令色」，所有只「民免而無恥」〈為政〉而已，非仁。又：「令色」與「色厲」之差異：後者確只表面，內無真實故「荏」；然「令色」因由有權力甚至有以為正義法紀，故再無因表面而「荏」，其偽更有以。

「巧言令色」句所言，故為迷惑人心而有之虛假性：或以「巧言」、或以如「令色」般義正嚴詞以為有所正義；然若真實明白仁之道理，無論是「仁者，其言也訒」〈顏淵〉或如「剛毅木訥」之「近仁」〈子路〉、抑更由「克己復禮」而「天下歸仁」〈顏淵〉，是應明白：「巧言」與「令色」二者，始終只仁之偽而已；其似深入人心實亦虛假而已。

「巧言」之對反，應為「誨人不倦」〈述而〉、「忠告而善道之」〈顏淵〉、「忠焉能勿誨乎？」、「子路問事君。子曰：勿欺也，而犯之」、「不敢不告也」〈憲問〉、「言忠信」〈衛靈公〉、「言思忠」〈季氏〉等；縱使所對為無道之人仍然。「巧言」如是明為偽，亦「鮮矣仁」。

十六、子曰：惡紫之奪朱也。惡鄭聲之亂雅樂也。惡利口之覆邦家者。

〔有知之虛假性有十五。七：誘惑欲望之偽〕

除「巧言令色」入人心而虛假外，亦有誘惑人欲望而致偽者，《論語》以「紫之奪朱」、「鄭聲之亂雅樂」、「利口之覆邦家」三事為例。「紫之奪朱」、「鄭聲之亂雅樂」非只外表而已，其為外表更對人有所迷惑。

古者以青赤白黑黃為正色，間色或雜色則為：綠（青加黃）、紅（赤加白）、碧（白加青）、紫（黑加赤）、緇（黃加黑）。雖似亦為五，然因雜色為色與色相加，故事實可無窮，或最低限度，有不同深淺可能。一方面，如此間色本身較為鮮豔，另一方面，由間色而成之物（如衣物），因色與色相加原因，更於色彩為多變而燦爛奪目。當孔子說：「紅紫不以為褻服」〈鄉黨〉時，這是因為：如此色彩不宜作為居家私服之用，居家宜簡樸平淡，不應求為雕飾濫采。而作為重要場合之服，如於視朝、喪、祭等情況，服色亦須盡可能一致、非駁雜，甚至應唯以正色為主，故：「緇衣羔裘，素衣麑裘，黃衣狐裘」〈鄉黨〉。從這對色彩態度可見，有關色彩之用宜正，非不知美，求為雅正而不慾欲而已；事實上，除實用性外，衣物之美感先與觀感上之恰當性有關，【見〈鄉黨〉】，衣服始終為儀容之一面、為呈現於他人前所首先者，故宜正。多求為正色故代表：古代不欲藉由色彩而顯示自我表現，故衣飾不求為突出奪目，如上引〈鄉黨〉句子所示。言「惡紫之奪朱」，故應單純從物品外表欲望問題、非從如「為時多以邪人奪正人」理解（《論語集解義疏》皇侃疏），換言之，以豔麗色彩（外表）求為對人欲望予以誘惑、或求自我表現，這是孔子「惡紫之奪朱」之原因，其外表深入人心而迷惑故。

「惡鄭聲之亂雅樂也」亦同樣，唯從個人享受欲望而非從自我突顯言。包咸注曰：「鄭聲，淫聲之哀者」。鄭聲即濫於哀情之音樂，音樂如是易感人，其非為雅正由此，濫用傷感情愫故。我們言享受，亦因心易耽溺於如此情愫而自慰或自解而已。嵇康故說：「然八音之器，歌舞之象，歷世才士，並為之賦頌。其體制風流，莫不相襲。稱其材幹，則以危苦為上；賦其聲音，則以悲哀為主；美其感化，則以垂涕為貴。麗則麗矣，然未盡其理也。推其所由，似元不解音聲；覽其旨趣，亦未達禮樂之情也。眾器之中，琴德最優，故綴敍所懷，以為之賦」《琴賦・序》。嵇康所言，實一般音樂之以危苦為上、以悲哀為主、以垂涕為貴，因而實「不解音聲」而「未盡其理」，「未達禮樂之情」故。「琴德」故唯在「中和」之道，【見《谿山琴況》】，非在危苦、悲哀、垂涕之聲上，如鄭聲。作為樂，淡雅始正，甚至應如〈韶〉之能「皦如」「繹如」地使人見人性一心一體之光明：

或如季札所言：「如天之無不幬，如地之無不載」《左傳・襄公》二十九年、或如屈原所說：「疏緩節兮安歌」〈東皇太一〉，以舒緩高雅為度。

「利口之覆邦家者」更不用說，「利」始終深入人心欲望，以「覆邦家者」言，指出其程度之嚴重而已。「利口」本解為口辯捷給，即如佞般以言語便捷而勝人，亦《論語》所言「禦人以口給」〈公冶長〉。唯因《論語》已有「口給」一詞，而「利」字鮮用為鋒利銳利解，又便佞之所以能說服多由於利益、多由「喻於利」〈里仁〉，故「利口」仍宜應從利益之言解。

故無論從個人自我、從享受、抑從如利益，三者作為欲望，始終易受外在誘惑，亦誘惑者所以偽。孔子故亦說：「已矣乎，吾未見好德如好色者也」〈子罕〉〈衛靈公〉。人心確然易受誘惑而遠離德性、以欲望與自我行於世，此所以間色、鄭聲奪人、以致「利口」之「覆邦家」，人心蠱惑可至此地步。從朱之為正色、雅樂之為正樂可見，所惑人者，是從深入人心感受而言，故使人失其正。本句故承前，言事物之欲可致人心惑亂，此其所以虛假。因為者有意、非無知，故如是虛假性為有知或刻意之虛假，其為偽在此。

外在或外表性之於人心，其影響故有三：一、藉外表而爭奪、而自我表現。二、藉外表而媚悅，使人欲求享樂（快感）而失存在道義之正。三、以利益為由而致天下敗壞喪亡。此外表對人與對真正價值之妖惑，其虛假所在。

十七、子曰：予欲無言。子貢曰：子如不言，則小子何述焉？子曰：夫何言哉？四時行焉，百物生焉。夫何言哉？

〔有知之虛假性有十五。八：刻求作為之偽〕

「予欲無言」似承上而稍作總結，「言」總括一切外表外在，而「欲」則更言孔子對如是外在者之無所欲、對欲之無欲，故「予欲無言」。然若單純從句自身解釋，「言」於此應與〈衛靈公〉「可與言而不與言，失人；不可與言而與之言，失言。知者不失人，亦不失言」、「君子不以言舉人，不以人廢言」、及〈季氏〉「侍於君子有三愆：言未及之而言謂之傲，言及之而不言謂之隱，未見顏色而言謂之瞽」、「畏聖人之言」中「言」相同，均指認（或引申）為「事」或「作為」。〈陽貨〉本句，故從「作為」言人所有虛假性；而此有二：或過於刻求（本句）、或絲毫無誠（下句），此有關人作為之偽。

孔子之「予欲無言」雖似只與「言」有關，然所以如此，因「言」實於作為（行為）中至輕，故若連至輕易或至外在之「言」亦不言（「無言」），如此必不會有求作為之心或欲望：有所造作者，必先言、非先行。於言與行兩者間，其道理故是：「子曰：先行其言，而後從之」〈為政〉、「古者言之不出，恥躬之不逮也」、「君子欲訥於言而敏於行」〈里仁〉、「為之難，言之得無訒乎？」〈顏淵〉、「其言之不怍，則為之也難」、「君子恥其言而過其行」〈憲問〉。句單純舉「言」，故實已涵一切行作，其意實為：「予欲無行或無作」。事實上，孔子也只「不怨天，不尤人，下學而上達」而已，非求有所作為；故「莫我知也」、「知我者其天乎」〈憲問〉。子貢明其意，故曰：「子如不言，則小子何述焉？」這裡之「述」，一如「述而不作」〈述而〉，仍為「作」與「述」之對比；即若孔子無所作為、無所立論立言，那如後學之子貢，還有何可述、何可為？對此，孔子故回答說：「夫何言哉？四時行焉，百物生焉」。「四時行焉，百物生焉」雖指天地自然，然孔子所言作為，可不限於事物間，更可能指政事或歷史大事，如一般作一番大事者所求。舉「四時行焉，百物生焉」，只表述一切事，本也只自然而有，非人能造作，故為政者也只應「以德」、只需「居其所」〈為政〉、或如舜之「無為而治」，因「夫何為哉？恭己正南面而已矣」〈衛靈公〉。【亦參考：「或謂孔子曰：子奚不為政？子曰：《書》云：『孝乎惟孝，友于兄弟』，施於有政，是亦為政。奚其為為政」〈為政〉】。確實，若天下有道，人類是無須更有所作為者，一切順其自然便是，不應因求為自我而作為，後者只人類常見之虛假虛偽而已，非作為必是。

《魯論》用「夫」，非如《古論》改易為「天」。「四時行焉，百物生焉」固然亦是天自然之事，但在講述這不造作而真之情況而用「天」字，反突顯天造作之意味，如歸為一主體行動那樣，實有違自然而然之本義；《魯論》之意故更正確。

孔子此「夫何言哉？四時行焉，百物生焉」，故始更為真實真誠、為對向作為時應有正確態度。縱使如此，仍須分辨兩點：一、作為之所以為刻求，因多指有位者、權勢者、有能力者藉由其地位能力之特殊而有「作為」或「造作」之欲望。若非有位有能，一般之為，非能視為刻求，如孔子之「述而不作」〈述而〉、或其晚年之正樂：「吾自衛反魯，然後樂正，〈雅〉、〈頌〉各得其所」〈子罕〉，均不能視為刻求；「述」與「作」二詞已言此分別。如是可見，刻求之作為與造作，實由於人自我欲望而已，非由於事義本身，此其所以為虛假。二、若從事有必須甚至急需言，縱使未必有成，如是作為仍不能視為刻求，故桀溺對孔子之批評：「滔滔者天下皆是也，而誰以易之？」未必為是；若天下無道而求改易，此仍非為造作，故孔子回答：「天下有道，丘不與易也」〈微子〉。

真實本「無言」「無我」如自然般默默行作，人類自己故又有何言可為？「無言」（無所作為、無為）故非無所真實，更真實而已。人之刻意求作，始終只虛假。【於此亦可見中國與西方思想之根本差異：中國無求作為之必然，一切亦自然而已，然西方始終以人（人類）應有一番作為，如是始非平凡而為超拔；「真實」於西方故非「自然」，必有不可思議、超越至如形上者在，故唯作為始可及】。

十八、孺悲欲見孔子，孔子辭以疾。將命者出戶，取瑟而歌，使之聞之。

〔有知之虛假性有十五。九：行作無誠之偽〕

若非刻求作為，人於行作時之無誠，又其一種虛偽。從孔子對孺悲之反應可見，對人一般無誠之虛假，人無須以真實回應，此於〈陽貨〉首句已提及。唯仍須分別：其為上對下抑下對上。若下者不誠，是可作為教誨使其知自身之虛偽，此所以孔子於「孺悲欲見」時，既「辭以疾」、但又「取瑟而歌，使之聞之」。【亦參考《孟子・離婁上》「樂正子見孟子」第二十四章】。對偽而辭、辭而仍使其知自身之偽，沒有刻意對抗批評、亦沒有讓其偽得逞，此如「以直報怨」〈憲問〉那樣，為於面對無誠之偽時可有反應或態度。

於作為中，無中生有地造作刻求、或無誠以對，均人於作為中之虛假。刻求與無誠，均仍只自我而已，非真實為事之客觀。孔子之「予欲無言」，故亦可視為面對虛假時之反應，如面對人類虛假性時「默而識之」〈述而〉那樣。若「攻乎異端」，始終只「斯害也已」〈為政〉。若為教誨而有所表示，可「取瑟而歌」，如曾點於子路、冉有、公西華言志之虛假前「鼓瑟」〈先進〉那樣。於虛偽前，「取瑟而歌」實如「無言」，為人自己仍有之真實：如四時百物之「生」與「行」，非「言」或「作」。

十九、宰我問：三年之喪期已久矣！君子三年不為禮，禮必壞；三年不為樂，樂必崩。舊穀既沒，新穀既升；鑽燧改火，期可已矣。子曰：食夫稻，衣夫錦，於女安乎？曰：安。女安則為之。夫君子之居喪，食旨不甘，聞樂不樂，居處不安，故不為也。今女安，則為之。宰我出。子曰：予之不仁也！子生三年，然後免於父母之懷。夫三年之喪，天下之通喪也。予也有三年之愛於其父母乎？

〔有知之虛假性有十五。十：違逆人性心之偽〕

一如前二句，以下兩句亦從「作為」之虛假性言，【故有：「為禮」、「為樂」、「女安則為之」、及「無所用心」、「為之猶賢乎已」】，唯更從「心」（之虛假性）言而已。若「作為」有刻求與無誠之偽，「心」同樣有違逆人心與不用心之偽。「心」雖非外在，然若因求為外在而違逆人性心時，這仍是一種外在性，「心」其偽在此。

宰我否定三年之喪雖為其個人心之偽，然亦可視為人所訂立制度對人性與人情之否定，此制度往往所以為制度者。所謂三年之喪，其意為對人倫人性情感之標示，以喪禮方式，教人不忘人性人倫之基本，亦生而三年始「免於父母之懷」，故於父母逝去時，報以三年之喪，以示人對此人性人倫之緬懷與感謝，自君至民均如此，故為「天下之通喪也」。【亦見「子張曰：《書》云：高宗諒陰，三年不言。何謂也？子曰：何必高宗，古之人皆然。君薨，百官　己以聽於冢宰三年」〈憲問〉】。禮於共體為教人不忘其人性本初；「三年之喪」所教，故亦此人倫人性心懷所在。然人多不重視此人性人倫之義，故從國家社會利益角度言，多視如此三年之禮過長，甚至如我們今日，根本不承認如人性人倫之真實，故無此三年之喪及其為禮之意義與必須。宰我其對人性之否定亦如此，故主張把三年改為一年（「期可已矣」：期指一年），甚至以一年為多（「期已久矣」），只求其表面形式。從宰我用「崩」、「壞」等詞可見，其所言應指君王而非百姓之喪禮，後者不會導致禮樂之崩壞。宰我之論，其以君王不應守三年之喪，否則國家禮樂會致崩壞，故實針對國家制度言；其質問即：

標示人倫人性之喪禮重要、抑社會其他制度重要？家之真實重要、抑國之真實重要？這樣問題亦是希臘悲劇根本問題。我們更可把這樣問題理解為：是人心或人性期盼重要、抑事情之運作制度重要？人應依據前者抑更應依據後者？【本句明白針對上位者三年之喪言。若只百姓，三年之喪只緬懷之事，雖不作樂享逸，然仍可如常行事，故《論語》亦有：「父在觀其志，父沒觀其行；三年無改於父之道，可謂孝矣」〈學而〉〈里仁〉。「三年無改於父之道」即「其不改父之臣與父之政」〈子張〉，此見「父沒」仍有「行」（「父沒觀其行」）。因喪從緬懷言，故孔子明白解釋為「子生三年，然後免於父母之懷」，報以三年懷抱之情故】。

宰我提出之理由有二：或依據表面事實：「君子三年不為禮，禮必壞；三年不為樂，樂必崩」；或依據所謂自然規律之周期：「舊穀既沒，新穀既升；鑽燧改火，期可已矣」。對宰我言，為事之目的歸根究柢非在人心，而在人心外其他事實上，以為如此事情事實更為重要。宰我所重視，故只現實性而已，而其所否定，故為人性心之真實，以此於現實無其重要性。孔子之回答因而亦明確：人作為人之真實，先在其心，故人一切作為，首先仍應依據人心，應先教導人性心其真實，此亦三年之喪之意義，為教導人依據其自身人性心而行為。而依據「人性心」有兩面：或依於他人之心（「懷」）、或依於自己之心（「安」）。若從「事實」方面言，人性亦有其事實一面，可為作為之依據，而此亦有二：或依於天下人其人性事實（「通喪」）、或依於人其自然事實（「三年然後免於父母之懷」及「三年之愛於其父母」）。宰我所提出理由，純只物事理由而已，與人作為人這根本性無關，故無論「君子三年不為禮，禮必壞；三年不為樂，樂必崩」這物事制度（禮樂此時從制度言，故可崩壞）、抑「舊穀既沒，新穀既升；鑽燧改火，期可已矣」這物事規律，均與人類自身之作為人無關；二者不應作為理由以廢人性真實，甚至違逆人性心而行作，如一般國家制度那樣。事情作為之真偽，若依據人性（非依據現實），應先在乎下列四者：他人心、自己心、人性自然事實、及人其人性做法。若只依據與人性感受無關之物事規律、或只是大多數之現實性（社會制度），人類如是作為、其用心，實仍偽而已。人心真實與人性客觀性，實較任何現實性與事物客觀性更為重要、更是真實。若以現實制度性為由而違逆人性心，此只人類制度不仁之虛偽與虛假而已。

二十、子曰：飽食終日，無所用心，難矣哉。不有博弈者乎？為之猶賢乎已。

〔有知之虛假性有十五。十一：不用心之偽〕

心其偽之另一面，在不用心。「飽食終日」者從客觀言已飽足，再無作為之必須；縱使如此，仍不應止於無所用心。若因飽足而再無所用心，這只反映：其本初以為用心實偽而已、只現實而已，非心有所真實。無論人類存在怎樣、無論自身現實境況怎樣，人始終應用心，此所以「飽食終日，無所用心」者，實「難矣哉」。若境況再無用心之必須，人仍可於現實外用心；孔子故舉博弈為例，其須用心程度，仍賢於無所用心者。人唯知現實地用心、只用心於一己所得，而不見用心本應有之真實：在一己而非在所得。弈雖只運算之藝，無現實價值，然其用心仍須心努力之真實，其所以賢在此。用心與否，故先在人，與事無關，更不應求為現實始有。人(心與努力)是否真實抑虛假，由此而見。孔子對弈明白，知其思之用心；於教人反思之道時，故亦舉弈為例，說：「不憤不啟，不悱不發。舉一隅不以三隅反，則不復也」〈述而〉。「舉一隅」言孔子教弈之事，而「不復」亦可見孔子平素之習棋。以飽食與弈對比，亦現實不現實差異而已。用心與否，故本與現實性(甚至對象)無關。若無所用心、或只為飽食始用心，如是之人、如是之心，明為偽。

對向社會制度與生存現實，人類之是否真實，實由心見而已：或為人性心、或為事致力之心，人類真與偽，往往由此。

二十一、子路曰：君子尚勇乎？子曰：君子義以為上。君子有勇而無義為亂，小人有勇而無義為盜。

〔有知之虛假性有十五。十二：所好或崇尚之偽〕

除「為」與「心」可有虛假外，人之「好惡」（崇尚與厭惡）亦然，好惡多不離現實故。現實所好（崇尚），若非如富有與地位等虛偽價值，往往亦只才幹與勇。才幹因仍有一定客觀性、甚至必須由努力始致，故未必全然為偽。然因現實多爭鬥與敵對性，故「勇」多為人崇尚，亦英雄主義所由，為西方視為四德之一。【四德為：正義、智慧（明智）、英勇、節制】。然「勇」作為品格其非是，鮮為人察知。從相處言，和平溫和者始是，勇者非是。【見「溫、良、恭、儉、讓」〈學而〉、「子溫而厲」〈述而〉、「色思溫，貌思恭」〈季氏〉】。而於作為，如子路之「行行如也」，只「不得其死然」〈先進〉而已；故「『暴虎』『馮河』，死而無悔者」，孔子「不與也」〈述而〉。事實上，單純「勇而無禮」〈泰伯〉、「好勇不好學」〈陽貨〉、或「好勇疾貧」〈泰伯〉，均易致亂（「其蔽也亂」）。原因明白：「勇者不必有仁」〈憲問〉。

子路好勇、以勇為尚，故以此問於孔子：「君子尚勇乎？」孔子之回答仍然：「君子有勇而無義為亂，小人有勇而無義為盜」。換言之，關鏈非在勇本身，而在勇背後之所由：若是由於義、由於事情真實需要，如此而勇仍可，為「義」故。相反，若非由於「義」，縱使為真實之人，其勇仍可致亂，如「人而不仁，疾之已甚，亂也」〈泰伯〉。故而若「勇者不必有仁」，相反，「仁者必有勇」〈憲問〉：面對「義」，真實德行必如有勇地直行。若「見義不為」，也只「無勇也」〈為政〉而已。勇之真實故在德行背後，非為崇尚對象本身。從崇尚言，真實之崇尚故應唯「義」，若單純以勇為尚，如此已為崇尚之偽。從這樣問題故可見，崇尚非必為是，仍須視乎其所尚是否真實、是否為真正德性。崇尚或所好可只主觀、可只現實、可只時代之尚、甚至可只盲目（如拜物般），崇尚其所以虛假，往往由此。

二十二、子貢曰：君子亦有惡乎？子曰：有惡。惡稱人之惡者，惡居下流而訕上者，惡勇而無禮者，惡果敢而窒〔窒〕者。曰：賜也亦有惡乎？惡徼以為知者，惡不孫以為勇者，惡訐以為直者。

〔有知之虛假性有十五。十三：所惡或厭惡之偽〕

若崇尚可虛假，厭惡怎樣？〈里仁〉曾有：「唯仁者，能好人，能惡人」，這是因為：好惡若非由仁，會致於傷害，其真偽由此。然若非從傷害，而單純從厭惡言，是否如崇尚那樣，亦有真偽之別？從子貢之問：「君子亦有惡乎」「亦」字可見，人本不應有所惡，其問故在：若為真實之人，是否「亦」有所厭惡？厭惡於人，是否仍可真實、抑必然虛假？孔子之回答是：「有惡」，即厭惡仍可真實，非必然虛假。

子貢所惡所以真實，因實人所有種種虛假性：「惡徼以為知者，惡不孫以為勇者，惡訐以為直者」。子貢所厭惡之人有三：抄襲（徼，伺察也）他人以為己所有智、不退讓順從以為勇、揭發他人之惡（訐，發人陰私）視為正直，如是三者，為子貢所惡。換言之，子貢所厭惡，實虛假不真實之人而已：或因抄襲而以為智、或由虛假之勇、或由虛假之直。子貢所惡，故為人其自身所有虛假性本身。如此厭惡，若簡言，故為對虛假性本身之厭惡。這是厭惡仍能真實之原因：有所客觀故。

然若厭惡為主觀，厭惡是否仍能真實？此即孔子之回答。「惡稱人之惡者，惡居下流而訕上者，惡勇而無禮者，惡果敢而窒者」四者，即：播揚他人之惡者、因惡居下流而對上有所毀謗者（訕，毀謗、譏也）、由無所懼怕而對人無禮者、及由果敢而對人正面衝突者。【《魯論》用「室」字。「室」如「宮室」；因四面穹隆故曰宮、因財物充實故曰室。「室」故通「實」甚至「塞」，為《古論》改為「窒」之原因，

「窒」亦塞也，見《說文》。於對人言「塞」，即堵塞之意，故譯作「衝突」】。孔子所厭惡，故實為人對人厭惡而有之種種鄙劣行動與反應，簡言之，即人因一己主觀或主觀原因而有對他人厭惡時行為舉動之鄙劣性，是此人對人厭惡時行動之鄙劣性，為厭惡其真正虛假之原因。孔子非如子貢單純對虛假性本身厭惡，而是對人其「對他人厭惡」時之鄙劣反應有所厭惡。如此「對他人厭惡」所以虛假，原因有二：一在其反應與行動之鄙劣，若單純厭惡而非訴諸行為，其厭惡縱使主觀仍未必為非；唯因直接鄙劣地行動，如「稱人之惡」、「訕上」、「無禮」、「窒」，其為厭惡始虛假。其所以虛假在行動，非在厭惡本身。二、若厭惡之原因在己而非在人，如自身因「居下流」（嫉妒他人優越於己）、因「勇」與「果敢」（敢於無所不為）而自恃地作為，此厭惡之所以主觀、亦所以虛假，仍由一己而對他人故。

子貢所厭惡仍是所惡之人其自身之虛假，然孔子之厭惡則在人與人好惡之間，由有所厭惡而致之行為行動及其鄙劣反應，厭惡所以虛假由此：非針對虛假事情（虛假性）本身，而是在人與人之間、由惡者自身所致者。孔子所言故為厭惡所以虛假之原因：非對象是否可惡，而是厭惡時所不應有反應，此始為厭惡虛假之真正原因，亦厭惡為主觀時之意思。子貢所言，為厭惡其真實時之基本：因對象虛假；而孔子所言則為厭惡其所以虛假之原因：由厭惡反應而更偽故。

此兩人對厭惡看法之差異，亦有關厭惡其真偽所有道理。

二十三、子曰：唯女子與小人為難養也。近之則不孫，遠之則怨。

〔有知之虛假性有十五。十四：相處或自我之偽〕

上述有關虛假性之討論，都從人類特殊方面，如其智思、欲望、價值觀、表面性、品格、作為、心性、好惡等等方面言，其中所言虛假性，確然有所虛假。然在〈陽貨〉最終兩句中，所言虛假性單純出於人自身，甚至可無理由原因、亦非出於想法與價值之差異，其為虛假故無理或無道，唯與人自我或生命虛假性有關，亦只見於人與人相處間、甚或單純在自己生命中。

從「養」一詞可見，其所言人與人關係，已有着一定親近之正面性，否則若毫無關係，人與人敵意始終仍常態。然於親近相處中仍「近之則不孫，遠之則怨」，其中困難又無以以近遠解決、似只無理地對反對立，如是相處關係，故明白為偽。這從相處言之無理對反，故唯有二，亦《論語》所以特舉「唯」字言之原因：一出於男女關係、另一出於心之狹隘，都為相處所以困難之原因。言男女間明指情愛甚或為夫妻。此時「近之則不孫，遠之則怨」所言，無論近抑遠，問題始終無以解決；非出於任何原因，唯男女因異性間自我性（或自我任性）而有之虛假而已，其所以無理在此。女子由其性向對所愛者任性，這樣任性一方面出於關係緊密、另一方面又各為自我，故有所對立或刻意對反。同樣，小人由其心之狹小，處處只求為自我，未見人與人間可有愉悅與一體美麗，故往往「不孫」而爭、或只心懷着對對方之怨尤，其自我無理如此。

無論因強調性別差異、抑因心不能包容，都實易構成人與人間自我之對立或困難，此人強調自我時無理之偽：心不從人與人之懿美致力，處處只求為自我而已。人強調自我時，其無理之狹隘與虛假在此。

二十四、子曰：年四十而見惡焉，其終也已。

〔有知之虛假性有十五。十五：生命直為惡之偽〕

句特舉「年四十」言，故指人其為惡與不善為生命品格之事。非必出於緣由，單純由於人自己而已。如是之惡若持續無改、明見為惡而不改，如是為惡之人，「其終也已」：既必無成、亦必無可救藥。人固非圓善，然若是生命持續地為惡（人人所見之惡），如此無道之人、如此生命，只純然虛假而已：人由有所人性，是無以不知自己為惡者。為惡而為虛假，除因生命持續如此外，更因年四十本應明白人類處境困難，【「四十而不惑」〈為政〉】，若仍然暴戾，如此非只為惡，更為一種虛假。

〈陽貨〉這兩句若是從人類整體言，如此之人類實至為虛假：或只講求自我而狹隘地自私敵對、甚或只借助力量而暴戾，絲毫不致力人共存時之美，如此人類，確「其終也已」。人類之盲目與無道往往如此，純只自我地狹隘或強暴而已，甚至毫無利益可言。西方往往以人性為如此，實不知，間接只更助長而已。

從〈陽貨〉以上分析可見，虛假性所以發生，因人類未能全面面對應有真實，絲毫片面或只單方面，都即置人於虛假。〈陽貨〉跟隨〈季氏〉後，其原因在此：必須總覽『一切真實』而切實地面對，不能取一棄二。對以下，若忽略任何一方，都置人於虛假，此〈陽貨〉對虛假性總覽之原因：人性道、思想、價值、現實事實、人所有努力與真實、存在平凡中庸之道、事情應有終極與目的、事情之根本與基礎、《詩》文禮樂、德行、事情之內在（真實）。相反，人類之偽，則多與以下有關：智思、價值觀、欲貪心態、品格性情之偽、表面性（迷惑與誘惑）、刻求作為或無誠、違逆心性、不求用心、主觀好惡而無善、自我而狹隘、暴戾而無道等等。〈陽貨〉對虛假性之全面分析，其意義故深遠，亦為教人及人類應對其自身虛假性自覺並反省，其義故深。

公元二零二一年二月二十日修訂

微子

隱士逸民心志及賢才之用

《論語》在結束前，最後論述隱士逸民之道，亦借此一說賢才之用。本篇組織簡明，先以一語說明隱士之心志與德行，此後言其形成之原因，並論說其道理，最後以「用賢」問題結束。《論語》亦藉由隱士，教人見人世之無道。

〈微子〉分組主題如下：

一、隱士之共同心志與德行（一句）
二、隱士形成之原因（二至四句）
三、論隱士逸民之心志與形態，其與孔子之對比（五至八句）
四、論用賢（九至十一句）

*

一、微子去之，箕子為之奴，比干諫而死。孔子曰：殷有三仁焉。

〔論隱士之共同心志與德行〕

微子、箕子與比干，為與殷紂有關三人：微子，帝乙之元子，紂庶兄；箕子、比干帝乙之弟，紂之父師。三人見紂無道，欲正而不得，微子為存宗廟故遠去；箕子知諫之不得，又不能去職任，故佯狂而受囚為奴；比干極諫而死。三人作法雖不同，然均出於仁，故孔子謂「殷有三仁焉」。《論語》以此三人，說明隱士心懷之一致，亦求仁而已；雖作法有別，然仁與否實與作法無關。無論如微子那樣作為隱者，抑如箕子、比干那樣選擇為奴與死，都無改三人之仁。隱士之離去，雖非似有為，然始終仍為仁。此《論語》對隱士逸民心志之說明：雖似無所為，然其心仍本於仁，不得已而已。

後武王伐紂，封微子於宋，為殷後代；又釋箕子，並為比干墓；天下大悅。

*

二、柳下惠為士師，三黜。人曰：子未可以去乎？曰：直道而事人，焉往而不三黜。枉道而事人，何必去父母之邦。

〈隱士形成之原因有三。一：無以直道能行〉

本組以三句說明隱士形成之原因。首先如柳下惠：因以直道非以枉道事人，故三黜。柳下惠為獄官，三次被黜退，非其罪過。人曰未可以去他邦而必致三黜？柳下惠之回答是：因世枉曲而無道，以直道而行者，無論哪裡，都必遭遇三黜而已；若去他邦而不黜，那唯有不以直道而以枉道行始能。若如是、若心能以枉道而行，那又何必離去自身國家、離去父母之邦。《論語》以此例指出：構成隱士逸民之首先原因，亦天下無道而已，人若不願同流合污地以枉道而仕，只會如柳下惠那樣被黜退，否則即只能為隱士、或落為逸民。此隱士逸民形成之原因。【有關柳下惠品性，請參閱〈衛靈公〉句十四】。

又以「直道」言，明白指出：世之無道，亦由種種扭曲歪曲造成而已。故而連人民，實亦可失去其正直本性，而落為扭曲、虛偽者。【見：「古之愚也直，今之愚也詐而已矣」〈陽貨〉、「人之生也直，罔之生也幸而免」〈雍也〉、「斯民也，三代之所以直道而行也」〈衛靈公〉。故「直哉史魚。邦有道如矢，邦無道如矢」〈衛靈公〉】。

三、齊景公待孔子。曰：若季氏，則吾不能。以季、孟之閒待之。曰：吾老矣，不能用也。孔子行。

〔隱士形成之原因有三。二：「待」之不得〕

若非因直道不行，亦可如本句中孔子之離去。齊景公雖表面任用孔子、給予其職位，然其用人無誠，非如君子之「使人也，器之」〈子路〉，故言「若季氏，則吾不能」，只以「季、孟之閒待之」。季氏為上卿、孟氏為下卿，無所用事，孔子見其任用非誠，故以「吾老矣，不能用也」為由離去。對有求真實作為之人言，得不到適當任用、不受器重，此亦人離去之原因。《論語》以此說明，隱士逸民所以歸隱，亦可因不致用如此緣由而致。

四、齊人歸女樂，季桓子受之，三日不朝。孔子行。

〔隱士形成之原因有三。三：「遇」之不見〕

若不得「待」而去，同樣，亦可不見「遇」而去。此「待遇」一詞之所由。本句仍以孔子為例。

「齊人歸女樂」者，「歸」一作「饋」，齊人贈女妓餉魯定公，季孫氏受之。君與臣同樂於此，至三日不朝，故「孔子行」。為事者所在乎，唯為事而已，此所以必求「事其大夫之賢者，友其士之仁者」〈衛靈公〉。若不能如此、若所遇非人，則去。《論語》以此說明，不仕而去，亦可因所遇非人而已，此隱士形成之第三原因。

從以上三句可明白看到，志士仁人不仕之原因，或不能以直道、或不受真正任用、或未遇賢者（所遇非人），如是三原因，實為隱士逸民形成之原由，此〈微子〉本組用意。

*

在形成原因後，本組即論隱士逸民之道，分四句。所謂隱士之道，非指其形成原因，此仍從外在因素言而已；而是其內裡想法、其心志，因而本組句子多與孔子心志對比，見二者之二亦一。本組最後亦對隱士逸民其形態略作分類與分析。

五、楚狂接輿歌而過孔子，曰：鳳兮鳳兮，何德之衰？往者不可諫，來者猶可追。期斯已矣，今之從政者殆。孔子下，欲與之言。趨而辟之，不得與之言。

〔論隱士逸民之心志與形態有三。一：對德行之絕望：楚狂接輿〕

接輿為楚狂人，遇孔子於途中而歌曰：「鳳兮鳳兮，何德之衰？」。【「過」無須從過孔子門解，下句故亦有「孔子過之」語，言遇而過而已】。鳳，神鳥，為聖王起作時之天瑞，孔子亦曾說：「鳳鳥不至，河不出圖，吾已矣夫」〈子罕〉。傳統好託大，故多以鳳鳥指孔子，然〈子罕〉句明白非是，唯指故往先聖王者而已。本句亦然。「鳳兮鳳兮，何德之衰？」故意謂：聖者王者，何以至今德行如此衰微？這對世無道之慨歎，可為對孔子（及古聖王）之質問、亦可只個人之抒發。但無論如何，此「何德之衰？」明顯是接輿不為仕而隱之原因與心情，為《論語》引用而刻意指出者。「往者不可諫，來者猶可追」則明顯對向孔子而說，言若是往者固然再無可諫說，然若是來者、若仍在生，則可諫戒以補救。補救所指，為言孔子不應再求為作為，而應以歸隱為智。「來者猶可追」指此。故「期斯已矣」（據〈魯論〉原文），「期」指一年，喻短暫時間，意謂孔子求為從政，只需短暫便應明白：為政或政治實徒然之事，無須繼續如此，此明對孔子之規勸。故說：「今之從政者殆」，即今之從政者或政治本身實無其真實、亦只虛妄無成，故何必從政而不隱。孔子知其所言為道理，故下車而「欲與之言」。接輿但求勸說，不求辯解，故「趨而辟之，不得與之言」。《論語》藉此事，明隱士之心懷，其對德行向往之不得而隱世，但求為自己。

程樹德《論語集釋》引芮長恤《匏瓜錄》說：「晨門、荷蕢、沮、溺、丈人，皆無意於遇孔子而遇之者也。楚狂則有意於遇孔子而遇之者也。狂，楚人也。楚之有道無道、可仕不可仕，見之審矣。聞孔子將之楚，故歌以迎之；思孔子之不必適楚，故歌以止之。車前矢音，敬愛兼至，勸戒互陳，若惟恐孔子罹於從政之殆者，卒之受困於陳蔡，見沮於子西。吾道之窮，楚狂若先料之，有心哉狂也」。如此說明亦是。

本組數句（含下兩句）都見孔子與隱士遇如不遇，其意有謂二者心實同一，唯行有異而已。無論出仕抑隱，一如微子之去與比干諫而死，均仁而已。孔子故常說：「道不行，乘桴浮于海」〈公冶長〉、或「子謂顏淵曰：用之則行，舍之則藏，唯我與爾有是夫」〈述而〉。《論語》本組，故仍求為隱士心懷之美而已。

六、長沮、桀溺耦而耕，孔子過之，使子路問津焉。長沮曰：夫執輿者為誰？子路曰：為孔丘。曰：是魯孔丘與？曰：是也。曰：是知津矣。問於桀溺。桀溺曰：子為誰？曰：為仲由。曰：是魯孔丘之徒與？對曰：然。曰：滔滔者天下皆是也，而誰以易之？且而與其從辟人之士也，豈若從辟世之士哉。耰而不輟。子路行以告，夫子憮然，曰：鳥獸不可與同羣。吾非斯人之徒與而誰與？天下有道，丘不與易也。

〔論隱士逸民之心志與形態有三。二：對現實世人之絕望：長沮、桀溺〕

長沮、桀溺之「耦而耕」，所表為避世之士。「問津」而「知津」，喻是知「道」者矣，何問之有。子路再而問桀溺，桀溺之「滔滔者天下皆是也，而誰以易之？」明指無道而惡，如水漫漫而廣大，天下無不如此，故何以改易？求為避世而非只避人者，故實以天下之大非個人能改易，故勸子路「且而與其從辟人之士也，豈若從辟世之士哉」。換言之，正因知「道」，故孔子知避無道之人；然對長沮、桀溺言，天下之人「滔滔」如是，故避無可避，此其選擇避世之原因。孔子所言正好相反：「鳥獸不可與同羣。吾非斯人之徒與而誰與？」語應是說：高逸如鳥者（喻隱者），確無以與如獸般世人同羣而處；若世有道無須改易，孔子將只會與隱者同羣，「吾非斯人之徒與而誰與？」指此。之所以似非如此，因天下無道而已，若「天下有道，丘不與易也」。孔子之回答故正與長沮、桀溺之意對反：二人以天下無道故須隱，而孔子則以天下無道故更須行。前者之「為」以天下有道為前提，孔子之「為」純在一己意志、在一己之心，故若天下有道，孔子是無須堅持其志而行，而可亦為隱者，此孔子與隱者之差異：其行由心而已。

若前楚狂有對德行質疑之意（故為狂），那長沮、桀溺所質疑，為天下之事實；前者所針對為德行本身、後者所針對則為天下之事實。孔子所欲對接輿言者，故應為有關德行之真實，辯其「何德之衰」說。而對長沮、桀溺，因只孔子個己心意之不同，無辯之可能，故孔子唯「憮然」而已。

七、子路從而後，遇丈人以杖荷蓧。子路問曰：子見夫子乎？丈人曰：四體不勤，五穀不分，孰為夫子？植其杖而芸。子路拱而立。止子路宿，殺雞為黍而食之，見其二子焉。明日，子路行以告。子曰：隱者也。使子路反見之。至，則行矣。子路曰：不仕無義。長幼之節，不可廢也。君臣之義，如之何其廢之？欲絜其身而亂大倫。君子之仕也，行其義也。道之不行，已知之矣。

〔論隱士逸民之心志與形態有三。三：單純求為人倫而隱逸：丈人〕

從本組三句孔子遇隱者可見，其遇本身不同：與楚狂之遇，為楚狂過孔子而歌，其主動故而孔子亦主動「下，欲與之言」。與長沮、桀溺則不同：長沮、桀溺「耦而耕」而已，非有所主動，故唯「孔子過之，使子路問津」。至此遇丈人，既非丈人主動、亦非孔子主動，唯「子路從而後，遇丈人」而問是否「見夫子」而已；縱使知為隱者，孔子仍只「使子路反見之」，非主動行見；無論丈人抑孔子，都無主動性可言。之所以如此，因雖同為隱者，有高尚志操，然三人（四人）對仍為出仕之孔子其反應不同：作為隱士所有悲觀，楚狂接輿所悲觀為德行之衰敗無力，長沮、桀溺之悲觀則在現實之無道，然丈人之悲觀非在兩者，而在孔子其人自身，故非對「鳳兮鳳兮，何德之衰」或對「滔滔者天下皆是也」慨歎，而是對孔子本身批評：「四體不勤，五穀不分，孰為夫子？」」。【於長沮之默不回答已見批評之意，唯非如丈人直接而已。又：丈人之「以杖荷蓧」，亦有鞭策意象在】。正因為批評，故子路無言以對，其「拱立」由此。大概由見其誠，故丈人始「止子路宿」，並「殺雞為黍而食之」。丈人對孔子之批評「四體不勤，五穀不分」是說：孔子只知從政或政治之事，然人之真實更在其平淡地作為人而生活、在平實地勞動生息，不應處處以政治為先，此丈人隱居不見於世之心意原因，求為更真誠之人而已。丈人之使子路「見其二子」，亦明見人倫之本真而已，都非從政者虛偽作為。丈人所言，本實孔子教誨，見：「子曰：《書》云：『孝乎惟孝，友于兄弟』，施於有政，是亦為政。奚其為為政」〈為政〉；故「衛靈公問陳於孔子。孔子對曰：俎豆之事，則嘗聞之矣；軍旅之事，未之學也」〈衛靈公〉等等。丈人對孔子批評故確實。故於「明日，子路行以告」孔子時，「子曰：隱者也。使子路反見之」。

本故事最大問題，即所謂子路留言：「不仕無義。長幼之節，不可廢也。君臣之義，如之何其廢之？欲絜其身而亂大倫。君子之仕也，行其義也。道之不行，已知之矣」。這留言為子路之語、抑孔子語或意思？首先，「不仕無義」與「君子之仕也，行其義也」傳統都解為：君子之出仕，實其本應有道義責任；若不出仕，即無盡其道義：「『不仕』無義」。而不以：君子「不仕『無義者』」如此解釋為正。原因明顯在子路所言有「君臣之義，如之何其廢之？」一語。傳統這樣解釋正確；「君子之仕也，行其義也」故不應理解為：君子之為仕，只行其義，若不能，即不行。但這樣道理，以「君子之仕」對比「長幼之節」言，因而以前者（「君臣之義」）為「大倫」，並以此批評丈人「欲絜其身而亂大倫」，作為對丈人以「四體不勤，五穀不分」批評孔子之回報，這樣言論，只能為子路所有，不應視為孔子者。孔子從沒有以出仕為義、更沒有以事君為大，只視事父母與事君為兩種可能而已，故：「事父母能竭其力，事君能致其身」〈學而〉、「邇之事父，遠之事君」〈陽貨〉；反而，對君子而言，「不患無位，患所以立」〈里仁〉及「所謂大臣者，以道事君，不可則止」〈先進〉始是正確道理，非明知「道之不行，已知之矣」仍行。前面句子唯有「天下有道，丘不與易也」而已，非「道之不行，已知之矣」仍行。「易」仍從可有改變言，非明知無可改變仍行。孔子故沒有「道之不行，已知之矣」仍行這樣道理，頂多也只如儀封人所說：「天下之無道也久矣，天將以夫子為木鐸」〈八佾〉，非「道之不行」仍行。若為道不行，應如蘧伯玉那樣：「君子哉蘧伯玉。邦有道則仕，邦無道則可卷而懷之」〈衛靈公〉。因而對向陽貨所言「懷其寶而迷其邦，可謂仁乎？好從事而亟失時，可謂知乎？」〈陽貨〉，孔子雖回答：「諾，吾將仕矣」，然只敷衍而已，非真實應允而仕。若人無其能力，如子羔，孔子甚至絕不會以出仕為義，唯如子路始如此認為，故「子路使子羔為費宰。子曰：賊夫人之子。子路曰：有民人焉，有社稷焉，何必讀《書》然後為學？子曰：是故惡夫佞者」〈先進〉。從這些例子可見，子路對丈人之回答，應其自身意思，非為孔子言。事實上，《論語》明言「子路曰」，非如「巫馬期以告」〈述而〉、「子服景伯以告」〈憲問〉、「子路行以告」〈微子〉、「子服景伯以告子貢」〈子張〉等。然則《論語》編者何以保留子路之言？原因明為求對比或對反而已：一為如丈人絜身而極端、另一為子路「君臣之義，如之何其廢之？」及「道之不行，已知之矣」之極端，二人均非如孔子於下面所言：「我則異於是，無可無不可」；這「無可無不可」始是孔子真正意思，非必以為「不仕無義」。

無論如何，從以上三句可見，隱者所有心志為何，及孔子心與之實一而二。《論語》編者可能以孔子更為正確，故三例終亦隱者之避孔子而行。【「趨而辟之，不得與之言」、「至，則行矣」，或「耰而不輟」】。然對孔子言，「鳥獸不可與同羣。吾非斯人之徒與而誰與？」始其本心；故：「予欲無言。子貢曰：子如不言，則小子何述焉？子曰：夫何言哉？四時行焉，百物生焉。夫何言哉？」〈陽貨〉。孔子心始終與隱士一致而已。

八、逸民：伯夷、叔齊、虞仲、夷逸、朱張、柳下惠、少連。子曰：不降其志，不辱其身，伯夷、叔齊與？謂柳下惠、少連：降志辱身矣；言中倫，行中慮，其斯而已矣。謂虞仲、夷逸：隱居放言，身中清，廢中權。我則異於是，無可無不可。

〔隱士逸民之分類〕

本句繼前，為孔子對逸民之分類，有三：一、「不降其志，不辱其身」，換言之，執持一己志與身而自潔者。二、「降志辱身矣；言中倫，行中慮，其斯而已矣」，換言之，雖不再執持一己，然仍有求為言行之中道：言不越倫次、行不逆思慮者。三、「隱居放言，身中清，廢中權」，換言之，因隱而廢世務，不復言其事：「身不仕亂朝」，由是而清淨，「廢事免於世患」，由是合於權智（皇侃疏）。三者由志與身之守、退而至言與行之守、再而至只求為隱居生活清淨之守：非為計較志與身、亦非仍有求於言行，只單純求為生活而已，故特言隱居。此三者，故為隱士逸民之類：有由於守志守身、有由於求為言行、及有單純求為隱居生活而明智。楚狂接輿求為德行故屬一；長沮、桀溺唯世無道未能言行故屬二；丈人所重為隱居生活故屬三。而孔子：「無可無不可」。故孟子說：「可以仕則仕，可以止則止，可以久則久，可以速則速，孔子也」〈公孫丑上〉。人各有理想，或有對生命價值特殊觀法，然孔子也「無可無不可」而已。

有關以上隱者事跡，眾說紛紜，不予置評。特別有關朱張，若連《論語》也只「猶史之闕文」〈衛靈公〉，那求為猜測也只徒然而已。

*

九、大師摯適齊，亞飯干適楚，三飯繚適蔡，四飯缺適秦，鼓方叔入於河，播鼗武入於漢，少師陽、擊磬襄入於海。

〔論用賢有三。一：人才之失〕

本句主旨明白，言於魯哀公無道之世，禮樂崩壞，眾樂師們各自離去，喻人才之失如此嚴重。

十、周公謂魯公曰：君子不施其親，不使大臣怨乎不以。故舊無大故，則不棄也。無求備於一人。

〔論用賢有三。二：用人之道〕

此周公對子（伯禽）魯公之教誨，言用人之道，而此有四：一、君子用人，不行惠於其親戚而私。【對「施」，傳統解為遺棄；不施，即不失。然如孫綽解為不偏而公始為正。此亦《論語》「施」唯一用法】。二、不使大臣有怨。「所謂大臣者，以道事君，不可則止」〈先進〉者。【若只有位而非以道，只「具臣」而已，見：「季子然問：仲由、冉求可謂大臣與？子曰：吾以子為異之問，曾由與求之問。所謂大臣者，以道事君，不可則止。今由與求也，可謂具臣矣」〈先進〉】。三、若非有大過失，不隨便解僱舊人，【「故舊」非從朋友言】，此亦〈學而〉「三年無改於父之道」之意；對「三年無改」，曾子故解釋說：「不改父之臣與父之政」〈子張〉。不棄故舊、不因佔據而行私，如是始得信於所用之人。四、如小人「使人也，求備焉」〈子路〉之「備」，「備」言具備。「無求備於一人」故言：用人無對（一）人要求其能應對一切事，即不能對所用人過份要求。

一與二為用人之正，三與四為用人時之人性。此周公用人之道。【有關人才品格，請參閱〈子路〉

第二十一至二十八句】。

十一、周有八士：伯達、伯适、仲突、仲忽、叔夜、叔夏、季隨、季騧。

〔論用賢有三。三：周人才之盛〕

正因《論語》以周公用人之道為正，故本句舉周時有母生八子皆賢，以言周道人才之鼎盛作結。【亦參考：「舜有臣五人而天下治。武王曰：予有亂臣十人。孔子曰：才難，不其然乎？唐虞之際，於斯為盛，有婦人焉，九人而已。三分天下有其二，以服事殷。周之德其可謂至德也已矣」〈泰伯〉】。

本篇故從隱士逸民至言用人所以重要，有道無道往往繫於此。故「子夏曰：舜有天下，選於眾，舉皋陶，不仁者遠矣。湯有天下，選於眾，舉伊尹，不仁者遠矣」〈顏淵〉。

公元二零二零年五月三十一日

子張

後進弟子言論、對孔子之懷念與景仰

〈子張〉為孔子逝沒後，後進弟子言論之記述。篇中主要弟子為子張、子夏、子游、曾子、與子貢五人。【有子作為後進弟子雖活躍，然如我們認為，《論語》為有子所編訂，故《論語》本身鮮提及有子，亦有子於本篇闕如之原因】。表面上，本篇弟子言論似因各人性情與偏重故對道理之體認有所差異，然事實非僅如此。從《論語》編者之角度言，〈子張〉實含藏一驚人目的：編者在編訂十多篇孔子教誨與道理後，借由上述弟子言論，對《論語》讀者進行測試，考核其是否能辨別道理之真偽。〈子張〉篇實由兩部份構成：前者由子張至子游句子組成，後者則由曾子與子貢句子組成。這兩部份，從道理言，一偽一真：子張至子游所言，全為似是而非道理。《論語》編者所作之測試是：人若不能辨別道理之真偽、遇着虛假道理而不知其為虛假，如是對道理之學習全然徒然，不知分辨道理之真偽故。所謂虛假，若明見為假或顯然地錯誤，是無以言為虛假者。虛假所以為虛假，故正因其『看似』真實。對道理學習若有所真實，是應有此辨別真偽之能力的，否則不能算作對道理真正明白、其時反省亦非真切。特別當人類世界多無道，世人所論說多只虛假，若不能辨別真偽，是無以能稱為對道理明白者。編者之測試，一如孔子所言：「如有所譽者，其有所試矣」〈衛靈公〉，故實嚴厲。此為編者於〈子張〉前半目的：借由子張、子夏、子游三人語句，對讀者進行考核。從這點言，三人道理均似是而非而已。事實上，編者並非沒有作提示：無論子張與子夏、抑子游與子夏都有相互批評之意，故若一者是、另一者必為非。若只視為由於性情，然道理作為道理本然客觀，是無以言相反而仍各有其是的。事實甚至往往是：二人所言均非為正確，其相互對立由此。此《論語》編者於〈子張〉所埋藏不可思議目的。三人之言論故而無序。【道理之歸正，由曾子：「吾聞諸夫子」重複地指點而顯，孔子所言必為正確故。見後第十七、十八句】。

〈子張〉下半部份則不同。兩部份之分野在子游與曾子二人句之間，此時二人句子均為對子張之評論，編者借此對比，表明一者偽另一者真。換言之，〈子張〉篇由曾子語句始回歸正確道理。若撇開最終子貢對孔子評價及懷念之四句語句（句二十二至二十五），由曾子與子貢其他句子之構成可看到（句十七至二十一）：橫跨在二人句子間，實潛藏一共同主題。正因如此主題橫跨或統合二人之言，故此一主題明顯非出自二人之手或意，而是《論語》編者（有子）自己的。這一主題是：以至簡約但亦完整方式，表達編者對人性之感受，藉由對種種對象之心懷、或對人其人性情感寬厚之體恤，流露編者深藏對人之人性情感與感受，以如是具體道理或示範，在《論語》終結前，最後教人見「人性」之所是。正因有如此目的，故對二人語句之選擇刻意，否則無由選取如此非代表性（非代表二人思想）之句子。而於最終，因除顏淵外，【顏淵早逝】，子貢與孔子有特殊師徒情感，故以子貢對孔子之景仰作結，既見子貢言辭之美、亦見其因行走四方而有見識之氣度。以上為〈子張〉篇之構成。篇以「子張」命名，因子張別名為「師」，故編者借以為對孔子為師之懷念。若〈堯曰〉論君王之道只為《論語》求為道理完整始有，因而有如附錄，那〈子張〉將為《論語》最末一篇，為編者除對讀者測試外，更是其對人類及對孔子之懷抱與答謝，此〈子張〉之構成。

此外，篇中弟子五人：子張追求闊大而極端道理，如其在《論語》中與孔子對話常顯示，亦所以被孔子評為「辟」或「過」之原因。【見〈先進〉】。子夏相反，多從個己謹慎而行作，故曾為孔子教誨說：「女為君子儒，無為小人儒」〈雍也〉、亦評說：「商也不及」〈先進〉。子游因善文學，故多對道理之本然執着，缺變通性。曾子則重視君子之道，此可見於《論語》曾子語本身；其對人性之理解、及對人之寬厚，可能為其與有子同為門弟子師之原因。最後，與孔子極深情感之子貢，因其行商，故對天下事實及其反面：價值，有最深刻體認與向往，故曾為孔子視為瑚璉貴重之器。【見〈公冶長〉】。從五人性情，故可見「道」之闊大、其細微平素、其真、其人性體諒、及其對天下歷史事實與價值之明白。此編者借由五人又一說明。

〈子張〉之分組主題如下：

〔道理真偽考核〕

一、子張（一至三句）

二、子夏（四至十三句）

三、子游（十四與十五句）（亦含曾子第十六句）

〔論人性之道〕

四、曾子（十七至十九句）

五、子貢（二十與二十一句）

〔對孔子最終評價〕

六、子貢（二十二至二十五句）

*

一、子張曰：士見危致命，見得思義，祭思敬，喪思哀，其可已矣。

子張道理之極端（「辟」），從其在這裡論述便可看出。若分別地言，「士見危致命」、「見得思義」、「祭思敬」、「喪思哀」等都似為正確，甚至直為孔子所言，然若合為一體，以四者即士之「其可已矣」，這則非是：士更應從其他更根本道理言，如「子貢問曰：何如斯可謂之士矣？子曰：行己有恥，使於四方，不辱君命，可謂士矣。曰：敢問其次？曰：宗族稱孝焉，鄉黨稱弟焉。曰：敢問其次？曰：言必信，行必果，硜硜然小人哉，抑亦可以為次矣」〈子路〉、「士而懷居，不足以為士矣」〈憲問〉等，是不應先從死生言，如言「致命」、「祭」、「喪」。甚至，如「祭思敬，喪思哀」及「見得思義」這樣道理，與為士本身未必有關，實為人人道理故。對道理之明白，故非其是便是，仍須視乎其掌握是否準確、是否明白其本質所在，子張之言士便非如此，但求其語出驚人而已，非平實而真實。又：若言「祭思敬」或「見得思義」仍可，後者甚至本為孔子語，【見「九思」〈季氏〉】，然若言「喪思哀」，因哀本應為人性自然，故言「思」如求為刻意主動，則不妥。孔子對上位者言之「臨喪不哀」〈八佾〉，是直從其不哀言，非言「思哀」；下面子游之「喪致乎哀而止」亦同樣未是。【有關「喪思哀」，亦請參考下面子游句：句十四】。

二、子張曰：執德不弘，信道不篤，焉能為有？焉能為亡？

本句同樣非是。孔子雖有「人能弘道，非道弘人」〈衛靈公〉之言，然這是從道及人之偉大性問題說（故言「信道不篤，焉能為有？焉能為亡」可），但有關德行，孔子從沒有從「弘德」言。能行德行，如行忠信孝悌已是，無須以「執德不弘」即視「為亡」。道理是否正確，故仍須仔細地分辨。

三、子夏之門人問交於子張。子張曰：子夏云何？對曰：子夏曰：可者與之，其不可者拒之。子張曰：異乎吾所聞：君子尊賢而容眾，嘉善而矜不能。我之大賢與，於人何所不容？我之不賢與，人將拒我，如之何其拒人也？

本句見子張與子夏所執持道理之不同，亦兩人性情所以對反：子夏以「可者與之，其不可者拒之」為交友之道。本來，《論語》亦有「匿怨而友其人，左丘明恥之，丘亦恥之」〈公冶長〉之語，然這是從「匿怨而友」言，今子夏從「可者」「不可者」言，實不知其背後所謂「可與不可」指何方面？其用「拒」言，故更引致子張之反駁。子張之「君子尊賢而容眾，嘉善而矜不能」是。包氏以「友交當如子夏，汎交當如子張」解二人矛盾似可，唯仍須說明何以區分「可者」「不可者」，及「與」「拒」是否過於自我。子張之「尊賢而容眾」，孔子只言「賢賢」「親仁」及「泛愛眾」〈學而〉，以「尊賢」與「容眾」言，背後仍有自我味。「善」同樣，若是善者，應「舉」或「從之」而非只「嘉」；而對「不能（者）」言「矜」，都有自我自大之意。「矜」唯應從莊以持己、自守而賢敬解，如「君子矜而不爭」〈衛靈公〉、「古之矜也貶，今之矜也忿戾」〈陽貨〉；下面曾子之「上失其道，民散久矣。如得其情，則哀矜而勿喜」中「哀矜」應為二事：「哀」如憐惜、而「矜」仍自持。今子張獨以「矜」對「不能（者）」，「矜」明顯只憐惜之意，故仍實自大。鄭玄故言：「子張所云，尊卑之交也」，鄭玄非不感見子張自視之高。若是「不能（者）」，應如孔子，「舉善而教不能」〈為政〉，非只「矜」而已。子張「我之大賢與」（請注意其從「大賢」言「我」）及「容（我）」「容眾」，心態始終如此。子張於道理雖似闊大大度，然事實是：就算不提子夏，連子游與曾子亦說：「吾友張也，為難能也，然而未仁」、「難與並為仁矣」；若如是，子張之「我之大賢與，於人何所不容？我之不賢與，人將拒我」難道是說其自己？

四、子夏曰：雖小道，必有可觀者焉。致遠恐泥，是以君子不為也。

*

若交友我執至如「可者與之，其不可者拒之」（見前句），那對事仍然。「小道」，傳統解為異端，例如諸子百家；然「有可觀者」一語仍應單純指正面，【如「《詩》可以觀」〈陽貨〉】，唯其事小而已。若是「異端」，本不該涉獵，【「攻乎異端，斯害也已」〈為政〉】，故不應言「有可觀者焉」。「小道」故非指與道有關之事，而更應從別於道之事物事情解，如孔子言「君子不器」〈為政〉那樣。然「君子不器」非單純從物事言，更是從物事所有實用價值與利益言，君子不應受如此現實或實用價值所限，而不知人性與人文之重要。若單純從事言，孔子反而未必對與道無關之小事拒斥，以為「致遠恐泥」，故說：「飽食終日，無所用心，難矣哉。不有博弈者乎？為之猶賢乎已」〈陽貨〉。對縱使只博弈，仍可從其「用心」嘉許，非必排斥而以為「致遠恐泥」，此仍子夏之執着而已、其自身之「泥」而已。又：對事情之持續或深陷不應以「致遠」言。「遠」除遠去遠離遙遠外，其正面時指深遠遠大之意，如：「慎終追遠，民德歸厚矣」〈學而〉、「任重而道遠，仁以為己任，不亦重乎？死而後已，不亦遠乎？」〈泰伯〉、「浸潤之譖，膚受之愬，不行焉，可謂明也已矣。浸潤之譖，膚受之愬，不行焉，可謂遠也已矣」〈顏淵〉、「人無遠慮，必有近憂」〈衛靈公〉、「邇之事父，遠之事君」〈陽貨〉；以深陷為「致『遠』」，實不妥。

五、子夏曰：日知其所亡，月無忘其所能，可謂好學也已矣。

孔子言「好學」，唯從學之具體方面言，如「君子食無求飽，居無求安。敏於事而慎於言，就有道而正焉。可謂好學也已」〈學而〉、或「有顏回者好學：不遷怒、不貳過」〈雍也〉。若須從與時有關之專注言，也只如「回也，其心三月不違仁。其餘，則日月至焉而已矣」〈雍也〉。今子夏所言：「日知其所亡，月無忘其所能」，若已為「月」，本實已無「忘」之問題；而若從日亡（或忘）其所學言，孔子於顏淵也只要求「其心三月不違」而已，非從「日」言。若從「日」，如曾子：「吾日三省吾身」〈學而〉，那也只因是「省」，反省不得已故；是不應要求至如「日知其所亡」始算「好學」。若「日知其所亡，月無忘其所能」表示一種微細用心，那真為好學者，其用心仍與「亡」或「忘」無關；只意識「亡」「忘」問題，已非真正好學。子夏所言道理表面雖似是，然所針對人，實已非真正好學者；好學者，始終與「日知其所亡，月無忘其所能」無關。

六、子夏曰：博學而篤志，切問而近思，仁在其中矣。

「博學而篤志，切問而近思」本身為極正確道理，「博學」「篤志」「切問」「近思」作為辭亦實美麗。唯這樣道理，若其結論為上句之「可謂好學也已矣」則毫無問題，然若說為「仁在其中矣」則大有問題。「仁」在孔子或在《論語》其他處中，都有着相當重量及確切所指：或從立人、或從上對下之「愛人」言，都必與作為有關，或最低限度與作為之難度有關，然都非從學言。【故有「好仁不好學」〈陽貨〉這樣可能】。最輕言之仁，即孔子對司馬牛問仁之回答，而這是因只從一般百姓角度言而已：「子曰：仁者，其言也訒。曰：其言也訒，斯謂之仁已乎？子曰：為之難，言之得無訒乎？」〈顏淵〉。【正因似過於輕視，故司馬牛始反問：「其言也訒，斯謂之仁已乎？」】。然在這裡仍是看到：孔子把「言」與「為之難」並言。訒言之仁，故仍如作為般，有其外在困難在，非只個人學問之事。對顏淵之「剛毅木訥」〈子路〉，孔子故也只言「近仁」而已，非敢言「仁在其中矣」。於其他一切德行，孔子因而常區別其與仁之可能混淆：「子曰：忠矣。曰：仁矣乎？曰：未知，焉得仁」、「子曰：清矣。曰：仁矣乎？曰：未知，焉得仁」〈公冶長〉、「子貢曰：如有博施於民，而能濟眾，何如？可謂仁乎？子曰：何事於仁，必也聖乎。堯舜其猶病諸」〈雍也〉、「克、伐、怨、欲不行焉，可以為仁矣？子曰：可以為難矣，仁則吾不知也」、「君子而不仁者有矣夫」〈憲問〉等等。就算重要如孝悌，故也只能視為「仁之本」〈學而〉，非仁本身。如是何以子夏能以「博學而篤志，切問而近思」即視為「仁在其中矣」？若非過於強調學即一切、或輕忽仁之特殊，是不應有如此近如誇大之言的。

七、子夏曰：百工居肆以成其事，君子學以致其道。

本句類如「工欲善其事，必先利其器。居是邦也，事其大夫之賢者，友其士之仁者」〈衛靈公〉。「肆」，陳貨鬻物之所。孔子句確有所喻，以「利其器」與「事其大夫之賢者，友其士之仁者」相譬。子夏句表面亦求比喻，然事實上，「百工居肆以成其事」與「君子學以致其道」只如文字上對聯式關係，是無以「居肆」與「學」相譬而言，一者為背景場所，另一者非是。句故一廂情願地勸學而已。若細看，「君子學以致其道」實沒有教導人甚麼。若非「生而知之者」〈季氏〉，學必以道為學，道必以學為本，這裡「以致」之強調，故沒有多大意義，與百工之「居肆」求進一步「成其事」這樣意象無關。我們不能說：君子借由學以進一步「致其道」，若如是，那「學」與「道」便本質上無關。

八、子夏曰：小人之過也必文。

有關過失，若如子游為武城宰被孔子批評為「割雞焉用牛刀」而強辯「君子學道則愛人，小人學道則易使也」〈陽貨〉，或如子路、冉有助季氏伐顓臾而為孔子斥為「君子疾夫舍曰欲之而必為之辭」〈季氏〉，那這樣強辯，如孔子所說，只為「必為之辭」或「佞」而已，【見「子路使子羔為費宰。子曰：賊夫人之子。子路曰：有民人焉，有社稷焉，何必讀《書》然後為學？子曰：是故惡夫佞者」〈先進〉】，不宜說為「文」（文飾）。若確為文飾，如《易・姤》所言「包无魚」，這已是一種欺騙，非只過失而已。文飾甚至掩飾，非必不可，否則「父為子隱，子為父隱，直在其中矣」〈子路〉亦已為小人。事實上，於強為之辭時，人非求掩飾或文飾其過，而是根本不承認其作為為過，故孔子反而說：「吾未見能見其過而內自訟者也」〈公冶長〉：即人根本不承認自身過失、亦不求反省其過，非只求為文飾。

正因如此，故「過而不改，是謂過矣」〈衛靈公〉。「過則勿憚改」〈學而〉〈子罕〉也是從此言，教人勇於承認過失（「勿憚」：勿畏難或懼怕改過），非不文過而已。更重要是：「文」在《論語》中（除本句外）從來不從「文飾」解，「文飾」或修飾只用「飾」，然都為正面，非負面，【如「行人子羽脩飾之，東里子產潤色之」〈憲問〉】，否則便為「詐」、「欺」等詞。真正明白「文」者，縱使似表面外表，仍不會以其只為「文飾」。「小人之過也必文」似為道理，然細想，若非求為辯論，始終未為是。【於下第十二句子游批評時，子夏之反駁實亦一種「過也必文」。子夏自己提出這樣道理，故實自相矛盾】。

九、子夏曰：君子有三變：望之儼然，即之也溫，聽其言也厲。

本句所言道理初看為是，似極有層次，然細想非完全沒有問題。子夏所言三事：「望之儼然，即之也溫，聽其言也厲」，實《論語》「九思」之「色思溫，貌思恭，言思忠」〈季氏〉。三者亦對應曾子之「動容貌，斯遠暴慢矣。正顏色，斯近信矣。出辭氣，斯遠鄙倍矣」〈泰伯〉。問題是：無論孔子「九思」、抑曾子所言，都是其人自身之主動，故曾子言「動容貌」、孔子亦「見冕者與瞽者，雖褻必以貌」〈鄉黨〉。為了達致「貌思恭」，貌必須變。非但貌變，色也常因處境情況而變，如〈鄉黨〉所記：「色勃如也，足躩如也」、「出，降一等，逞顏色，怡怡如也」、「勃如戰色，足蹜蹜如有循」、「享禮，有容色。私覿，愉愉如也」、「有盛饌，必變色而作」等。【〈鄉黨〉所記，往往為色、貌兩者一體】。若「貌思恭」為基本，而色往往也隨貌變、二者甚至為一體，那〈堯曰〉所記：「君子正其衣冠，尊其瞻視，儼然人望而畏之，斯不亦威而不猛乎？」實只因所針對為君王、並藉由「正其衣冠，尊其瞻視」致使人「望而畏之」，如「威而不猛」那樣。子夏所欲言，實指此，亦〈述而〉記孔子於朝事中「威而不猛」之貌。然若色與貌本然一體，【如〈鄉黨〉所記】，那不應如子夏所形容，以為「望之」與「即之」有所差異：在嚴肅情況下，貌與色同為嚴肅，非遠望而儼、即近則溫。事實上，用遠望與即近這樣對比本身無恰當性，《論語》從來只區別為「色」與「貌」，非近與遠（即之與望之）這樣差異。子夏所以這樣說，實求為合理化其「君子有三變」之論；然事實是：若貌與色隨情況同一地改變、或根本只不同情況之事，那本是沒有在同一情況下所謂近遠之「變」。「變」於《論語》只從人自己一面言，如「見齊衰者，雖狎必變」〈鄉黨〉，但從未見從觀者角度言。子夏之言「變」，故仍出於一語驚人之心態，事實無必如此；色與貌但求其基本而已、但求溫與恭而已，非既「望而畏之」（「望之儼然」）而又「即之也溫」。故無如子夏般刻意對比為「變」。因刻意言為「變」，始有由「儼」至「溫」、又由「溫」至「厲」這樣反覆對比狀態，然道理本非如此。

又：為使其「變」似震撼，子夏故以「厲」言「言」。但反觀《論語》本身，無一言說孔子之「言」為「厲」，顏淵甚至相反地說，孔子「循循然善誘人」〈子罕〉。事實上，〈鄉黨〉對孔子言語之形容，縱使在朝，也只如下而已：「其在宗廟朝廷，便便言，唯謹爾」、「朝，與下大夫言，侃侃如也；與上大夫言，誾誾如也」、「色勃如也，足躩如也，其言似不足者」；於「子路問曰：何如斯可謂之士矣？」孔子之回答仍然：「切切偲偲，怡怡如也，可謂士矣。朋友切切偲偲，兄弟怡怡」〈子路〉；但這些都非「厲」、亦不宜用「厲」形容。「厲」於「子溫而厲。威而不猛。恭而安」〈述而〉中，非從「色」或「言」言，只從「厲己」言，為對己、對事謹慎甚至嚴厲態度，非言其「言」之嚴厲。【「子溫而厲」言孔子平素、「威而不猛」言孔子於朝事時】。甚至，「厲」若呈於色，如「色厲而內荏」〈陽貨〉，那將只小人姿態。「九思」故只教人「言思忠」〈季氏〉而已，是不應從「厲」言者。若如「微生畝謂孔子曰：丘何為是栖栖者與？無乃為佞乎？」〈憲問〉，那也只因孔子不安而急躁，故而「栖栖」，然始終非「厲」。

從以上可見，子夏撮成「望之儼然，即之也溫，聽其言也厲」，實也求為以君子「有三變」這樣道理而已，與言君子該有之色、貌、與言實無關。最低限度，與「貌」與「言」之道理無關。

十、子夏曰：君子信而後勞其民；未信，則以為厲己也。信而後諫；未信，則以為謗己也。

本句主旨似在對比「信」與「未信」之差異，特別扣緊上與下之心理關係言。未信而勞民、未信而諫，顯明未是。這似為道理。然道理之真實非僅如此。「信」與「未信」這樣道理，嚴格言，多只落在兩自我個體之主觀間；從朋友關係言「信」即如此。故未得人信任者，如「子使漆彫開仕。對曰：吾斯之未能信。子說」〈公冶長〉，是無以能有所作為的。然問題是，若越過二人之主觀心理不言、越過「與朋友交，言而有信」〈學而〉或孔子常言之「主忠信」這一基本道理，那於上下間關係，「信」一問題應怎樣反省？這始子夏所欲討論者。上與下間「信」一問題固然重要，故「子貢問政。子曰：足食，足兵，民信之矣。（⋯）自古皆有死，民無信不立」〈顏淵〉。然在這「民無信不立」中，表面雖君與民之信任關係，然重點非在二人主觀認定中，而在國家客觀之確立上，是從此「立」，故以「信」為如此重要。問題故非在二人間主觀之「信」與「未信」，而在「信」本身之客觀意義上，故可相較「足食」「足兵」言。像這樣純然客觀地言「信」之意義，亦可見於「人而無信，不知其可也。大車無輗，小車無軏，其何以行之哉」〈為政〉。但問題是：若非這樣客觀地言「信」，而是從上對下或下對上如兩者間主觀關係言「信」，特別當問題扣緊「勞」與「諫」時，這時道理將怎樣？若從「勞民」或「使民」這角度言，重點再非「信」而已，更是這時之「勞」或「使」，必須基於「義」與「時」等，如：「道千乘之國，（…）使民以時」〈學而〉、「有君子之道四焉：（…）其使民也義」〈公冶長〉、「出門如見大賓，使民如承大祭」〈顏淵〉。換言之，之所以能使民，非單純信與不信問題，如兩個體間那樣，而是其時之「勞」或「使」，是否基於義、並藉由禮、甚至有鑒乎人民是否方便、有無不顧農時之必然等。是這樣因素構成「勞」或「使」是否為民所怨。故如〈堯曰〉所言：「擇可勞而勞之，又誰怨？」正因如此，求為成事時，「君子（故）義以為質。禮以行之，孫以出之，信以成之。君子哉」〈衛靈公〉；關鍵即在其事是否「為義」，若是而更以「禮以行之，孫以出之，信以成之」，事始成。關鍵故在「義」，信只最末條件而已，非真正或全部基礎。〈子路〉故有：「上好禮，則民莫敢不敬；上好義，則民莫敢不服；上好信，則民莫敢不用情」；這裡仍見民之是否服，在義而已；信只民是否真實（用情）問題，非「勞」與「使」時心是否服問題。故有關士而「子張問仁於孔子」時，孔子之回答是：「能行五者於天下，為仁矣。請問之？曰：恭、寬、信、敏、惠。恭則不侮，寬則得眾，信則人任焉，敏則有功，惠則足以使人」〈陽貨〉；信只使人任，唯「惠」始「足以使人」。這時從「惠」言，因士為個體而已，非如君代表上者。

於君與民間，信仍只「民任焉」之事，【見〈堯曰〉：「寬則得眾，信則民任焉，敏則有功，公則說」】，唯始終由行義（及以禮行之），上對下之「勞」與「使」，始正而無失。子夏之「君子信而後勞其民；未信，則以為厲己也」因而以個體間之相互心理言一本應客觀君與民間之事，實已失其焦點。句中之「厲己」，言無基礎地勞民，民只視為暴虐而已。問題只是，君民間真正基礎，從勞民使民言，始終應在「義」，非在主觀之「信」上。【「信」與「義」之主觀及客觀差異，可見於「信近於義」〈學而〉一語】。

至於「諫」，因確是兩人間信任問題，特別平素其關係是否由「忠」所建立，故「為人謀」之關鍵仍先在「忠」：「為人謀而不忠乎？」〈學而〉；而臣之事君亦以忠：「臣事君以忠」〈八佾〉；因而「所謂大臣者，以道事君，不可則止」〈先進〉。換言之，無論信與未信，一如臣之事君其基礎唯在道，「諫」之基礎亦唯一地在「忠」而已，縱使「未信」仍然，此所以「比干諫而死」〈微子〉。子夏所言，故只心理反應現象而已，非道理本身。【「未信，則以為謗己也」中「謗」，言毀也，斥人之過惡也。而此仍為心理感受而已】。

十一、子夏曰：大德不踰閑，小德出入可也。

「閑」本義為闌，意指分限，亦相對下語之「出入」言。傳統以「閑」指法（如禮之規限），實無必而迂腐。「大德」「小德」有三解可能：一、或指德行本身，其大者小者；二、或指事情，其大者需大德、其小者德亦小；三、如孟子「天下有道，小德役大德，小賢役大賢」〈離婁上〉，「大德」「小德」相關人言，指人其德行大、或人其德行小。

若子夏所言為從事之大小言，則近於常識：大事不能有過，小事過失（小過）仍可。

若從人解，子夏所言大德者，自不會踰越任何規限，其為大德，知分寸之微故；小德者因其德小，故自有出入、甚至有所過失，然因只為小德者，無可過份要求，故仍可：「小德出入可也」。然如是說法未為是：因縱使只為小德者，仍可遇有大事，不應因為小德者便不嚴格要求；對人要求，故與其德行之大小無關；與事攸關而已。

那最後可能之解釋是：「大德」「小德」指德行本身之大者小者。德行之大小，往往亦反映其事之大小，二者相關。如是，「大德不踰閑，小德出入可也」意為：若僅與小德行有關，可不要求其無過；然若與大德行有關，則不能不嚴格要求。這樣解釋仍無以成立，原因在於：德行本身無分大小，是無以言哪些為大德、哪些為小德。舉例說，「溫、良、恭、儉、讓」〈學而〉中哪為大、哪為小？若仁義禮智始為大，那又何以泰伯之「三以天下讓」為「至德」〈泰伯〉？因其事大？若是，那德行之大小實又只是事情事件之大小而已，與德行本身無關。若如是，君王之德必為大德，其事大故。然這明為不是。

從以上討論可見，子夏所言或無特殊意義、或本身非為道理。若如《集注》，「以大德小德猶言大節小節」，這實根本不明德行其人性所本，以為德行唯與志操之守有關。若如皇侃解釋：「大德，上賢以上也。閑，猶法也。上德之人，常不踰越於法則也。小德，中賢以下也，其立德不能恆全，有時蹔至、有時不及，故曰出入也。不責其備，故曰可也」。然像這類看法，只事後立於德行有所謂大小上。若是孔子，只求為人孝悌或只教人忠恕一貫之道而已，德行實無須從大小言，人能「主忠信」便是。孔子故從不以大者多者為是，連舜，亦「無為而治」〈衛靈公〉而已。【故「子貢曰：如有博施於民，而能濟眾，何如？可謂仁乎？子曰：何事於仁，必也聖乎。堯舜其猶病諸」〈雍也〉】。德行因而本不應如規限地要求、本不應從大節小節言，言規限者頂多針對為仕者情況之極端而已，未為一般德行，【此「小德出入可也」應有意思】，後者若能「與其進也，不與其退也，(…)與其絜也，不保其往也」〈述而〉。皇侃雖言「不責其備」，然一旦分大小，實已如同責矣。一切問題出在：

子夏在言德行時，把類如法制之「閑」用於德行上，故始有踰越與不踰越這樣問題；然本應是：德行實不應再言限制或分限、不應從踰越與否言，否則與法制或規範無異。德行是人對自身作為人之覺醒，亦是其人性體現，非來自外或自上之限制。無論為與否，都只有德無德而已，非是否踰越之事；德行非規範，其自身故無以言大小。對向所謂小德而言其「出入可也」，只如表示自身之寬大，故皇侃用「不責」一詞。子張前面便對子夏說：「我之大賢與，於人何所不容？我之不賢與，人將拒我，如之何其拒人也？」【可轉譯為：「我之大賢與，於人何分大小？我之不賢與，人將拒我，如之何言德之大小？」】。〈堯曰〉故說：「君子無眾寡，無小大，無敢慢，斯不亦泰而不驕乎？」以分限大小以言是否踰越，不亦驕乎？若只為能力之大小，為本來差異，實也無須言「可也」，本只不得已事實而已。同一子夏，於子游批評為末道小道時，即知回應說：「君子之道，孰先傳焉？孰後倦焉？譬諸草木，區以別矣」（見下句），然何以自身往往有小道（大道）（見前第四句）或小德大德、甚至「可者與之，其不可者拒之」（前第三句）等「區以別矣」？對本句，《集注》之引吳氏曰：「此章之言，不能無弊，學者詳之」，甚是。

十二、子游曰：子夏之門人小子，當洒掃、應對、進退則可矣。抑末也，本之則無，如之何？子夏聞之，曰：噫！言游過矣。君子之道，孰先傳焉？孰後倦焉？譬諸草木，區以別矣。君子之道，焉可誣也。有始有卒者，其唯聖人乎？

子游雖非如子張好求極端，然從為武城宰而以樂治，其所好仍必為『大道』，故對子夏有所批評，以其所教，也只如「洒掃、應對、進退」等「行」而已，非如禮樂或仁義孝悌等德行之本。此「抑末也，本之則無，如之何？」之意。對此批評，子夏之反駁是：「君子之道，孰先傳焉？孰後倦焉？」意謂：君子之道，是無那必須先傳述或教導的，亦沒有那之後便厭倦的；換言之，是無須分辨先後次序或重要性。若如子游對「洒掃、應對、進退」等「行」有所厭倦、視為「末」而非「本」，那也只子游個人之事而已、其擅自作區別而已，道本身本無須如此。「譬諸草木，區以別矣」：舉草木〔貴賤〕為例，其本來亦同一為植物、同一為生命，若有所區分、甚至分門別類，這只是人自己之事，無必然如此。對君子之道，無論大抑小，故都不應誣。「誣」，欺罔、加罪於無辜。「有始有卒者，其唯聖人乎？」是說：能同樣對本末、大小、始卒同等重視、從不放棄、甚至能始終實行，這只唯聖人始能，若子夏門人未能（此子游對子夏之批評），子游同樣實亦未能，其對「洒掃、應對、進退」等「行」有所厭倦、以為道更有所本故。以上為子夏對子游之回答與批評。

從兩人對話，可得出怎樣結論？首先，子游對子夏之批評非必然無據，像孔子便曾對子夏教誨說：「女為君子儒，無為小人儒」〈雍也〉，亦曾評子夏為「商也不及」〈先進〉，子夏必有相當狹隘與執着，其對門弟子只重視「洒掃、應對、進退」可能與此有關。事實上，如〈學而〉所記子夏語：「賢賢易色。事父母能竭其力，事君能致其身，與朋友交，言而有信」，對此而作結論說：「雖曰未學，吾必謂之學矣」，仍是見子夏某程度之自限以為足夠。此大概為子游對子夏批評之原因。子游之批評若如孔子那樣指出子夏自限便可，無須以「洒掃、應對、進退」等為末事，於德行而分大小本末。子夏之反駁因而亦正確：道理若非從事實客觀言，如「孝弟也者，其為仁之本與」〈學而〉，【此中之本末無貶義，仁與孝弟同樣重要】，那區分本末、重要不重要實無義，此子游之失。

然難道子夏確然無失？對道理雖不應區分重要不重要、不應有所貶抑，然這不代表，子夏所教，實是根本而非表面之事。《論語》在這裡所引，為「洒掃、應對、進退」，洒掃非如「事父母」與人（他人）有關，而與人有關者從「應對、進退」言，則只視如對向賓客時外表禮貌之道，始終非為德行根本；若為恭敬，無須從「應對、進退」言，如此反使道理變得狹隘而偶然，失去道理大體。如是之表面，直可從本句對話看出：於人責己時，無論是否正確，如「陳司敗問昭公知禮乎？孔子曰：知禮。孔子退。揖巫馬期而進之，曰：吾聞君子不黨。君子亦黨乎？君取於吳為同姓，謂之吳孟子。君而知禮，孰不知禮。巫馬期以告」，孔子之反應是：「丘也幸，苟有過，人必知之」〈述而〉。換言之，對子游之批評，若從「應對、進退」言，不正應如孔子那樣感到高興、或如孟子所說：「子路人告之以有過則喜，【孟子此言不知所據為何，事實似非如此】，禹聞善言則拜」〈公孫丑上〉，而非相互駁斥，如前孔子所言「必為之辭」〈季氏〉、或如其自己所言「小人之過也必文」（見前第八句），這不正顯示其「應對、進退」非為正確之「應對、進退」？《論語》編者如是引用並排列如此句子，所顯故正是其間之自相矛盾與虛假。子游之批評本身未必正確，然子夏之教與其對子游之反應，亦同樣非正確，此為二人對語所顯示。

十三、子夏曰：仕而優則學，學而優則仕。

最後，子夏本句以「仕而優則學」，明非言「學」、「仕」二者之先後；所強調，應如孔子：「行有餘力則以學文」〈學而〉之意。首先，有關「優」一詞，《論語》亦有「孟公綽為趙、魏老則優，不可以為滕、薛大夫」〈憲問〉。縱使傳統於此解為「寬閑」或「寬緩有餘裕」，然始終，句「不可以為」仍有能力意味，以孟公綽將不勝任為滕、薛大夫。傳統對子夏句「優」字之解，故仍依從「行有餘力」一道理，至連「孟公綽為趙、魏老則優」句亦從如是解。若「優」本有勝義，那子夏句明顯道理不是。最低限度，若「仕而優則學」可解為有所「寬閑」，「學而優則仕」之「優」始終不可，仍唯從「勝」義解，再無其他。如是子夏以一詞言兩義，實只求為純粹話語而已，與道理之必然性無關。

縱使不只從形式言，「學而優則仕」作為道理始終未盡其實：就算不從學是否必能被用而為士這方面言，為仕與否，其更重要考慮在是否能為義，非在是否有學。故孔子「富而可求也，雖執鞭之士，吾亦為之。如不可求，從吾所好」〈述而〉；又如柳下惠之「為士師，三黜。人曰：子未可以去乎？曰：直道而事人，焉往而不三黜。枉道而事人，何必去父母之邦」〈微子〉；為仕與否，其首先問題，應在是否有道這樣考慮，如「邦有道則仕，邦無道則可卷而懷之」〈衛靈公〉，非在一己是否有學、非在一己之學是否優。故縱使「子使漆彫開仕。對曰：吾斯之未能信。子說」〈公冶長〉，漆彫開對自身之考慮，更先在客觀之是否被信任、非在一己之學。孔子故言「不患無位，患所以立」〈里仁〉。如陽貨之言：「懷其寶而迷其邦，可謂仁乎？(…)好從事而亟失時，可謂知乎？」〈陽貨〉，實似是而非而已，孔子不因能力而為仕不仕之首要原因，故反而說：「三年學，不至於穀，不易得也」〈泰伯〉。若總則地言，應如：「篤信好學，守死善道。危邦不入，亂邦不居。天下有道則見，無道則隱。邦有道，貧且賤焉，恥也。邦無道，富且貴焉，恥也」〈泰伯〉：「篤信好學」是從「守死善道」言，至於為與不為，則唯由「邦有道」、「邦無道」決定，非由於學，故非「學而優則仕」。如前面可見，子夏實對「學」或「勸學」重視；然以「學」為能一切，以為學目的只求為仕、仕而學為「優」(用「優」一詞而不用「行有餘力」)，這都只未切實地言而已、對「學」求為誇大而已。「學而時習之」〈學而〉固然為喜悅，然是否能仕，始終不應純從學取決。由「仕」而「學」，此時「學」必然正面；然由「學」而「仕」，其為「仕」未必為道，亦可只求為俸祿；故是否為仕，更應先依據其他道理，非如子夏以為，「仕」由「學而優」而致。

*

十四、子游曰：喪致乎哀而止。

子游本句所言道理，傳統釋為「雖喪禮主哀，然孝子不得過哀以滅性，故使各至極哀而止也」。皇侃如此疏，是順承孔安國「毀不滅性也」而言。所以如此解釋，大概因子游言「而止」。然言「而止」，除恐過哀外，亦可從喪禮本身之執行，以「致乎哀而止」解，即不宜過度耗費，失儉約之德；如孔子之言：「禮，與其奢也，寧儉。喪，與其易也，寧戚」〈八佾〉那樣：哀雖為喪之道，然不宜奢華或視如容易。

然以上兩解釋均忽略一事：子游句所言為「致乎哀」，非「至乎哀」。若從「哀而不傷」〈八佾〉或不宜奢華行喪言，應「至乎哀」而已。「致」在《論語》中均有「極」之意，非僅「至」。「致」字之用如下：「子夏曰：（…）事君能致其身（…）」〈學而〉、「禹，吾無閒然矣。菲飲食而致孝乎鬼神，惡衣服而致美乎黻冕，卑宮室而盡力乎溝洫。禹，吾無閒然矣。」〈泰伯〉、「子張曰：士見危致命（…）」、「子夏曰：雖小道，必有可觀者焉。致遠恐泥（…）」、「子夏曰：（…）君子學以致其道」、「曾子曰：吾聞諸夫子，人未有自致者也，必也親喪乎？」〈子張〉、「慢令致期謂之賊」〈堯曰〉。【可注意到：「致」多為後進弟子所用，孔子唯用於君王而已】。事實上，皇侃亦不得不以「極哀」解釋，唯如此與其「孝子不得過哀以滅性」相矛盾而已。

若從「致」言，子游句仍可有二解：一為孔子時，人於喪前已無哀淒之心，故始言喪須「致乎哀而止」。另一則如子張所言：「士見危致命，見得思義；祭思敬，喪思哀，其可已矣」〈子張〉。士所以須「喪思哀」，因所言喪為君之喪，因而未必如親喪般有哀，故始須言「致乎哀而止」。事實上，子張句若非從君喪解，「喪思哀」將無義，【原因如我們上述：哀應為喪之自然表現，故無「思哀」之義】，除非如上言，孔子時，人於喪已無哀淒之心，故始教人喪須「思哀」。若非皇侃，傳統鮮有對「喪思哀」感怪異而多作說明：「方喪三年，為君如父母，必窮苴斬，是喪思哀也」；言士對君喪，應視如親喪般，盡喪之哀。【此僅求為替子張辯解而已，始終，以「思」言「喪思哀」無法妥善，如子游言「致乎哀」較妥：「九思」之「思」所指為平素事，君喪非平素平常，故始終無以言「喪思哀」，視如平素應有如此之「思」那樣。若因平素人於喪已不哀故言「喪思哀」，如此之「思」，只勉強而已，已與德行無關，情感始終應自然自發故】。若子張句「喪思哀」可由此解釋，子游句則未必然，其所言唯「喪致乎哀而止」而已，非必與士或君喪有關。若視為從一般言，言喪須極至乎哀而止，除非如我們說，於其時，人多於喪無哀，故始言喪須極乎哀一道理。若反觀《論語》本身，孔子確言「居上不寬，為禮不敬，臨喪不哀，吾何以觀之哉」〈八佾〉，以人君多為「臨喪不哀」。事實上，如宰我便對親喪無哀：「子曰：

食夫稻，衣夫錦，於女安乎？曰：安。女安則為之。夫君子之居喪，食旨不甘，聞樂不樂，居處不安，故不為也。今女安，則為之」〈陽貨〉。可能時人多如此，故《論語》刻意記「子食於有喪者之側，未嘗飽也」〈述而〉，及其「出則事公卿，入則事父兄。喪事不敢不勉」〈子罕〉等語，亦子張所以言「喪思哀」及曾子所以記說：「吾聞諸夫子，人未有自致者也，必也親喪乎？」〈子張〉，意謂：若非於至親之喪而極度失落，人鮮有感自身生命如已窮盡，「自致」仍從自盡而解。無論怎樣，子游所言應指此，教人或訓示：若有喪，應極乎哀始止，不應如無哀般輕視。祭而不敬、喪而不見哀，或於禮示奢、於喪而易，【見：「禮，與其奢也，寧儉。喪，與其易也，寧戚」〈八佾〉】，這都可能為時人心態與作風，此子游故有是言。

但問題是：何以《論語》編者唯引此句與評子張句於此，這作為子游之言有何代表性？一如子游之評子夏及其以樂治武城，子游之失在其過求理想極致，其以事必須純粹，故有言「事君數，斯辱矣。朋友數，斯疏矣」〈里仁〉，及於孔子問「女得人焉耳乎？」時，其回答舉「有澹臺滅明者，行不由徑，非公事未嘗至於偃之室也」〈雍也〉，其對事對人之要求如此理想，故言自身於武城之以樂治，絲毫非求為手段，只「君子學道則愛人」〈陽貨〉而已。縱使純粹地理想本身非不是，然始終仍未盡平易之真實，故有對子夏門人「洒掃、應對、進退」之批評。喪而哀雖為道理亦為人性人情，然要求其「致乎哀而止」，這實已過。是為指出如此未盡人情而帶有虛假性，故《論語》編者引用此言為子游代表，見其失人情之真實。以樂治武城、又言「行不由徑，非公事未嘗至於偃之室」及「事君數」、「朋友數」「斯辱矣」、「斯疏矣」等不能有所計較之理想道理，其又為孔子教誨說：「今之孝者，是謂能養。至於犬馬，皆能有養，不敬，何以別乎」〈為政〉，實見子游言道理時未盡人情所有之虛假。此編者所以引用本句言子游之目的：縱使為喪、縱使言人性情感之哀，仍求其「致」「而止」，其錯誤在此。甚至，若如子游本未知盡人情而獨舉其對人性情感之喪言，這本身已是一種弔詭，從反面而求揭示而已。

十五、子游曰：吾友張也，為難能也，然而未仁。

十六、曾子曰：堂堂乎張也，難與並為仁矣。

若前句見子游之未盡真實，本句亦然。子張雖明顯因求為極端而不真實，然子游對子張之評論，本身亦未見公允。我想，是為顯示如此未為真實時之虛假性，故編者以曾子對子張評論緊置於後作為對比；甚至，曾子之後幾句，似直對反子游句而設。曾子有關子張之言是：「堂堂乎張也，難與並為仁矣」。

子游與曾子句，句式一致，內容亦同一。然細讀明顯見一差異：子游對子張之評論純然客觀，然曾子之評論則唯從與己一面言而已。對人之批評若純從其人自身言，除非有所理由原因，如宰我論三年之喪時之不仁【見〈陽貨〉】、或如令尹子文及陳文子之「未知，焉得仁」〈公冶長〉外，縱使為弟子，孔子之評論仍只「不知其仁」而已，非「未仁」：「孟武伯問子路仁乎？子曰：不知也。又問。子曰：由也，千乘之國，可使治其傅也，不知其仁也。求也何如？子曰：求也，千室之邑，百乘之家，可使為之宰也，不知其仁也。赤也何如？子曰：赤也，束帶立於朝，可使與賓客言也，不知其仁也」〈公冶長〉。如是而子游對子張評論為「然而未仁」，除姿態過於居上外，如此評論反顯其自身實亦「未仁」，此子游於德行與修養上之虛假。縱使為實，仍應有所保留地說，曾子故唯言「難與並為仁矣」，非其人自身之「然而未仁」。同樣，以子張為「難能也」，與言子張「堂堂乎」，前者對人能力確有所判斷，而後者唯描繪其感受上之氣度，非言其是否有能。對人如是無人情上之保留，一如其對子夏之批評那樣，都實由於過份自恃，其未能真實在此，只如文人相輕而已。子游縱使求為德行理想，雖未如子張之好極端，然始終仍有所虛假而未為正。此《論語》編者並列曾子與子游句之原因。

*

〈子張〉所引曾子語句，除見曾子較子游為正確外，更見其性情與對道理體悟之真實。作為對反前子張、子夏、子游三人道理之不是，所引曾子首兩句，故以「吾聞諸夫子」一語作為分界，以示〈子張〉由曾子語始（以下句子），其為道理正確而真實，非如前半部份自負而虛假。因「聞諸夫子」，故明為真實道理故。

曾子以下三句（十七至十九句），見其對人性人情之關懷與心胸：十七句從人自己（自致）、十八句從人對至親（孝）、而十九句則更從對向世人言（特別有罪或卑下者）。緊接曾子語句後所引子貢二句，如我們指出，非為子貢代表語，一言紂之惡、另一言人之過（二十與二十一句）。然若視如與曾子句一體，則為一完整圖像：從人不同位置（自身、對親人、對世間卑下罪人、對大惡者、至對「人」本身存有），言其「人性」之表示，因而為編者自己（有子）對「人性」之論述，為有子自己之「人性論」，藉由曾子與子貢句表述而已。【所以為有子自己之「人性論」，因若非整合而觀，五句分散言未必與人性主題有關，其出於二人語句而又整合為一，故只能是編者有子自己之意，與二人自身句子無關】。在孔子「性相近」及孟子四端之心外，有子這裡，即為古代對「人性論」另一論述。其重要性如此，既見在《論語》終結前，有子對自己思想作最後表述、亦見其切望人類能人性時心懷之懿美。

十七、曾子曰：吾聞諸夫子，人未有自致者也，必也親喪乎？

〔論人性之道有五。一：從人自身「自致」見人性〕

「人未有自致者也，必也親喪乎？」意謂：若非至親之喪，人鮮有感自身生命如已窮盡般。【故對顏淵之逝，孔子「天喪予！天喪予！」地自感生命完結，亦「子哭之慟。從者曰：子慟矣。曰：有慟乎？非夫人之為慟而誰為？」〈先進〉】。「自致」於此雖非如「致其身」〈學而〉或「致命」〈子張〉般極端，然仍是一種自盡：生命失其至親愛時之心境心情。人若能體會如此，其自我自然再不執着、對人生始更能寬大地體會、更能對人性情感其意義有所真誠明白，非再執着狹隘之現實與利益而虛偽。藉由如此情況故可揭示：在人一般自我外，從個人自己言，是仍有着人性情感之真實與可能的。《論語》故借由如是情景，教人見曾子自己對生命或生死之坦然，記說：「曾子有疾，召門弟子。曰：啟予足、啟予手。《詩》云：『戰戰兢兢，如臨深淵，如履薄冰。』而今而後，吾知免夫。小子」、「鳥之將死，其鳴也哀。人之將死，其言也善」。唯對生命如是坦然，始能有：「可以託六尺之孤，可以寄百里之命，臨大節而不可奪也。君子人與？君子人也」及「死而後已，不亦遠乎？」〈泰伯〉之氣度。曾子所聞雖為孔子語，然實亦見曾子其無我時人性之闊大。人確唯從至親之喪，始能體會生命之至誠，其「我」之「致」（「自致」）由此。

句故借此以言：單從人自身個體言，縱使人人本有自我、如不知或毫無人性般，然始終，於見至親至愛者之喪逝時，仍必有其人性之極情在。就算為個體，在其親喪自致而再不能自我時，其時之人性情感，始終為每人自己之真實，平素不察而已。

十八、曾子曰：吾聞諸夫子：孟莊子之孝也，其他可能也，其不改父之臣與父之政，是難能也。

〔論人性之道有五。二：從對人之孝見人性〕

若人無論多自我仍於親喪見其人性，那若非從個體自己，而從人與人間，其時人性如何？編者借孝一事言。【「孝弟」道理於〈學而〉，亦出於有子語】。孟莊子之孝所以「難能」，【曾子本句「難能」二字，明對反前第十五句子張之為「難能」。如子張般自我，實非「難能」，孟莊子無我之孝，始是】，因於父逝沒而承繼一切時，孟莊子仍不視如己有地隨意變更，故「不改父之臣與父之政」，此其無我無私之德行。曾子以此反映時人自我多不如此：視一切為己有、以己意己欲為先。

句借此簡明道理，言人能如孟莊子之孝，無自我地對人，縱使只為親人，仍已見其人性之真誠。句所特殊指出，非僅父在生時之養，更是父沒後之事，由此更見其無我之誠與真實，非唯在父母前始能如此。若「自致」能見人其人性，孟莊子之孝亦然：所見實為人對人（親人）無自我時之人性。人性故非難以分辨，從如「自致」與無我地「孝」便已見其實。此亦孝弟（敬老扶幼）所以為人道、人倫之本，其行直為人性故。能既從「自致」見人性之誠，又能無私地對待他人與其事，如此心懷與品格，已實是人性之彰顯。

十九、孟氏使陽膚為士師，問於曾子。曾子曰：上失其道，民散久矣。如得其情，則哀矜而勿喜。

〔論人性之道有五。三：從對有罪者之哀矜見人性〕

非但由「自致」或由「孝悌」，於人對向一般世人、甚至對向有罪之人，人性仍可由「哀矜」

而體現。「哀矜而勿喜」明為一種人性心。【曾子所言「哀矜」，實如後來孟子惻隱之心。差別唯在：惻隱所對為無辜者，「哀矜」則更對向世人有罪者，其罪因世無道引致（「民散」），故此時悲憫之情，即人性心之體現。惻隱故只仁之端，曾子所言「哀矜」更是仁】。從「上失其道」可見，中國對人類惡之源起，都視為由上位者而致，非源起於人民、亦與所謂人性惡無關。【亦參考孟子：「天下之生，久矣一治一亂。（⋯）堯、舜既沒，聖人之道衰，暴君代作，壞宮室以為汙池，民無所安息；棄田以為園囿，使民不得衣食；邪說暴行又作，園囿汙池沛澤多而禽獸至。及紂之身，天下又大亂」〈滕文公下〉第九章】。上位者所以為惡之源，因權力與影響力必自上而下，而共體中能主導者，亦唯上位者而已。上位者之「失其道」，或由於自身邪妄（如好權力、貪婪、自我等）、或由於不知教民以禮樂、更可能從治理之不善使人民困窮、甚或單純由於愚昧不智，總言之，實或由於不仁、不智、或由無禮、無義而致。此從來人類惡之原因。由此故「民散」。「散」言不自檢束，因而為惡；如此之惡，亦多由於上行下效故。【見：「君子之德，風；小人之德，草」〈顏淵〉、「其身正，不令而行」、「苟正其身矣，於從政乎何有？」〈子路〉】。人民之不檢而罪，始終無辜，故不應視為咎由自取，亦不應只言公平正義地對向：「如得其情」，仍應「哀矜而勿喜」。此仍從人性之仁言，特別當世無道已「久矣」，見民（人）有罪，更應如此。為法治而濫用刑與罰，故既無承擔、【「萬方有罪，罪在朕躬。（⋯）。百姓有過，在予一人」〈堯曰〉】、更非人性。非但只「哀矜」，更應「勿喜」。「如得其情」而「喜」，實只人與人更深敵意惡意而已、另一種不仁而已，非以為得行正義與執法便已是。對向人、對向罪人，故仍應有其人性，此曾子本句所示。於見人或人民有罪，故實仍有人性可能。【《論語》「散」一詞，反喻若上有道，民將一心一體。故其犯惡，實亦由於失卻人性方向而已，故各各自我而敵對、自私而自利】。

《論語》借由曾子以上三句，除對比子游漠視人情而見曾子對人之胸懷外，更明白為從不同角度，教人見人性其所是與真實；無論是一己、抑對人與事、甚至對向世人與有罪者，曾子句都示其人性所在。對如此人性真實，人故多不察而已，非沒有。

二十、子貢曰：紂之不善，不如是之甚也，是以君子惡居下流，天下之惡皆歸焉。

〔論人性之道有五。四：從對大惡之理解見人性〕

從上述曾子語句可看到，編者實有意對「人性之道」一步一步回收並整理，教人見人性真實及其事實：先從人個己之「自致」、再從人對人孝之無私、後以對百姓之不善既體恤亦惻隱。子貢句銜接於此：非但從民之罪人，更從上位者之惡者言，故舉紂為例。【以上四者實對應人之四種存在向度：作為上位者、作為百姓、人對向人、及人之自己。見〈為政〉首四句】。

若民由「上失其道」而散，那何以「紂之不善，不如是之甚也」？人類或社會共體之惡，不是由「上失其道」始致？我們應分辨清楚：所謂上位者，所指非獨君一人而已；共體中居上主要有三：知識份子（含今日媒體）、富有者、具權力力量者。【見〈八佾〉二十一與二十二句】。甚至，除天子外，諸侯、大夫、陪臣等一切承輔者，均亦可視為上位者，具一定力量地位與影響力故。【參考〈季氏〉第二句】。如是，所謂上位者之惡，實非一人之事。故孔子總結人類之惡（不仁）時說：「人之過也，各於其黨」〈里仁〉；換言之，單個人無論權力多大，始終無法憑個人而為惡；若非亦有群黨或陪臣、有社會中上層階層之同流合污，否則惡無以能致此。人之大過，故必由黨、由群力始致，為一種集團式腐敗，無論從欲望（富有）、從追求之無節制與背離人性（知識）、抑從強暴（權力）等方面言均如此，故非只單個人之事。正因如此，縱使仍居上如紂，其惡絕非由於一人而已。所以似如此、所以為大惡，因集天下之惡於一身而已，此亦子貢在這裡所言者：作為一個體，如紂，其所以為大惡者，實因「居下流」、因獨特地顯著，故「天下之惡皆歸焉」。人不善是一事，然被咎責而視為大惡者又是另一事，後者只為天下之惡之承受者、為公共性（共體）所咎責而已，與個人之真實未必有關。對如紂個人，子貢所言故只為「不善」，非「天下之惡」，其意涵如此。

「個體」縱使居上，始終只人，既非絕對、亦非能完全自主。縱使居上，個體仍實處於「天下之惡」間；若非上智，縱使具有無比權力，仍無以不背離人性道；其不能超拔於現實，故始終無以自己而清明。非因此而無辜，只言由不善至惡，始終非只個人之能事，仍由「天下之惡」始致，此言「天下」時之意思。

故：人民或存在之不善由上致是一事，個體被稱為大惡又是另一事，不能由一者視為另一者、只咎責於一人。此所以「紂之不善，不如是之甚也」，為共體咎責時之代表而已。一切上層階層，始終應對自身虛假性反省，不能從咎責一人而豁免。惡一旦普及化、成為時代現實，必或多或少見於人人身上，唯已微分至如沒有而已。縱使非居上，故仍有獨裁、虛偽、暴虐、貪婪、欲望以致不正義可能，如「鄉原」甚至「道聽而塗說」者便如此，【見〈陽貨〉對虛假性之分析與總覽】，「民散」亦從此言。大惡之大，故始終從承受言而已，人是不應唯對一人責備、不應唯以善之名指責，而不先行反省自己、不正視風氣與環境。

作為行走四方之人，【「子貢方人」〈憲問〉】，子貢對如此現實現象深切明白。縱使為紂，故仍知以人性看待；並由此而教人：人仍須自我反省，「見不賢而內自省」〈里仁〉。人始終多不能自己、多同於天下人之惡，非天下皆善而獨一人為惡而已。可能由見這樣現實，子貢故極在意自身之獨立而說：「我不欲人之加諸我也，吾亦欲無加諸人」〈公冶長〉；「是以君子惡居下流」亦必從此言。無論如何，從子貢語明白可見，縱使為大惡者如紂，仍應以人性明白，不能自以為是地咎責。從子貢如此仁與人性、其對天下善惡之理解，故見其心胸氣度之闊大。句故完整化上述人性之論：從民之不善者推進至上位大惡者。所教始終是人性真實、其應有之另一面（至極端亦至大之一面）。

二十一、子貢曰：君子之過也，如日月之食焉。過也，人皆見之；更也，人皆仰之。

〔論人性之道有五。五：從人對人有過之明白見人性、人作為有過之存有〕

作為人性論總結，有子故借由子貢本句指出：人實一種「有過」存有，其至美善非在無過，而在改過上。由是亦見有子對「人」如此「有過」事實之人性心懷。從民之罪人、上位者之惡、至「人」本然缺陷，有子其人性論始終不逃避、不逃避人類不善與惡之事實，以為人性善必然只能為善者。其人性觀故極致地仁，亦人性善不能忽略真實。

人其存有、人其所是，實一「有過」存在者。人非神靈，過錯對人作為人言必然。過錯因能從改過致善，故不應視為不可磨滅之缺陷，更不應因有過而對人類作為人低貶。問題故唯在改過，亦孔子所以說：「過而不改，是謂過矣」〈衛靈公〉。人因求為自我，而自我都以受尊敬為光榮，故難接受譴責、難接受自身有過之事實。子貢故刻意對反地說：人之過實為人人所見，不能自欺如沒有（「過也，人皆見之」）；然所以受人景仰，非在無過，在能改過而已。言「更也，人皆仰之」，故實深明人其自我之虛偽，並以改過始人受人景仰之原因：改過於人始真正「難能」故。作為有限存有，過失本亦人性，故不能以為不善。人能改過，始終如「日月」，其光明為人人所仰。「有過」一事實，於人故非缺陷，而是其能偉大之原因。

若從人類思想（西方）從來以人性為惡為由對人性作否定這點言，《論語》以上五句特從人之不善與惡以言人性之道，其見深明遠達。若過失（不善與惡）為人本然所有甚至是人之所是，那是不應以人有不善便全盤否定其存有者：人始終非神靈，不能以無過始為人性所以善。甚至，這看似過失之舉，如孔子所言「父為子隱，子為父隱」〈子路〉，往往始其人性真實、其人性善所在：人本然必有對人特殊之相繫故。以為一種純粹而絕對之「公」（如國家）始為正，這已違逆人類存在事實，其所言道理亦與人『作為人』再無關。人非因有惡而不是人，亦非因與人有特殊相繫而非為正；若有如此可能，實已與人性再無關：人始終由特殊相繫（人倫）而為人故，人性亦先由此。藉由「親喪」之「自致」與「孝」，所教正是人性實由人與人特殊相繫而致。人其人性與善惡故非能以理性當然地衡量，亦不能以一純粹而絕對方式定斷。正因如此，縱使「得其情」，也只能「哀矜而勿喜」，不能理性絕對無情地以對。縱使為紂仍然。中國以孝為仁之本（〈學而〉）、從「親喪」見「自致」之人性，都言人性之繫於人而已。作為情，人性必由親疏而啟始，若有人神或人物差別，仍先為人而仁、先有不忍人之心，非能無差別地對向一切存在者。若理性而無人性，存在再無以言為美麗。人性故更見於人存在之本然有限性、見於其存在之受限，或於「親喪」、或於「孝」之「難能」、或於「上失其道」、或於「居下流」。人性無以從絕對言、無以從絕對自由意志言，人之善惡，由是故亦無能絕對化，此始為真實人性。

如是，以何面對人之不善與惡？固然非因人性而對惡與不善肯定。惡與不善仍必須改變，此德行本來意思，亦「善人為邦百年，亦可以勝殘去殺矣」〈子路〉所求。唯問題在：求為改變惡與不善、與惡與不善為對人及人類（人性）咎責，二者心態實不同。以人性為惡只引致對人類低貶，以「他者」始為善，故已無教育或改善人類之心，如法制之只求壓抑那樣，始終以惡為根本及必然。對人類咎責而不以人性教育，實未仁而已。在一切刑罰咎責前，故仍應使民興於禮樂，此孔子：「禮樂不興則刑罰不中」〈子路〉意思。對不善，盡力人性地改變便是，咎責始終無濟於事。由是可見，言人性惡者，實自身本無人性、本非從人性心言而已；唯不從咎責言惡，其心始人性而善。問題故非在人性善抑惡，更先在論者自身為人性抑無人性。問題首先在此。

本組從人親喪之「自致」與孝對人之無我、從對「民散」之體恤至對大惡者之寬仁，終見人其過失存有之如日月：由改過始受人景仰；如此層層對人性之明白、並指出其可能，實是有關人性多麼深邃反省。直對向人之惡言人性論（人性善），於歷史獨一而無二。孔子之仁，故始終為弟子體認並最終承繼。

*

〈子張〉在結束前，回歸孔子自身，藉由子貢語，言弟子對孔子之景仰、及人類歷史應有對孔子之評價。

二十二、衛公孫朝問於子貢曰：仲尼焉學？子貢曰：文武之道，未墜於地，在人。賢者識其大者，不賢者識其小者，莫不有文武之道焉。夫子焉不學，而亦何常師之有？

〔對孔子最終評價有四。一：論孔子學問之所由〕

子貢與孔子情感至深，其與孔子相處亦至長，以子貢為代表而結束弟子與孔子關係，至為恰當。

有關孔子，先從其學問之所由言起。衛公孫朝質疑孔子因無師，故焉有所學問。子貢之回答是：孔子之學問，實由道或由文武之道而學而已。道因唯人或人性之道，故始終在人類自身，除非人類消失於世，否則不會墜於地而喪失。賢者始終可識其大者、不賢者仍可識其小者，人莫不有人性（道）故。孔子故非因無師而無學，其學由人性道本身而已。甚至，孔子非無師，唯無常師而已，如其自己所言：「三人行必有我師焉。擇其善者而從之，其不善者而改之」〈述而〉。

此孔子學問、亦一切真實求學者之必然：非以師承求名位、【「仲尼焉學？」】、由自學而無「常師」而已。句所以特舉「文武之道」，恐「道」對一般人言過於浮泛不確定而已。

二十三、叔孫武叔語大夫於朝曰：子貢賢於仲尼。子服景伯以告子貢。子貢曰：譬之宮牆，賜之牆也及肩，闚見室家之好。夫子之牆數仞，不得其門而入，不見宗廟之美，百官之富。得其門者或寡矣。夫子之云，不亦宜乎。

〔對孔子最終評價有四。二：孔子之美〕

在觀者與被觀者兩者間，人易把一切歸究（歸咎）於對象或對方方面，而不知實亦有觀者自身之限制。甚至，如子貢所比喻，對象之美，非只外表容易之事，仍有內裡外表之分別：以為能毫不費力便得見得獲之事，遠不如難以得見得獲者來得有價值。孔子之美、其學問之富有，深邃深藏至難以得悉：「不得其門而入，不見宗廟之美，百官之富」。叔孫武叔對孔子之負面評論似正確，然所言實非孔子，而是其自身之貧乏而已。故「夫子之云，不亦宜乎」。

二十四、叔孫武叔毀仲尼。子貢曰：無以為也，仲尼不可毀也。他人之賢者，丘陵也，猶可踰也。仲尼，日月也，無得而踰焉。人雖欲自絕，其何傷於日月乎？多見其不知量也。

〔對孔子最終評價有四。三：孔子之高不可踰〕

非但深藏至難以窺見，孔子之高，如日月之不可攀。無以能攀，故亦無以能毀。人均以為一切只現實、一切均可由現實定奪，而不知：高遠至如日月者，是無以再能現實地衡量或比試損毀者。以為能如此，皆不自量力而已。由人性而致之道，由於人始終為「人」，其道理實無以終究地毀滅；所能毀滅，只自我之事而已。子貢之言「人雖欲自絕」，多麼明見人類事實、亦多麼明白現實所是。以「文武之道（⋯）在人」、以人其自我「何傷於日月」、以「丘陵」之現實與作為「日月」之「道」相較，都見真實者之無以言踰越。孔子之道，其遠在此、其不可毀亦在此。

二十五、陳子禽謂子貢曰：子為恭也，仲尼豈賢於子乎？子貢曰：君子一言以為知，一言以為不知，言不可不慎也。夫子之不可及也，猶天之不可階而升也。夫子之得邦家者，所謂立之斯立，道之斯行，綏之斯來，動之斯和。其生也榮，其死也哀。如之何其可及也？

〔對孔子最終評價有四。四：孔子猶天之不可及〕

《論語》在結束前，最後對孔子之偉大作歌頌。人於現實可無位、道於現實亦可不行。非因而人與道無能是，現實無以是而已。若人與道能行，如「夫子之得邦家者」，那求立於禮樂，禮樂由是而立；導之以德行，德行由是而行；來而安之，則遠者斯來；動之以和，而天下皆和。如天之孔子，故唯「其生也榮，其死也哀」。人之智與無智若由一言而顯，那言天與道無以能行者，其言之無智尤是。

子禽曾問子貢：「夫子至於是邦也，必聞其政。求之與？抑與之與？」子貢那時之回答仍只是：「夫子溫、良、恭、儉、讓，以得之」〈學而〉。孔子之「求之」，唯「異乎人之求」而已。然今有關孔子所及，子貢所言則是：「夫子之不可及也，猶天之不可階而升也」。政事仍可求，然人則不可及，特別「其生也榮，其死也哀」之孔子更是。猶天之孔子，「如之何其可及也」。〈學而〉在弟子外獨舉子禽之問「求得」，又在此〈子張〉結束處對子貢（其富有？）奉承，如是現實庸俗之表徵，與作為道之孔子，其孰是孰非，一目了然。【《論語》言子禽唯此二次。子禽非必如鄭玄所言，與孔子弟子陳亢為同一人。若為孔子弟子而貶其師至此，不應為編者引用於弟子對孔子之最終懷念】。

子貢有關孔子之景仰，多麼見其對孔子之明白與深情。其文辭之美，無能再贊一辭。

有關〈子張〉分析，我們至此終。

公元二零二零年六月七日

堯曰

君王之道

〈堯曰〉論君王之道。孔子非君，故以堯命名。《論語》編者於本篇填補君王之道時，以《尚書》為據。非對《尚書》研究，只以最簡略方式，借《尚書》片言兩語以表達君王之道，故為人誤以為竄改。〈堯曰〉應《魯論》原有，與《論語》書一致完整。

〈堯曰〉之分組主題如下：

一、君王之授命（一句）
二、君王誓辭（二句）
三、君王之治道（三至五句）
四、君王修身之道（六句）
五、君王從政之德性（七句）

＊

一、堯曰：咨爾舜，天之曆數在爾躬，允執其中。四海困窮，天祿永終。舜亦以命禹。

〔君王命辭〕

本句為君王授命之辭。《論語》借以指出：君之為君，實非刻求自取，唯由德行而致授命而已。如此君王之成，始至為客觀，非人所能圖得者。無論堯舜，故由德行而有天下，非由力取。【「巍巍乎舜禹之有天下也，而不與焉」〈泰伯〉】。授辭非堯之言；事實上，此第一句為舜命禹、非堯命舜。編者故刻意加上「爾舜」二字，示人此即一切君王對一切君王之授命。以「堯曰」稱，只堯為君王之首、為授命之始；而更言「咨爾舜」，因舜實為受命之第一人、為受命者之典範。最後，「舜亦以命禹」，所表實為一切君王均應如此。

授命內容簡明：【見〈大禹謨〉】：「天之曆數在爾躬」者，猶言此授命由天數決定，非人之私意。「允執其中」者，正因為天所命，故須誠實地行其中正之道，不能妄為。「四海困窮」者，言當念天下人均處於苦極狀態；「天祿永終」者，故言當期盼天之福祿能永存於世。又：以「四海」對「天祿」、「困窮」對「永終」，實喻：以人世行事法也只困窮而已，唯以天道天命以行事，始有永存可能。

＊

二、曰：予小子履，敢用玄牡，敢昭告于皇皇后帝：有罪不敢赦，帝臣不蔽，簡在帝心。朕躬有罪，無以萬方；萬方有罪，罪在朕躬。周有大賚，善人是富。雖有周親，不如仁人。百姓有過，在予一人。

〔君王誓辭〕

本句為君王受命時誓辭，以一己願承擔一切。以一「曰」字啟而無標示誰曰，因應為世世代代君王之誓，故無須標明。文取〈湯誥〉而保留「履」（殷湯名），亦以此（並與下《尚書．周書》句）示人夏商周三代之道均如此；故前命辭用《虞夏書》，今用《商書》《周書》。

誓辭主旨顯然在君王誓言願承擔一切罪過，不過責他人，以達治理上之至高主體：治之善在人非在己、治之惡在己非在人，故「朕躬有罪，無以萬方；萬方有罪，罪在朕躬」。「敢用玄牡」者，以黑色雄獸（公牛）為祭祀以告「皇皇后帝」。「有罪不敢赦，帝臣不蔽，簡在帝心」者，〈湯誥〉中「不敢赦」本指桀言，然這裡則可作「弗敢自赦」解；所以如此，因帝臣無以能蔽，一切均為帝所明察於心，故有罪不敢自赦。最後，「周有大賚，善人是富。雖有周親，不如仁人。百姓有過，在予一人」（撮自〈武成〉與〈泰誓中〉）是說：周所以受天賞賜，因富於賢善之人。故縱使有親近之親屬，不如有仁人協助。而始終，百姓若有過，唯在予一人而已。以上為君王之誓辭。

君王能盡誠其誓，其為君始為至德之君。從命辭、誓辭，故見君王之誠。

*

三、謹權量，審法度，脩廢官，四方之政行焉。

〔君王之治道有三。一：治國〕

為政之道之對內對外，即〈大學〉所言「治國」與「平天下」。治國之道為：「謹權量，審法度，脩廢官」，如是而「四方之政行焉」。【這裡不宜因《尚書‧虞書》有「乃同律度量衡」而以為「權」、「量」、「度」三詞各指重量、容量、長短單位之制定，這樣反使文意狹隘不明朗。況且，「謹」與「審」兩動詞及二語之平衡（「謹權量，審法度」），不宜以「權」、「量」、「度」三事破壞】。「謹權量」統言一切物制度之嚴格制定；「審法度」

則統言一切事制度之制定審核；而「修廢官」則統言一切人制度（人事人才制度）之修定。治國之道，故在物制度、事制度、及人制度之制定上。制度之制定，非以多為善。「謹」故指限定事物之權力及範圍，「審」指事情法度之重新審查限制，不使濫法，而「修」則指修理整平多餘之官吏人力。如是對物、事及人制度之修整與限制，使物之權量、事之法度、及人之官階權力等不致濫用，此政所以行：「四方之政行焉」。治國之道先由此。

四、興滅國，繼絕世，舉逸民，天下之民歸心焉。

〔君王之治道有三。二：平天下〕

為政對外之道為：「興滅國，繼絕世，舉逸民」，如是故天下平。三者為對喪失之國家、已絕滅之宗族家族甚至民族、及失位失志個體三者之重建重立，如是之仁，故可使「天下之民歸心焉」。政行而民心歸，此王者之道。

五、所重：民、食、喪、祭。

〔君王之治道有三。三：治道之終極〕

為政之終極在：「所重：民、食、喪、祭」。「民」言以人民為主、敬民之一切事、甚或以人倫人情為本；治理先在立民教民而已。「食」指重視民衣食住行之事。「喪」言重視死者與生命，使喪亦得其安。「祭」言以祭禮對先祖、傳統與天地，以表達敬重；人懷着感謝之心情對向先祖、傳統與天地而存在，如是人心始得以歸厚。「民」與「祭」，一者為存在之本、另一者為人存在心懷之體現。而「食」與「喪」，則亦生與死兩事而已。自人民至先祖傳統、自人之生至其死，故為治道之終極對象與內容。治道由是而成。

*

六、寬則得眾，信則民任焉，敏則有功，公則說。

〔君王修身之道〕

君王修身之道，亦寬、信、敏、公四者而已。一般以此四語與〈陽貨〉之「子張問仁」有關：或〈陽貨〉「子張問仁」屬〈堯曰〉此下半之「子張問」、或〈堯曰〉此寬、信、敏、公為〈陽貨〉「子張問仁」之脫簡。我們認為均非如此。〈陽貨〉之恭、寬、信、敏、惠非主言君王之道，亦可針對士而言，故既多出「恭則不侮」一則、亦言「信則人任焉」而非〈堯曰〉之「信則民任焉」。因為士，故〈陽貨〉終言「惠則足以使人」而非〈堯曰〉之「公則說」。二篇之差異，明顯對應不同對象：〈陽貨〉對士、而〈堯曰〉對君王。

君王修身之「寬則得眾，信則民任焉，敏則有功，公則說」四者，為由內至外；其所得或所成，則由外至內或由大至小：「得眾」最大、「民任」次之、「有功」只從事成言、而「悅」只人（民）內心感受。「寬」從心氣度言，因為君王故必須寬。若「居上不寬」，孔子說：「吾何以觀之哉」〈八佾〉。「信」而民信任，為民所以立之根據，故「道千乘之國，敬事而信」〈學而〉、「人而無信，不知其可也。大車無輗，小車無軏，其何以行之哉」〈為政〉、「子貢問政。子曰：足食，足兵，民信之矣。（…）自古皆有死，民無信不立」〈顏淵〉、「上好信，則民莫敢不用情」〈子路〉。「敏」亦敏於事而已，由敏故有功。「公」言公平、公正；官爵之稱「公」，亦求其於眾人之事而公而已。能以公道對待，故悅。所謂君王之修身，非言其更高德行，只求其對民寬、信、敏、公而已。

本句所以沒有冠上「子曰」，因只為編者採納修改，以說明君王修養之道，並以此完成君王命辭、誓辭、治道、及修養四方面。因涉君王之修養，故引入孔子與子張有關為政者基本德性之討論以終。

*

七、子張問於孔子曰：何如斯可以從政矣？子曰：尊五美，屏四惡，斯可以從政矣。子張曰：何謂五美？子曰：君子惠而不費，勞而不怨，欲而不貪，泰而不驕，威而不猛。子張曰：何謂惠而不費？子曰：因民之所利而利之，斯不亦惠而不費乎？擇可勞而勞之，又誰怨？欲仁而得仁，又焉貪？君子無眾寡，無小大，無敢慢，斯不亦泰而不驕乎？君子正其衣冠，尊其瞻視，儼然人望而畏之，斯不亦威而不猛乎？子張曰：何謂四惡？子曰：不教而殺謂之虐，不戒視成謂之暴，慢令致期謂之賊，猶之與人也，出納之吝謂之有司。

〔君王從政之德性〕

此有關「從政」之討論，明單純從從政者德性方面言，甚至只其對向人民百姓之方面，非個人或與賢者間。其為從政德性，故有總結性意味（「何如斯可以從政矣？」）。

君王從政之德性可總歸為二：「尊五美，屏四惡」。五美者，實從外至內、從人至己：一為惠人、二言勞人、三言己欲、四五言己貌（泰與威）。能「因民之所利而利之」，即「惠而不費」。所以不費，因所惠實由民自身求得而已、由有所便民而致而已；民如是求得，因所得間接如由君所致，故視如惠，其惠故不費。同樣，人非必不願勞；勞而得其樂者，其勞不怨，故「擇可勞而勞之」則民不怨，視如非勞故。所以能「欲而不貪」，因若所欲唯仁，如孔子：「我欲仁，斯仁至矣」，或如伯夷叔齊之「求仁而得仁」〈述而〉，如是之欲無以為貪。君子所以「泰而不驕」，【亦參考：「君子泰而不驕，小人驕而不泰」〈子路〉】，因「無眾寡，無小大，無敢慢」；眾寡、小大、敢慢為價值之偏失偏見，從量至實、從實至態度；一旦如此，即無以不驕。自恃眾、大而敢慢，此往往為人所以驕之原因。最後，能「威而不猛」，實由衣冠之正、瞻視之尊而致而已；換言之，自己對事物無所輕視隨便，心亦絲毫無所邪僻，如是而「儼然人望而畏之」。稱為「五美」，意嚴格言非為德行，只人與事之美而已，如「君子成人之美，不成人之惡」〈顏淵〉那樣。

至於「四惡」，實由對人而虐、對行而暴、對事而賊、及對財物如有司而致。對人「不教而殺」、對行「不戒視成」、對事「慢令致期」、而對財物猶如「有司」，此均從政者之惡。人若不教多無知善惡、行若不先訓戒訓示亦難見成就、事若怠慢其指導與執行必無以及時限、財物以「有司」姿態不與人，必失公義與誠信。之所以「謂之有司」，「有司」本指官吏，非必從主典物之庫吏言。如「仲弓為季氏宰，問政。子曰：先有司，赦小過，舉賢才」〈子路〉便是。「猶之」二字，其與「譬」在《論語》之用：「譬」所比為非真實事物，「猶之」所言則為如真實事物事情。「猶之與人也，出納之吝謂之有司」故是說：如有司，因其官職地位，於出納時須即與人然往往有所吝（如收回扣或拖延等）；這裡所言（惡），故實為官僚姿態，與庫吏無關，故「謂之有司」、非謂之「吝」。

「尊五美，屏四惡」所以「可以從政」，因縱使非從政事本身言，然如是知如何對人、對民之基本，故「可以從政」。若連此對人對民美惡之不知不行，其從政只或費或怨、或貪或驕或猛、甚或虐或暴、或賊或有司（官僚姿態）而已。

以上為〈堯曰〉君王之道。〈堯曰〉君王之道，縱使言修身或從政德性，都只君王之基本而已，非王者德行。若為王者德行，可參閱〈泰伯〉篇末等。

《論語》最終一句：「不知命，無以為君子也」，非屬本篇，亦與君王之道甚至與《論語》無關。陸德明《經典釋文》明言「《魯論》無此章，今從《古》」，即此章從《古論》而來，非《魯論》本有。其偽明顯。今不解說。

有關《論語》解釋，正文至此終。

公元二零二零年六月一日

《論語》之構成與體系

一、《論語》之承傳、其真偽及《論語》原本之還原

長久以來，人們以《論語》為孔子死後門弟子彙集而成之書籍；其中沒有系統、沒有中心，甚至往往有傳鈔上之錯亂及刻意竄改。我們認為，《論語》並非如此。不單只其文句可嚴謹確定，甚至全書之編排，從章與章至句與句或字與字，都有着精密而全盤計劃與結構。這一完整設計，除全面傳述孔子教誨外，更為儒學及中國古代道理之系統整理：從人民百姓至君王之道、從個人生命至人類存在整體、從人與人人倫關係至為事守則，《論語》莫不由深刻體會至深遠反思而成。

中國經學傳統以儒學為本，而《論語》明為其教學論著，「子曰」一辭已顯示這點。中國此一經學傳統，是建立在人性一基礎上、並以人類存在為最終基準。若以人性及人類為終極即道理，那以超越者或他者為終極即真理、以物質世界為本即物理；三者為人類思想上之價值取向。中國與西方所不同在於：因惟以人性之真實、非以超越或物理真實

為本，故無理論與體系之多變性可能；人性真實無可變，故始終恆一，此即中國經學。

《論語》二十篇分上下兩部份，上部為一般道理，下部則與特殊道理有關，如師徒教學關係、政事、現實分析、從極致與總覽言道等等。〈學而〉為道理總綱，論述為人為事德行之基本，最終並論人類存在理想與境況之正道。〈為政〉以真實性為主題，論述人向度、事人、知人、及人作為個體自身等真實，終以論述「人類」與「真實」兩者間關係結束。以上兩篇為一組，無論德性總綱抑真實性（正）一主題，均基本而重要，故為道理之首先。〈八佾〉與〈里仁〉屬第二組，均從人共體關係（禮樂）、或人人普泛德行（仁與君子）言。西方以法律、中國則以禮樂為共體基礎，此〈八佾〉所論。若禮樂為共體客觀之道，仁與君子則為人人自身普泛應行德行：仁從立人、君子則從己立言。〈里仁〉故為論「仁」之核心篇章。繼此〈公冶長〉論說世俗存在與價值觀、及相反，〈雍也〉對「中庸」中道與平凡微小價值之首次說明，藉以糾正人對偉大性、對不平凡之虛假崇尚。於〈雍也〉，故見儒學對中道、對存在平凡平常性之肯定。在以上道理後，〈述而〉論述人作為個體生命之道。於此故見孔子之生命觀，及人一正面光明之生命為如何。〈泰伯〉則論說德行本身之意思與真實，非必偉大如堯舜，實亦可只如泰伯之讓而已。〈泰伯〉所言德行，故非一般道德與責任，而是人自己往往不為人所知見之一面，德行其真正意思在此。〈子罕〉繼而論述「自我」問題，分兩面：一為在現實與他人前無我之真實、另一為人作為自己時自我之真實。這兩方面，亦即孔子之德行及平素心志：無己與力行。若〈子罕〉以孔子個體為例，同樣，〈鄉黨〉亦以孔子為例，論述人日常平居生活習性及行作道理，分四主題：儀容與容色、衣服、食事、及事情行作之重視與應變。《論語》上部十篇內容，因而為從人倫為事之道至個人生活之全面論述。

因教學為「學」之落實體現，故《論語》下部十篇始於〈先進〉，為言孔子與弟子（先進弟子）之師徒關係。之後〈子張〉第十九篇，則藉後進弟子之言，記孔子逝沒後，弟子對其教誨之體認與承傳、及弟子對孔子之懷念與景仰。兩篇所包含，為天下、為政、現實、以致道理之極致與總覽、甚至如虛假性及隱士逸民心態之分析。於這些篇章，故見《論語》對道理其全面更進之討論。〈顏淵〉、〈子路〉、與〈憲問〉以孔子弟子命名：〈顏淵〉論德行作為天下之道與意義、〈子路〉論政治之道、〈憲問〉則為對現實作全面分析。其後三篇，則以無道之上位者命名：〈衛靈公〉論至致之理，為道理極致或極端方面之論述；〈季氏〉則教人對思惟總覽，其中見對政治現象道理、及首見對平素生活道理之總覽；最後〈陽貨〉回應〈為政〉，為對人類存在中種種虛假性之總覽，主要分兩部份：人類無知之偽、及人類有知或刻意之偽。在三篇後，〈微子〉以微子命名，為論從政而隱逸者、或隱士逸民心志之真實；終以教誨在位者對賢才之用。〈子張〉我們說過，記孔子逝沒後弟子（後進弟子）之言論，然於此部份，編者隱藏對讀者於道理上之考驗，為人類論著前所未有之舉；之後下半部份，則有二主題：一為編者自己（有子）對人性之論述、另一則為以子貢為代表，對孔子之懷念與景仰。《論語》最終篇〈堯曰〉，論君王之道。孔子非王，故以堯命名此篇。以上為《論語》二十篇之完整結構。

《論語》二十篇主題如下：

〈學而〉：存在正道總綱
〈為政〉：論人與真實性
〈八佾〉：共體人文禮樂之道
〈里仁〉：存在終極德行：仁與君子
〈公冶長〉：社會世俗價值反省
〈雍也〉：中庸之道
〈述而〉：個體生命之道

〈泰伯〉：論德行

〈子罕〉：論自我並兼論孔子

〈鄉黨〉：平居之道

〈先進〉：師徒之道（孔子與先進）

〈顏淵〉：天下之道：德行之意義

〈子路〉：政治之道

〈憲問〉：論現實

〈衛靈公〉：至致之理

〈季氏〉：總覽之道

〈陽貨〉：論虛假性

〈微子〉：隱士逸民心志及賢才之用

〈子張〉：後進弟子言論、對孔子之懷念與景仰

〈堯曰〉：君王之道

《論語》如此完整設計，解答了歷來考證上之疑惑。《論語》一書，為孔子對弟子講學、及借平素與弟子之言、行、事，論述並整理儒學教誨與道理。「語」指孔子之語或語論式，而「論」則為對道理之論述。《論語》故非語句零散收集。若只口傳記錄，編者無需編撰〈鄉黨〉、〈子張〉、〈堯曰〉三篇。〈堯曰〉多只《尚書》之言，〈子張〉更只弟子之言論，而〈鄉黨〉只為平素生活而非言說。三篇均與孔子言論無關。書之有此三篇，表明編者之編纂既有目的並力求完整。〈鄉黨〉結構之完整性更無可疑。事實上，若為弟子所集，因人均不願於歷史留下自身負面聲名，而《論語》全書處處見孔子對弟子之嚴厲責備甚至批評，如宰我：「朽木不可彫也，糞土之牆不可圬也」〈公冶長〉、「予之不仁也」〈陽貨〉；子路：「子路，行行如也。不得其死然」、「由也喭」〈先進〉、「久矣哉，由之行詐也」〈子罕〉；冉有：「季氏富於周公，而求也為之聚斂而附益之。子曰：非吾徒也，小子鳴鼓而攻之可也」〈先進〉、「求，無乃爾是過與？危而不持，顛而不扶，則將焉用彼相矣。求，君子疾夫舍曰欲之而必為之辭。今由與求也相夫子，遠人不服而不能來也，邦分崩離析而不能守也，而謀動干戈於邦內。吾恐季孫之憂不在顓臾，而在蕭牆之內也」〈季氏〉；公西華：「赤也，不知其仁也」〈公冶長〉等明顯外，連子夏：「子謂子夏曰：女為君子儒，無為小人儒」〈雍也〉；子游：「割雞焉用牛刀？」〈陽貨〉等亦然，對曾子亦仍有「參也魯」〈先進〉及「參乎，吾道一以貫之」

〈里仁〉之語；故若《論語》為弟子或門弟子所編纂，是不可能見有如此語句可能的。《論語》非隨意纂輯而成，因而明白。從第一篇至最後一篇，故為下自人民百姓、上至君王道理之完整論述。如此完整之儒學論著，是無一有關孔子經典所能有。

有關《論語》之傳承，依傳統記載，《論語》原初有三版本：《魯論》、《齊論》、《古論》。《魯論》二十篇，與我們今日可見《論語》版本一致。《齊論》多〈問王〉、〈知道〉二篇，篇中與《魯論》亦稍微有異。《古論》則把〈堯曰〉下半部獨立為另一篇，亦稱作〈子張〉，全書故共二十一篇，兩篇稱〈子張〉。此外，《古論》篇中次序亦有倒錯：〈鄉黨〉第二，〈雍也〉第三。《齊論》所多兩篇（〈問王〉、〈知道〉），其篇名較似《禮記》篇名，大概亦屬同類作品，與《魯論》篇名明顯不符，應為後加作品。《古論》之有兩〈子張〉篇、及從篇次之錯亂，更可見其不符《論語》本有合理構思與編排。若明白〈堯曰〉之心意與動機，那不應致如《古論》那樣，把〈堯曰〉內容上下兩部份分為兩篇，更不會把〈學而〉與〈為政〉以〈鄉黨〉及〈雍也〉隔開。《古論》之修改明顯無知，不可能為《論語》原本。故唯《魯論》可視為《論語》原本，亦我們今日所見版本。

據皇侃，《古論》為孔安國所注，但無傳學者。《齊論》為瑯琊王卿等所學。而《魯論》為夏侯勝及夏侯建等所學，以此教授於侯王。於西漢末，有張禹，本授《魯論》，晚講《齊論》，更合而更定，除去〈問王〉、〈知道〉二篇，成一《論語》，號曰《張侯論》。張禹所編《論語》，據說「為世所貴」。後來學者，亦多從《張論》。先有包咸（或苞咸）及不悉名周氏為《張侯論》分斷章句，後有馬融為張禹《魯論》作訓說。漢末鄭玄更就《魯論》，並考之《齊》、《古》二論，為張禹《論語》作注。至魏末吏部尚書何晏集諸家注解，加以改易，本於張禹《論語》，成《論語集解》，為我們今日所習《論語》原本。《論語》在張禹前沒有注解，在張禹後始有。我們今日《論語》，故為張禹所編，何晏所集解。《論語》各種古本或已佚、或殘缺不全，無法考證張禹《論語》之真偽。雖如此，我們仍可從《論語》內容編排上之完整性，反省其真偽問題。

若如我們認為，《魯論》為《論語》原本，那第一個問題是：張禹所編《論語》與《魯論》差距多遠？我們今本所見《論語》編章之完整性，是出於張禹之手、抑《魯論》原有？我們認為後者。原因如下：一、依據記載，《魯論》由二十篇構成。我們雖無法得知二十篇內容，但若今本《論語》二十篇為張禹所制作、非原本所有，其制定若為新創，是不應與《魯論》二十篇此數如此巧合地相同，除非兩二十篇本同一。換言之，張禹始終沒有更改《魯論》篇數，《論語》二十之篇數，應是原本，非唯出自張禹之手。二、《論語》三古本雖已亡佚，然至漢末仍存在。鄭玄之注張禹《論語》，實同時參考《魯》、《齊》、《古》三種版本。若今《論語》完整結構單純出自張禹而為三種古本所無，那鄭玄必不安於張禹《論語》而為之注而已。同樣，人亦必不安於張禹《論語》而必仍傳習各種古本、或有所述聞。今於張禹後而人無不安於其編定，必其編定無大異於古原本。即張禹《論語》實《魯論》而已，二十篇之完整編排（今本）亦《魯論》原有編排，非張禹所創制。三、假若今本二十篇完整體制本於張禹而為《魯論》古本所無，那作為只記述孔子說話之《論語》，不應有如〈堯曰〉上篇與孔子言論無關之文字。若這部份《尚書》文字為張禹竄加，則張禹更不應無視《尚書》原文而於竄加時仍致有異文或失誤。相反，若非張禹竄加，那〈堯曰〉中《尚書》（〈湯誥〉）文字，無論是否有所失誤，【若有失誤，如我們今日認為，更應為《魯論》本有，與張禹無關】，應《魯論》本有；換言之，《魯論》編者本已有意引用〈湯誥〉文字以說明君王之道。而這更說明，《魯論》編者本非單純收集孔子語，更有對儒學道理系統整理之嘗試。《論語》自首篇至末篇之規模，應為《魯論》編者所設計。而〈堯曰〉引用《尚書》時之異文或失誤，故是編者刻意，為對道理之表達而更改，以圖義理之簡明準確，不執泥於文字考證。四、從今本二十篇主題之設計可見，這樣編排與總結儒學教誨，必為一深通儒學道理及孔子教誨者始能。其明白是如此徹底、全面而通透，為其他記述孔子之典籍（如《大小戴禮記》或後來《孔子家語》）所不能，亦是〈大學〉〈中庸〉未能如此精確深遠。這樣用心與明白，非張禹所能及或假造。《論語》二十篇完整結構，故不應為張禹所獨創或制定，而應為《魯論》原本。二十篇之完整性，不單使我們更確定今本《論語》之真實性與可信性，它更無可取代地流傳給我們，孔子對儒學完整道理之教誨與明白。

若確信張禹《論語》基本上仍只《魯論》本身，那如何還原《魯論》原文或回復一最接近《魯論》原文之版本？

我們知道，鄭玄是依據基於《魯論》而成之張禹《論語》作注解。我們更可深信，鄭玄仍接觸到《論語》三種古本。正因如此，在鄭玄所注解之《論語》版本中，常見有以《古》改《魯》字句，如「《魯》讀□為□，今從《古》」。這是說，鄭玄對《魯論》所作修改，是參考《古論》而作。而「《魯》讀□為□」之字句，也明顯表示他是面對着《魯論》而作修改的。問題是，鄭玄《論語》雖為當時最流行版本，【我們今天仍可看到《論語》鄭氏注之殘卷】，但其版本於那時非只一種、而有很多種，其中任意刪改的亦不少，有些甚至把鄭玄以《古》改《魯》之注全然刪除。也因此，考據家們共同認為，我們是無法還原《魯論》原文。至唐陸德明編撰《經典釋文》時，他採摭諸本，搜訪異同。有關《論語》，他搜集當時能遇到的種種鄭玄版本，把鄭以《古》改《魯》之地方清楚注明。其案說：「鄭校周之本，以《齊》、《古》讀正，凡五十事。鄭本或無此注者。然《皇覽》引《魯》讀六事，則無者非也。後皆放此」。這是說，陸德明所見鄭玄以《古》改《魯》之事，有五十處。他更肯定地說，有些鄭本「或無此注」，但這只俗本而已、非鄭之正本。鄭之正本，是有注明其以《古》改《魯》之地方的。如此，還原《魯論》之問題，便落為如何找尋這鄭玄以《古》改《魯》之「五十事」。羅振玉說：「今考鄭君校正五十事，《釋文》所著，不及十五」。【見其〈論語鄭注〈述而〉至〈鄉黨〉殘卷跋〉，載於王素之《唐寫本論語鄭氏注及其研究》】。而王國維於其〈書論語鄭氏注殘卷後〉一文亦說：「《釋文》雖云鄭以《齊》、《古》正讀凡五十事，然其所引廿四事（…）」。羅振玉及王國維共同感到奇怪的，是陸德明雖說鄭玄以《古》改《魯》有五十事，但《釋文》只錄下二十多事，故不全。其實，陸德明已於《釋文》中清楚地把五十事列舉出來，只是，他把這五十事分為兩類：一類是鄭玄依據《古論》對《魯論》所作修正，而這亦為陸德明所贊同並採用。對這一類（共二十三處），《釋文》注說：「鄭注云《魯》讀□為□，今從《古》」，或更簡單：「《魯》讀□為□，今從《古》」。這「今從《古》」，是陸德明依鄭玄並贊同他之修改。但還另有一類：這亦是鄭玄依《古論》改《魯論》，但為陸德明所不贊同而仍保留《魯論》文字，不依隨鄭玄而改。對此類，《釋文》往往只說：「鄭作□」、「鄭本作□」等等。因其仍沿用《魯論》文字，故只說為只鄭本之修改，不多注說陸德明今仍從《魯》、或回復《魯》原文等文字。此一類共二十七處，與前一類合為五十，正與其說「鄭以《齊》、《古》讀正，凡五十事」數目相合，亦為鄭玄依《古》改《魯》之五十處。如此我們可清楚得知，鄭玄依《古》改《魯》之地方（五十事）在哪裡，並能因此確信，如此而還原之《魯論》原本，最低限度，是鄭玄所見之《魯論》原本。今先把此五十事羅列如下：

第一類，陸依鄭以《古》改《魯》之條目有：

〈學而〉：傳不習乎。　鄭注云：《魯》讀傳為專。今從《古》。

〈公冶長〉：崔子。　鄭注云：《魯》讀崔為高。今從《古》。

〈述而〉：吾未嘗無誨焉。　《魯》讀為悔字。今從《古》。

又：五十以學《易》。　《魯》讀《易》為亦。今從《古》。

又：正唯弟子不能學也。　《魯》讀正為誠。今從《古》。

又：君子坦蕩蕩。　《魯》讀坦蕩為坦湯。今從《古》。

〈子罕〉：冕衣裳者。　鄭本作弁。云：《魯》讀弁為絻。今從《古》。〈鄉黨〉篇亦然。

〈鄉黨〉：下如授。　《魯》讀下為趨。今從《古》。

又：瓜、祭。　　《魯》讀瓜為必。今從《古》。

又：鄉人儺。　　《魯》讀儺為獻。今從《古》。

又：君賜生。　　《魯》讀生為牲。今從《古》。

又：車中不內顧。　　《魯》讀車中內顧。今從《古》也。

〈先進〉：仍舊貫。　　《魯》讀仍為仁。今從《古》。

〈顏淵〉：片言可以折獄者。　　《魯》讀折為制。今從《古》。

〈衛靈公〉：好行小慧。　　《魯》讀慧為惠。今從《古》。

〈季氏〉：謂之躁。　　《魯》讀躁為傲。今從《古》。

〈陽貨〉：古之矜也廉。　　《魯》讀廉為貶。今從《古》。

又：天何言哉。　　《魯》讀天為夫。今從《古》。

又：惡果敢而窒者。　　《魯》讀窒為室。今從《古》。

〈微子〉：已而已而，今之從政者殆而　　《魯》讀期斯已矣，今之從政者殆。今從《古》。

〈堯曰〉：孔子曰：不知命，無以為君子也。　　《魯論》無此章。今從《古》。

第二類，鄭玄以《古》改《魯》，但為陸德明所不認同之條目：

〈為政〉：眾星共之。　鄭作拱。
又：先生饌。　鄭作餕。
又：舉直錯諸枉。　鄭本作措。
又：十世可知也。　鄭本作可知。
〈八佾〉：哀公問社。　鄭本作主。
〈里仁〉：無適也。　鄭本作敵。
〈雍也〉：則吾必在汶上矣。　一本無吾字。鄭本無則吾二字。
〈述而〉：子之燕居。　鄭本作宴。
又：子疾病。　一本云子疾病。皇本同鄭本，無病字。
〈子罕〉：空空如也。　鄭或作悾悾。
〈鄉黨〉：見冕者與瞽者。　鄭本作弁。
〈先進〉：毋吾以也。　鄭本作已。

又：因之以饑饉。　鄭本作飢。

又：異乎三子者之撰。　鄭作僎。

又：詠而歸。　鄭本作饋。饋，酒食也。《魯》讀饋為歸。今從《古》。

〈顏淵〉：年饑用不足。　鄭本作飢。

〈子路〉：子之迂也。　鄭本作于。

又：吾黨有直躬者。　鄭本作弓。

〈憲問〉：子貢方人。　鄭本作謗。

又：丘何為是栖栖者與。　或作丘何。鄭作丘何是。

〈衛靈公〉：在陳絕糧。　鄭本作粻。

又：子曰：父在觀其志，父沒觀其行。　《集解》無此章。鄭本有。云：古皆無此章。

〈季氏〉：而謀動干戈於邦內。　鄭本作封內。

〈陽貨〉：歸孔子豚。　鄭本作饋。《魯》讀饋為歸。今從《古》。

又：惡徼以為知者。　鄭本作絞。

〈微子〉：齊人歸女樂。　鄭作饋。
又　：滔滔者天下皆是也。　鄭本作悠悠。
又　：朱張。　鄭作侏張。
又　：廢中權。　鄭作發。

以上共五十條目，與陸德明說「鄭校周之本，以《齊》、《古》讀正，凡五十事」之數一致。《魯論》原文，故可依據上述第一類二十三條目還原即可。其他二十七條雖為鄭玄所改，但未為陸德明或後來版本接納。還需補充的是：《釋文》還有一處提及《魯論》文字，但與鄭玄無關。在〈公治長〉之「可使治其賦也」一句，陸注說：「孔云兵賦也。鄭云軍賦。梁武云《魯論》作傅」。唐寫本《論語鄭氏注》還有兩處提及以《古》改《魯》之事：一為〈子罕〉之「沽之哉，沽之哉」，注說：「《魯》讀沽之哉不重。今從《古》也」。另一亦〈子罕〉篇：「不為酒困」。注說：「《魯》讀困為魁。今從《古》」。這些以《古》改《魯》之事，為陸德明所未提及，故不知其是非。但無論如何，若依據陸德明《釋文》而還原《魯論》，雖未必能稱為原本，然相距應不遠。學者故不應為「五十事」所困，以為仍有多處未知之以《古》改《魯》之事。《論語》雖有種種文字上之變體，然其原本面貌，實仍清晰確定，故無須因某些句子之重出而以為有所竄改。從文句之精密關係，一切重出與似不可解處，均為編者有意而用心如此。《魯論》不僅為《論語》原本，其文字幾近全可為我們還原，這是我們所可確定的。

二、《論語》編者

有關《論語》作者或編者問題，無論我們今日能提出怎樣的證據，畢竟永只能是猜想而已。編者之有意隱匿其自身姓名，只致力於其老師之教誨及道理對人之啟悟，毫不重視自己之名與功，使作者問題已顯得多餘。雖然如此，仍對作者問題作討論，只求為對其人懷念並景仰而已。

首先，傳統都視《論語》為孔子弟子或弟子之弟子所彙編，如我們所認為，這並不正確。從文字之單純與一致、及從《論語》之為一深思熟慮並精密之體系與結構，這些都非多人意見所能集成。孔子弟子間所持主張分歧，如子夏與子張、子游與子張、甚至曾子與子張間，都有着性情、能力與偏向等等差異，都無法想像為《論語》如此單一而完整體系之共同參與者。人多了反而不易形成如此單一計劃與觀點。況且，若是眾多弟子所共同編定，《論語》應單純是孔子語、應只一語錄，不應有所「論」。「論」難達成一致，更非弟子傳錄其老師說話時會為。就算把孔子說話作了內容上分類，仍不應會致徵引其他文獻作為《論語》內容。【如〈堯曰〉前半部、〈季氏〉之「邦君之妻（…）」等與孔子無關文字。然從結構言，這些文句仍是精密而必須】。如此文句，必為編者為完整其所論內容而有意增補，非妄加、更非竄亂。

也因我們明白《論語》之形成動機及編者用心之特殊，故更不應把《論語》文句視為嚴格記錄。要求記錄之準確性，只我們時代之事，無須以此作為其他時代真偽之準則。作為孔子教誨之記錄，可只記錄其意思，非必其文字本身；文字始終仍為編者自己的。而《論語》文字，從其既只辭達、亦為編者精密而深思，定必幾經修改及潤色而成。《論語》其語調與文字平實、溫和、豐富、明確、簡潔、正面、謹慎亦嚴謹一致，非當時甚至後代所能及，故應反映編者之人格與修養、其美善心志及用心之努力。

《論語》編者是誰？我們猜想是有子。原因有三：

一、如我們所說，《論語》並非雜亂無章之彙集，其系統亦非多人所能一致地完成，其作者，從能對孔子日常生活即近而且細微觀察、及從能參與於孔子與弟子間親近言論及關係，必一極其接近孔子之弟子，非其他門弟子。這常在孔子左右弟子，從其亦見孔子逝後弟子之事，應為後進弟子。若他目睹曾子逝世，其年歲不應先於曾子太多，且必與曾子有一定來往關係。《孟子》及《史記》曾記說：「孔子既沒，弟子思慕。有若（有子）狀似孔子，弟子相與共立為師。師之如夫子時也」《史記・仲尼弟子列傳》、「他日，子夏、子張、子游以有若似聖人，欲以所事孔子事之。強曾子，曾子曰：不可。江漢以濯之，秋陽以暴之，皜皜乎不可尚已」《孟子・藤文公上》。孟子所記較《史記》確實。後來注者大都受《史記》影響，把孟子「似」字解為《史記》之「狀似」。事實上，子夏、子游及子張都非無見識頭腦之人；子夏、子游深於文學，如此學養，是不會隨便因人狀似孔子而「共立為師」，更何況子張好大，連曾子、子游及子夏都「難與並為仁」〈子張〉，其若能謙下於有子，必非單純因有子貌似孔子。有子之「似」孔子，故應從對道理之特殊明白言。也因這特殊聰穎及對道理之深澈明白，致使其他弟子欲「共立為師」。後來所以沒有達成共立之事，《史記》所載與《孟子》不同。《史記》記說：「他日弟子進問曰：昔夫子當行，使弟子持雨具，已而果雨。弟子問曰：夫子何以知之？夫子曰：《詩》不云乎，月離于畢，俾滂沱矣。昨暮月不宿畢乎？他日月宿畢，竟不雨。商瞿年長無子，其母為取室。孔子使之齊，瞿母請之。孔子曰：無憂。瞿年四十後，當有五丈夫子。已而果然。敢問夫子何以知此？有若默然無以應。弟子起曰：有子避之，此非子之座也」。《史記》此載固然全無稽之談，考證者早已言及。但從其所記內容而觀，仍是關乎知識聰明之能力。有子之狀似孔子，必與此不無關係。〈檀弓〉亦曾記子游說：「甚哉！有子之言似夫子也」。孟子亦說：「宰我、子貢、有若智足以知聖人」《孟子．公孫丑上》。從以上種種方面觀，有若必於道理之明白及體悟有過其他弟子，致使弟子欲「共立為師」。

二、於孔子逝後，除子貢獨守孔子冢上六年，其他弟子仍留孔子門下而教學學習者，主要亦唯曾子、有子、子游、子夏及子張五人而已。他們間歲數，相去不遠：有子少孔子四十三歲，至為年長。子夏少孔子四十四歲，子游少孔子四十五歲，曾子少孔子四十六歲，而子張少孔子四十八歲。子游、子夏及子張之推舉有子而曾子反對，亦說明他們間關係。能繼承孔子門者，故主要亦五人。然五人間獨有子與曾子最被賞識，推舉有子及徵詢曾子一事可見二人於門弟子中特殊地位，甚至可能當時大部份教學都落於二人手中，致使二人均以「子」稱。【《論語》之用「有子曰」與「曾子曰」，明顯反映成書時孔門狀況，與記者為有子或曾子弟子一猜想無關】。然《論語》記述孔子逝後弟子言論之〈子張〉，除殿以子貢之言作為對孔子懷念與頌讚外，唯見子張、子夏、子游、曾子四人之言而已。〈子張〉本記述後進弟子間言論與相互批評，然所缺唯有子，《論語》全書亦無一處記有子與孔子之言談與事跡，如此隱匿，故唯編者實有子自己始能解釋。事實上，生前能緊隨孔子、死後仍繼續參與孔門之事；既具有過人之智識、又能與各人共事而受推崇者，獨有子一人而已。《論語》〈子張〉之不記有子之言，原因也只能因編者即有子自己。〈顏淵〉雖有提及有子（「哀公問於有若」），然只哀公與有子對話，與孔子無關。曾子之言「吾友」，【見〈泰伯〉：「以能問於不能，以多問於寡。有若無，實若虛。犯而不校。昔者吾友嘗從事於斯矣」】，及子游之言「吾友」，【見〈子張〉：「子游曰：吾友張也，為難能也，然而未仁」】，都應指認五人中一人；子游句故明指為「張也」（子張），唯曾子句只於「有若無」中隱匿地指點到，沒有明確標明，必亦此「友」為有子自己。【如是說，有子之為人，應如曾子形容，為：「以能問於不能，以多問於寡。有若無，實若虛。犯而不校」者】。從《論語》無一言見孔子提及或評論有子、及有子亦無一言問於孔子故可見，非二人無所關係，只因有子自己不欲於《論語》提及任何與己有關之事而已。〈學而〉篇首與篇尾之「人不知而不慍」及「不患人之不己知」如此不自居之心，必有子之體悟與努力，亦其編纂《論語》時之作為。換言之，從有子之特殊隱匿言，編者應為有子一人。

三、除以上兩點外，若我們細心閱讀，有子每句說話，都與其他弟子說話有一極不同處：有子說話都涉及道之根本、或整體性地總論，如：「有子曰：其為人也孝弟，而好犯上者鮮矣。不好犯上，而好作亂者，未之有也。君子務本，本立而道生。孝弟也者，其為仁之本與」、「有子曰：禮之用，和為貴，先王之道，斯為美。小大由之，有所不行；知和而和，不以禮節之，亦不可行也」、「有子曰：信近於義，言可復也。恭近於禮，遠恥辱也。因不失其親，亦可宗也」。這些句子全集中於總論儒學之道之〈學而〉首篇。這種總合全部儒學道理本末之能力，為《論語》體系性及道理窮盡性所必需。從孟子之言有子「智足以知聖人」，及子游亦以有子「言似孔子」而觀，除有子外，是再無任何弟子能有彙編《論語》之能力。若連一貫之道仍需孔子提點，又被孔子評為「參也魯（魯鈍）」〈先進〉，曾子無論對道理多麼誠懇，是不應有彙編《論語》之能力。其他三人言論，從〈子張〉可見，始終未能成熟，故亦不能為《論語》之彙編者。〈學而〉雖亦提及曾子、子夏及子貢之言，然能如此編纂《論語》體系，明顯亦唯有子一人而已。

以上為我們以《論語》編者（或作者）為有子之原因。

若《論語》確實為有子所編，這應值我們深深欽佩。除對儒學道理及孔子教誨深切明白及致力外，其與曾子兩人並尊為「子」而於《論語》中仍無絲毫自居自視之心、於講論至德之〈泰伯〉篇中除孔子外唯記述曾子之言，絲毫不提及自己、又於記述孔子逝後弟子言論之〈子張〉中絲毫不發一語，如此默然無己之德行，更應為我們所景仰。有子必力行孔子「述而不作」及「何有於我哉」「毋我」之德行，毫不自居自己之成就及存在。《論語》中「有子曰」句子，都迫不得已為求道理系統及完整性始補上而已。我們之求索如此編者，亦為懷念其人及景仰其人格而已。

三、《論語》篇名分析

《論語》首篇為〈學而〉。學雖有多方面，然其意思主要為學成人、學為真實之人。【學針對人、非針對事物知識言】。學本身雖未必為德行，然是一切德行之本、其基礎、為人致道唯一途徑。由學之自覺與努力，故為人賢不肖之首先判別：「生而知之者，上也。學而知之者，次也。困而學之，又其次也。困而不學，民斯為下矣」〈季氏〉。人之賢否，故非先在其德行，在是否學而已。對人要求其學，故始終人性：神無需學，唯人需學而已；由「學」故見平凡人性之真實，道亦由此而立，此所以〈學而〉從「學」啟。由之之「道」，實亦人性道與人性美善而已，非神之道與完美。《論語》故由「學」總論人道總綱、為人一切德行基本。

「學而」「為政」，學而後為政，故〈為政〉第二。若〈學而〉言道內容，〈為政〉則言道所以為道之「正」，即我們今日「真實性」、「正確性」意思；而此，借「政者，正也」〈顏淵〉言。「政」非言政治，【見〈子路〉或〈顏淵〉等】，只「正也」或「真實性」意思而已。因真實性先扣緊人「作為」言，故更借「為」字點出。「為政」一名由此。由於真實性先繫於人類自身，故〈為政〉借助種種與人有關方面範例，說明「正」或「真」之道。無論一國之政或一家之正、無論為政之為抑事父母（事人）之為，其首先都在是否真實而已。故〈為政〉內容，除人存在向度、事人、知人、人作為個體等真實性外，即何謂至真實者（人性、人民與人倫）、及真實（道）本身之行廢問題。〈為政〉因而對「正」或「真實性」作全面論述。因真實性始終在人，故〈為政〉實扣緊「人」與「真」之面相作分析。

第三篇〈八佾〉中「八佾」一詞，乃天子樂舞人數行列之名。季氏為魯臣，僭用天子樂舞，壞禮。篇以〈八佾〉名，既言禮、亦言樂。禮樂二者實人類共體存在之正道；非如我們今日，或以宗教、或以工商業、或以法律制度為共體存在根據。正因上位者可對禮樂壞亂，故〈八佾〉以「八佾」命名，直指季氏僭越禮樂時之「是可忍也，孰不可忍也」〈八佾〉。

若〈八佾〉為共體其人性正道，〈里仁〉則從人類普泛德行之基本與終極言，而此有二：仁與君子人格。仁雖為「己立立人，己達達人」之德行，然於〈里仁〉，則主要作為存在德性言，亦「里」一詞所點出，為人與人存在關係之終極德性，故「里仁為美」。【仁作為德性，是從沒有親屬或情感關係時、換言之，人一般關係言，如鄰里或社會間關係。故非如狹義孝悌，是在特殊關係間而言之德性】。而君子人格，亦先從人怎樣面對存在境況、怎樣事人、及怎樣為事等方面言。無論仁抑君子，故先與存在境況有關，為人類存在直涉境況時之德行。

繼〈里仁〉，〈公冶長〉論述社會或世俗存在與價值觀，其往往所有偏見與偏差。世俗多從人地位之高低對人評價，然顯貴者非必然顯貴、卑賤者非必然卑賤。篇以公冶長命名，因公冶長獲罪被囚，雖罪非其罪，然始終為世人視為不譽。《論語》以「子謂公冶長：可妻也」並「以其子妻之」，教人見社會世俗價值之虛偽。〈公冶長〉所論，故實社會一般價值，如強、受人喜愛尊崇原因、智、一般善良等價值之真偽。

〈雍也〉相反，以中庸之道為主旨。中道【「中」言不行極端、唯依真實需要而行，其行故平實】及庸道

【「庸」言平凡與微小】，因其只求存在之平凡、平實、甚至平常真實性，故往往為人類所漠視，人類只好求偉大及超越性而已：「中庸之為德也，其至矣乎！民鮮久矣」〈雍也〉。「雍」為孔子弟子冉雍或仲弓。仲弓之「仲」與冉雍之「雍」似暗示「中」「庸」之音。首句「雍也，可使南面」更表明孔子對中庸之道之完全肯定。【「南面」為君主而向，喻中庸之道可尊為天下之道】。仲弓雖出身卑微，然絲毫無以貧賤自卑、更無以貧抑富，其知中庸之道並仁，故為《論語》以之而命名〈雍也〉篇，示人中庸平凡微小之德行始為價值真實，甚至為一切德行依據。

從「述而不作（⋯）」「默而識之（⋯）」「德之不脩（⋯）」首三句可見，作為人人生命之道，本應以「德之不脩（⋯）」為先。〈述而〉反以「述而不作（⋯）」先行，並藉此命名此篇，可見其所言生命之道，甚至非（人人）德行生命之道，只人作為個體自己時之生命而已；而孔子作為個人自己生命作為，唯在對古代堯舜周公之道述說，不求個人建樹創為，故只「述而不作，信而好古，竊比於我老彭」。〈述而〉一篇所言，故為從每人作為個體自己言，其生命應有正面之道，而此非必與德行生命有關。所謂生命道理，故指在人倫、為事、共體或德行外，人作為個體生命時之道。而孔子因以述而不自作自居，其個體生命亦在「述」而已，非有自我創為。〈述而〉所論生命之道，有以下幾方面：生命之基本向度、心之面相、人之在世存在、生命方向之正面性、生命之所有、生命之所欲、生命之自主獨立性、生命對客觀成就及對存在「神靈．物．世界．人」四維之態度等。篇雖以孔子為例，然所述，主要亦生命正面時應有道理而已。此〈述而〉主旨。

從首句「泰伯其可謂至德也已矣。三以天下讓，民無得而稱焉」可見，〈泰伯〉主旨為德行。德行一主題雖貫徹《論語》，然德行之正確理解，非只種種廣義德性，而是人自己不為人知努力或付出之一面；故如泰伯之「三以天下讓，民無得而稱焉」，實為德行之「至」。《論語》以「泰伯」命名此篇實求為指出：所謂至德，非如博施濟眾或安天下百姓之聖，而更在如泰伯之讓天下，縱使只一己個人之事，甚至民非因此而有所得，然如此讓之行為，實已是至德。泰伯，周太王長子。泰伯知其少弟季歷及季歷子文王昌賢，故讓天下於文王。泰伯之讓天下，隱微致人不知其讓，其德行之為至德在此。德行故非必與能力職權有關，更非成就多少功績之事，可只每人默然之努力，此德行原始意思。〈泰伯〉篇故為對德行作總述，教人見德行之本、人品格之德行、人於世存在之德行、及君王德行四者。

《論語》以〈子罕〉〈鄉黨〉兩篇終結其上部。兩篇仍借孔子為例，一言其平素心志及德行、另一言其平日生活起居。孔子平素心志及德行在「無我」與「力行好學」【「十室之邑，必有忠信如丘者焉，不如丘之好學也」〈公冶長〉】，二者所扣緊問題，實人其「自我」而已。〈子罕〉故以個體自我之道理為主旨。人除人性外，多以自我姿態為自己。自我因求為突顯於他人上，其獨特性往往使之背離人性，故實虛假地左右着人之道。因求為突顯，自我亦多落於從現實言，往往以欲求為本。真正自我故應為無我，如孔子例子所顯。〈子罕〉之「子罕言利、與命、與仁」或「毋意、毋必、毋固、毋我」，故明為對「無我」其道之述說：無我者，實不講求自身利益與遭遇、亦不自誇自身德行或成就，其一切，亦非有一己個人獨特想法、非有個人價值取向上之必然、更非有自身固守執持之事或方面、甚至無為自我而以為自己。對此無我或自我問題，〈子罕〉故從無我及其反面真實自我言，後者在個己自身努力與志向上，與現實或他人無關。

「鄉黨」，猶言鄉里，所居之鄉。【周禮二十五家為閭，四閭為族，五族為黨，五黨為州，五州為鄉。天子或諸侯郊內為鄉黨，郊外為遂鄙】。言「孔子於鄉黨」，故借孔子言平素生活起居之道（事）。以「鄉黨」名此篇，明見篇名非僅只句首二字，應有寓意在。〈鄉黨〉所記系統分明，為孔子儀容容色、服、食事及對事情行作之重視與應變（行）。

以上為《論語》上部篇名所由，為從道之總綱至人平居應有之道，為人人道理之基本。下部則或扣緊教學與為政等事，更見道理之拓展、其涵蓋至如天下之層面。其中對道理思想之刻劃，既見思想至致之微、亦見思想其總覽之大，更有專論虛假性與隱士逸民等道理，甚或有對讀者從道理言之考核。此《論語》下部十篇內容。

〈先進〉名為〈先進〉，篇中借孔子厄於陳蔡前與弟子之人與事，言孔子師徒之道。先進即先進於孔門者，後進則孔子自衛返魯後跟隨孔子學習者。先進有顏淵、閔子騫、冉伯牛、仲弓、子路、冉有、公西華、宰我、子貢、原憲等。後進則有曾子、有子、子游、子夏、子張等。「先進」「後進」指學生，老師因較年長，故稱「先生」。【見〈為政〉：「有事，弟子服其勞。有酒食，先生饌」。同樣亦有「後生」，如「後生可畏，焉知來者之不如今也」〈子罕〉】。先進多無知於禮樂，故如「野人」，後進則深於禮樂，故如「君子」。先進非如後進，因執教而各有弟子門人。〈先進〉所言內容，繼有師徒之道、為師對弟子之切望與情感、師徒侍奉及相處關係、孔子弟子實況與評論、孔子對弟子事人與志向之重視等。因先進弟子為孔子教以為仕者，故列於下部之前，為為仕與政治之道之先。

於〈先進〉後，自〈顏淵〉至〈陽貨〉分兩組；一以孔子弟子（〈顏淵〉〈子路〉〈憲問〉）、另一以當時無道諸侯或大夫命名（〈衛靈公〉〈季氏〉〈陽貨〉）。兩組故有序。

〈顏淵〉篇以「德行作為天下之道與意義」為主題。稱為〈顏淵〉，因顏淵為孔子弟子中既有德行、亦至為好學者；其對道理理解之透徹，為孔子比喻為「聞一知十」〈公冶長〉。《論語》亦唯見對顏淵之大提問而孔子直回答，不以為好高騖遠，此見顏淵知見與德行之誠。【見「顏淵問為邦。

子曰：行夏之時，乘殷之輅，服周之冕。樂則〈韶〉舞。放鄭聲，遠佞人。鄭聲淫，佞人殆」〈衛靈公〉、或「顏淵問仁。子曰：克己、復禮、為仁。一日克己復禮，天下歸仁焉。為仁由己，而由人乎哉」〈顏淵〉】。因論德行作為天下之道，篇故以「顏淵」命名。無論問題所涉為哪一方面，〈顏淵〉所論，都可以德行作為解決。篇故論說德行之種種意義，對天下人、個體、現實、治道、從政者、君主、所得、甚至平素，德行都無不有其解決意義。〈顏淵〉篇故實為對德行之一種辯解。

〈子路〉以「子路」稱，並從「子路問政」、「仲弓為季氏宰，問政」啟，因子路為孔子弟子中於從政而至有成者。篇故明白為論政治之道，繼有為政之基本、論從政者、為政之目標、為政中之假象、為政者應有心懷心況、為仕者之立己、用人之道、戰事之道等主題。

繼〈顏淵〉〈子路〉，即〈憲問〉。原憲（原思）曾為家邑宰，為安貧樂道之人，故〈雍也〉記有：「原思為之宰，與之粟九百。辭。子曰：毋，以與爾鄰里鄉黨乎」。〈憲問〉首句亦與俸祿有關：「憲問恥。子曰：邦有道，穀；邦無道，穀。恥也。克、伐、怨、欲不行焉，可以為仁矣？子曰：可以為難矣，仁則吾不知也」。從《論語》此兩處可見，原憲雖不貪慕財富，甚至對人求為俸祿感到恥，故問，然其關懷亦止於此而已。篇以原憲提問命名，正因〈憲問〉內容以論現實為主，舉原憲為名，唯因其對現實德行有所關懷而已。然始終，若只停滯於現實之間，仍未算真正通達，故篇留有「問」一字。〈憲問〉之主題涉以下方面：現實之基本面貌、現實之錯誤觀法、現實之流弊、對向現實時人自身應有之道、面對現實時之反應態度與道理、及從正面言，現實之成。

從以上可見，〈顏淵〉〈子路〉〈憲問〉一組，對無論德行之於天下事、政治為政、以致對現實之分析三種主題均已窮究，故於〈衛靈公〉〈季氏〉〈陽貨〉這另一組，《論語》編者一改其編纂習慣，再非以客觀對象為主題，而進行另一嘗試，教人見對道理之思惟本身，其方法應如何，此故為「思」之教，亦從中見二序問題：〈衛靈公〉論至致之理、〈季氏〉論總覽之道、而〈陽貨〉最後論虛假性，三者非為具體確實對象，而為道理之思其極致表現。

〈衛靈公〉以無道之君命名。魯與衛鄰國，亦有如兄弟關係【見「魯、衛之政，兄弟也」〈子路〉】，然衛靈公至為無道，故孔子特指出：「子言衛靈公之無道也」〈憲問〉。無論衛靈公自己，抑其夫人南子，【見〈雍也〉句「不有祝鮀之佞，而有宋朝之美，難乎免於今之世矣」解釋，及同篇「子見南子，子路不說。夫子矢之曰：予所否者，天厭之，天厭之」句】，均荒淫無道。篇以「衛靈公」命名，實因其為無道之「至」而已。〈衛靈公〉以至致之理為主題。所謂至致之理，非獨言極致、亦含極端意思於其中。一如泰伯之為「至德」，非因其有博施濟眾之功，只因其「讓」之隱微為德行之本，故為「至」。同樣，中庸所以為「至」，【「中庸之為德也，其至矣乎」〈雍也〉】，亦因其至為平實平常，故至能為人世德行。

〈衛靈公〉所言至致之理亦同樣，如首二句所言為政與從政者之至，實一在「以禮」、另一在「固窮」而已；二者均非世道現實所能，其至在此。《論語》借〈衛靈公〉一篇，故教人道理觀見之微，由極微之觀見而見事情至致之理，此道理思惟所必須。作為至致之理雖駁雜，然〈衛靈公〉仍扣緊現實作說明，其主題有以下各方面：德行所成之至、智與仁之至、遠與淺近之至、心之至、主體性之至、無我執之至、大作為之至、行道之至、行道態度之至、行道分際之至等等。

〈季氏〉以「季氏」命名，因季氏為魯無道之臣，以權勢專橫僭越，如以天子樂舞（〈八佾〉）與樂歌（〈雍〉）行於自家庭內或用於祭中，其無道至此。於〈季氏〉首三句，編者故前所未有地，對人類政治現象作一由總覽而致之規律，指出：縱使只為人類而非物或自然界現象，實仍可得出必然規律；甚至：這政治現象規律，揭示無論多似強勢之政治者，一旦無道，必有定數時日而敗滅，故不能以為強者可恃其強大而無視於道，此〈季氏〉以總覽之觀察而致之真理。〈季氏〉實借助如此例子教人，一切對象實可由總覽之法以窮究，此思惟或道之思所有極致方法。〈季氏〉故於《論語》中前所未有地對種種平素生活現象作總覽，如對：友、樂、言語、欲望、敬畏、人等次、心思、價值與存在志向、德行、甚至子與妻之道等等；其與〈衛靈公〉所言至致入微之理，故為思惟極致之道，亦《論語》之「思」其真正方法。

在〈衛靈公〉與〈季氏〉後，《論語》最後藉由〈陽貨〉一篇，對「虛假性」一主題作窮究歸納。之所以以「陽貨」命名，因陽貨其作為虛假虛偽；如〈陽貨〉首句所言，其欲見孔子並與孔子所言，表面雖似有道，然實全然偽而已。〈陽貨〉對「虛假性」總覽，既可教人對人類其虛假性作深切反省、亦可作為自我檢視。虛假性問題本遍佈於整本《論語》，然能一覽於此，實發人深省。「虛假性」主要有兩大類，或由無知、或刻意。〈季氏〉所列舉故如下：智思之偽、求道之偽、現實及求大之偽、失卻終極與根本之偽、對真實事物否定或扭曲之偽、使真實表面化、偽化、及混淆真假之偽、欲貪心態與品格之偽、迷惑及誘惑之偽、刻求作為與行作無誠之偽、違逆人心與不用心之偽、所好與所惡之偽、相處（或自我）與直為惡之偽等等。

〈微子〉主旨明白，為對不為仕者如隱士逸民心志與德性之論述、亦教人見為政者用人應有之道。篇以「微子」命名，微子啟，乃紂王庶兄。微子見紂無道，知諫無用而遠去，以存宗祀。同樣，箕子與比干一「為之奴」、另一「諫而死」，三人方法雖不同，然均仁者。〈微子〉故教人見隱士逸民之賢、及其心志。篇終亦以教人國之有道無道與賢才之用不用有關，如紂殷之亡，亡於不用賢，周之興，亦興於周之用賢而已。

〈子張〉我們曾指出，為弟子中後進言論。篇以「子張」命名，子張別名為「師」，篇結束時見子貢對孔子景仰之辭，故篇實為弟子對孔子作為師之回應與懷念。於〈子張〉亦可見弟子對孔子教誨之繼承，及其各自言論之差異。如子張之好大，故與子夏對反，子游亦然。篇者故借〈子張〉篇，除言對孔子偉大景仰外，亦為讀者對道理之考核，試見其明白之是否確切。編者甚至在《論語》結束前，借他人語，對人性一根本主題作最後論述。〈子張〉如是目的及作為《論語》終結，既前所未有、亦實深邃。

《論語》最後一篇〈堯曰〉以「堯」稱明白：孔子非君王，故《論語》對君王之道唯以「堯」命名。引用《尚書》文字，也求為言君王之道而已。〈堯曰〉主要分以下五部份：君王之授命、君王誓辭、治道、君王修身之道、及君王從政之德性。

四、《論語》體例略論

明白《論語》彙編情形後，我們更應仔細閱讀在表面意思背後，《論語》句法組織所揭示之深層內涵，即編者自己之理解與詮釋；畢竟，所謂文本，實不只表面字辭考據，更有文本內字辭意思與用法。甚至，文本非只字辭而已，還有結構、編排、嚴密性、深度、用意、用心等問題。因而愈能指出編排之必然性，解釋愈是真實。一不能致其對象內容更真實之解釋，必非真實解釋。

有關《論語》體例，我們列舉以下幾點說明：

一、文句意思應從句子間關係確定：

例如〈顏淵〉篇「聽訟，吾猶人也，必也使無訟乎」句，於〈大學〉之解釋如下：「『子曰：聽訟，吾猶人也，必也使無訟乎』。無情者，不得盡其辭。大畏民志，此謂知本」。〈大學〉解釋把「無訟」用在君主知本所作之統治努力，由教民知本而志於善，使無情實者有所畏而不得盡其辭，如是而致「無訟」。〈大學〉故把「無訟」視為德治知本之結果。這明顯與《論語》用意不合。《論語》編者引用此句是為指出：訟事除執法果斷外，於大部份情況，仍須考慮人性人情，不能過於強硬、不能以法唯法再無人性顧慮。孔子故仍先盡力使人無訟；「猶人」故指猶人性人情，非只以司法職權或以刑法求所謂正義公正而已。孔子力使人無訟而和，不訴諸刑法權力，因而更合乎人性人情，此「猶人」意思。

又例如，孔子在陳思歸魯時所說之「歸與歸與！吾黨之小子狂簡，斐然成章，不知所以裁之」

〈公冶長〉，句於《孟子・盡心下》則改為「盍歸乎來！吾黨之士狂簡，進取不忘其初」。像這樣差異，撇開〈盡心〉非《孟子》原著外，其差異非只口傳脫誤，必與理解或轉述意思有關、甚至可能由有所扭曲而致。於〈盡心下〉，目的明顯在狂獧者之討論，為不得中道時所思之其次。狂簡之士，故仍從「進取不忘其初」言。然於《論語》，狂簡之士則關連於「斐然成章，不知所以裁之」而說。因為「斐然成章」，狂簡之士所為，由於與世俗鄙陋激烈地對立，故再非中道。此所以孔子思歸裁之之原因。〈公冶長〉引用此句目的，是為教人智若自以為聰明，不如甯武子智之「邦無道則愚」，此世人自大而好表現時之不智，如此智實愚而已。「斐然成章」故仍從虛假言，非堯之「巍巍乎其有成功也，煥乎其有文章」〈泰伯〉。〈盡心下〉作者明顯把《論語》「不得中行而與之，必也狂狷乎！狂者進取，狷者有所不為也」〈子路〉與〈公冶長〉句混淆而用，以為孔子必肯定狂者，致連「進取」措辭也受「狂者進取」一語影響。事實上，孔子非無條件地肯定「狂」一素質，故有：「狂而不直，（⋯）吾不知之矣」〈泰伯〉、「好剛不好學，其蔽也狂」〈陽貨〉等對狂者之批評；因而也區分「古之狂」與「今之狂」：「古之狂也肆，今之狂也蕩」〈陽貨〉。〈盡心〉作者以中行與狂狷解孔子在陳思歸時之語，這只其個人意思，與孔子無關。孔子句原意，應借助編者之編排，單純透過《論語》理解。

再舉一例。〈八佾〉中「夏禮吾能言之，杞不足徵也。殷禮吾能言之，宋不足徵也。文獻不足故也。足，則吾能徵之矣」句於《論語》是為承接前句：「子夏問曰：巧笑倩兮，美目盼兮。『素以為絢兮』，何謂也？子曰：繪事後素。曰：禮後乎？子曰：起予者商也。始可與言《詩》已矣」而有。子夏之問意在：事情（內容）無論本身多美好，仍需禮（形式）始成其真正美善。孔子句故反過來說：禮（儀禮）形式雖可知，然仍須真實禮文及禮器始成，非以為禮只形式，故無需器物以為能真正實行。兩句故論說事物與禮之關係，或禮執行時所需真實。同句在〈中庸〉中則是：「吾說夏禮，杞不足徵也。吾學殷禮，有宋存焉。吾學周禮，今用之，吾從周」。〈中庸〉明顯把《論語》句與同篇中「子曰：周監於二代，郁郁乎文哉！吾從周」混淆。〈中庸〉句是為說明：王天下者應如孔子，同學夏、殷、周三種禮，因而可致無過。〈中庸〉故把《論語》原句目的：對禮「文」「質」關係之討論，轉變為一全面性問題。如此意思，與《論語》相距很遠。對《論語》句子意思，故只能從《論語》本身編排理解，不能隨意引用後來文獻而受影響。

二、篇章句組織：

儘管人多以《論語》為無序，然如〈八佾〉〈里仁〉〈泰伯〉〈子罕〉〈鄉黨〉〈先進〉〈子路〉〈微子〉

〈子張〉〈堯曰〉甚至〈季氏〉，其篇旨明白確鑿：〈八佾〉言禮樂、〈里仁〉言仁與君子、〈泰伯〉言德行、〈子罕〉言無我與自我、〈鄉黨〉言平居生活、〈先進〉言孔子與弟子關係、〈子路〉言政治、〈微子〉言隱士逸民、〈子張〉為後進之言、〈堯曰〉言君王之道、甚至〈季氏〉多見對平素事如益友損友、益樂損樂、三愆三戒三畏、學思之等次與總覽等等之歸納，如此種種，其核心確鑿，不能視而不見。至於語句之分組亦往往明顯而集中，如：「孝」見於〈為政〉〈里仁〉各四句；論「樂」集中於〈八佾〉篇末三句；〈里仁〉連七句論「仁」；〈鄉黨〉篇明分為「儀容」、「服」、「食」、「行」四事；〈先進〉七至十一句以顏淵為主要對象；〈顏淵〉首三句同以「問仁」啟；【〈子路〉則以「問政」啟】；〈微子〉首四句、五至七三句、八與九、十與十一明為分組；〈子張〉除純為後進言論外，其中曾子與子貢言更相互銜接以成一主題（見十七至二十一句），否則所選子貢語毫不見代表性；甚至，如〈子路〉論「政」之基本以「先」字點出；其論「政」之目標則以與衛國有關之「衛」字（見七至九句）及以時間性如「三年有成」「為邦百年」「世而後仁」（見十至十二句）等點出；如此種種跡象，絕不能以隨意或巧合解釋。其主題之獨特性，非任意設計能致如此地步，必也深思後結果。以《論語》為無序，無論怎樣不可能致信，其分組往往明顯故。而如分組或結構等事，本身只能有即有、無即無，非能虛構成篇或做假；若刻意視而不見，執迷於自身之未能而以為是，如此只自欺而已。

三、重出句法：

有關《論語》中重出句，因閱讀有所組織，故意思須從前後文定奪，不能因重出而視同無意義。如〈里仁〉「三年無改於父之道，可謂孝矣」非〈學而〉同句之單純重複。〈學而〉篇以句關連於前「子禽」句言求取之道，此時「無改」故言承傳或承繼。然〈里仁〉句則關連於其前後論孝道事父母之方面，故在事父母以「和」後，【即「事父母幾諫，見志不從，又敬不違，勞而不怨」】，即言對父母之「敬」與承擔（「父母在，不遠遊。遊必有方」），及對父母之承傳，此「三年無改於父之道，可謂孝矣」用意。在和、敬後，孝第三方面則在盡對父母「情感」，故「父母之年，不可不知也。一則以喜，一則以懼」；三者（和、敬、情感）故對應樊遲問孝時禮之三方面：「生事之以禮」之「和」、「死葬之以禮」之「情感」、及「祭之以禮」時之「敬」。同一「三年無改於父之道」，故非單純重出，而與前後文起着不同意義功能及用意。於〈學而〉是從繼承之道言，而於〈里仁〉則是作為孝道言。

又或如〈子罕〉之「知者不惑，仁者不憂，勇者不懼」及〈憲問〉之「君子道者三，我無能焉：仁者不憂，知者不惑，勇者不懼。子貢曰：夫子自道也」、〈學而〉之「主忠信。毋友不如己者。過則勿憚改」與〈子罕〉「主忠信。毋友不如己者。過則勿憚改」等，都於前後文為必然，不能省略。〈子罕〉因言「人真實之自己」而〈憲問〉則論「對向現實時人自身應有之道」，故二處必須舉此「不惑、不憂、不懼」言。同樣，〈學而〉因言人對己應有所重視、不能隨便輕浮，故言「君子不重則不威。學則不固。主忠信。毋友不如己者。過則勿憚改」，而〈子罕〉則因論人真實之自我，故從其平素應有基本德行之自己言，而此亦即「主忠信。毋友不如己者。過則勿憚改」而已。如是「巧言令色，鮮矣仁」，其於〈學而〉取其「鮮矣仁」一面而與孝悌為「仁之本」作對比，於〈陽貨〉則取其「巧言令色」與「紫之奪朱」等對比；兩處之用均必然無可省去，故非能視為重複。重複不重複只就文字言，然若為組織上功能意義，則無論多少次重複，其功能意義仍須獨立而觀。從《論語》之有重出句法，故又另一種對其組織性之證明，否則多次編訂是不應致不察有所重複者。

如是又可見，如哀公問弟子孰為好學與季康子問弟子孰為好學【見〈雍也〉與〈先進〉】，而孔子回答：「有顏回者好學(…)不幸短命死矣，今也則亡」，二者文字之相同一致，明顯只編者用同一文字、非必然孔子自己的。《論語》文字故不能過於執泥。

四、《論語》之簡約：

《論語》之精簡往往造成誤解，故須略作說明。

由於只求為「辭達而已」，《論語》文字故不求辯解。問題提問方式及回答，往往極為省略。如某某「問仁」、「問孝」、「問政」，所問實不同，故須從回答推斷其確切所問。例如樊遲在《論語》三次「問仁」，其「問仁」又往往與「問知」同時提出：於〈雍也〉，孔子之回答為「仁者，先難而後獲，可謂仁矣」，其問故應針對仁（與智）作為德行於存在中之客觀作為應怎樣；而於〈顏淵〉樊遲之「問仁」，孔子之回答則是：「愛人。（…）舉直錯諸枉，能使枉者直」，子夏對此之解釋是：「舜有天下，選於眾，舉皋陶，不仁者遠矣。湯有天下，選於眾，舉伊尹，不仁者遠矣」，樊遲之問故應針對在位者之仁言，非單純問何謂仁、或仁作為德行；【故「愛人」一詞專指上位者對百姓之愛，非泛指人與人一般關係。亦參考：「道千乘之國，敬事而信，節用而愛人，使民以時」〈學而〉、「君子學道則愛人，小人學道則易使也」〈陽貨〉】；最後，於〈子路〉之「樊遲問仁。子曰：居處恭，執事敬，與人忠。雖之夷狄，不可棄也」，這明顯針對為仕者言，非再從為政或上位者之仁言，故緊接之子貢句，即問：「何如斯可謂之士矣？」。單一「問仁」而回答差距如是遠，明見所問本非一。單一之提問故只編者之簡約而已，非所問本只如此。〈顏淵〉篇首三句「問仁」，故亦應作分別解：顏淵之問為君王於天下之仁、仲弓之問為為仕者於邦家之仁、而司馬牛之問則為一般百姓（一般人）之仁，故孔子之回答一者在「天下歸仁」、二者與仕之「出門」「使民」「在邦」「在家」有關、而三者唯在「仁者，其言也訒」而已。提問之單一形式，無論是「問仁」、「問政」、「問孝」、抑「問君子」，故均不應以為對其事單純之問，否則由失焦而易致誤會誤解，如常以為「愛人」即「仁」之界定或意思那樣。

面對《論語》之精簡、其省略，故於解釋或引用時，須宜謹慎。

五、結語

《論語》表面上只由語句彙編而成，使人可隨意閱讀，以獲對自身道理之啟導。然對探求道理之全面者，它又提供無窮可能。《論語》境界故如顏淵對孔子形容那樣：「仰之彌高，鑽之彌堅」〈子罕〉。《論語》並非沒有體系或結構，只隱藏着而已，故既可為一般人平凡地閱讀、亦可為智者而思索。可學可思，這即《論語》寫作之境。始終，隱藏而博大之道理，亦由道理之平凡而立而已。博大只隱隱約約、恍惚在平凡微小間，此中國古代思想之美，其深邃。

有關《論語》之構成與體系，我們討論至此。

公元二零二一年三月五日修訂

儒學簡論

我們於此對儒學思想作一整理與總結。

一、儒學思想立場

縱使人類存在鮮以「道」而以爭鬥與利益為現實，存在仍唯以「人性」始有所依歸。人性指人作為人之性向感受，非行為之決定因素。行為之決定因素或由於自我間對立、【見佛洛伊德對自我本能之分析】、或由於外在現實環境（利益與欲望），其多為惡明顯，亦由是悖逆人性性向，言人性惡實由此。然善始終必須由人性感受而立、對向人普泛感受言，故「善」實等同「性」，亦「性善」之根本意思。如是，人性既為一切基礎、亦與思想所求索善無關。人所求，實也只一人性存活或對待而已。故如生老病死，本身實非存在苦難；人性之有與沒有始是。而存在實由如此事實（生老病死）始更顯人性之必須。儒學所教，故唯以人性涵蓋一切，自國家治理至百姓為事與對待均然。【人權始終仍以現實與政治為考量，然人性始無止盡地求為善】。

人類思想實踐，都以「現實為現實」、「政治為政治」、「科學為科學」、「藝術為藝術」孤懸地思辨，真理因而只分門地分散，無能對「人類存在」整體地關切。人類（西方）因從來對人作為人貶抑，故非但不見人性真實，更唯以人為「自我」，故以好惡與人所欲求（超越者）為存在根本。人類存在故為法律權力、資本富裕、宗教崇拜、與物質知識等超越者所勞役，失卻「人倫」與道義平實真實。若非為人而致力（人倫），存在意義無以充足而真實。人類存在之真偽實由向往定奪：講求超越性真理（神性或物性）只使人類更無以回歸人性意義而已。唯人性地對向：以禮為國、以文創制、以人性而非以物質享受為悅樂、以成人而居後心懷成就「里仁」之存在……，如是人性種種，始為存在之美、亦存在得以平實而光明之原因。對人性道理之明白故始終重要；因作為人，以禮齊平而互敬、和睦而悅樂、以人倫情感為生命意義等感受始終基本，現實只使人無奈地默然承受而已。若非「作為人」而真實，人是無能致一坦然豁達生命的。若只能作為「在世界中存有」，人必不自覺地流落在虛假中。若非學為人，智思始終無以使人無妄。中國道理所教，先只每人自己之真實而已。以為追尋真理而生命不知『作為人』而真實、以為真實唯在自我與世界間，如此難不迷惑而沉淪。人生命唯「學為人」並明白道理始能無妄。科學科技之進步，難不亦帶來破壞與傷害。人類智思始終不知檢束，所造就往往亦只價值之假象。若非人性，事物無以能為善、甚至無以能為真。唯「利仁」〈里仁〉之智，始是存在安定之原因。中國古代早已明白「智」非必人類真實，孔子甚至指出人類「智思」與「人性」多背道而馳。【見：「性相近也，習相遠也。唯上知與下愚不移」〈陽貨〉】。由自始便崇尚「神性」價值，西方故順承思辨而發展，再沒有依循人性根據。在神、人二者模態間，只肯定前者否定後者。中國經學甚至《論語》所以獨特地重要，因唯一地以人性、人倫為道理對存在作徹底反省，教人見存在應有真實。

若從思想立場說明儒學與人類其他思想之根本差異，可簡略地歸納為以下幾點：

一、惡之源起：若必須言惡之源起，因人類存在不離強弱上下關係，故惡實源起於強弱或上位者權力力量之不對等。【非言上位者必然為惡，只言若有惡，多由上位者造成而已。孟子稱此為一治一亂，說：「天下之生，久矣一治一亂。（…）堯、舜既沒，聖人之道衰，暴君代作」《孟子・滕文公下》第九章】。上位者指具有統領他人並有主導能力者。除君主外，亦包含知識份子、社會中具有聲名地位權力者、與富有者。【參考〈八佾〉二十一與二十二兩句】。惡故不應歸咎於人性或人民百姓，如以人及人性為惡那樣。惡只與權力力量者、非與人作為人有關。西方因以人性為惡，故始終對人類低貶，使存在價值根本地顛倒。

二、人與人性：唯儒學始以「人」（民）為一切存在中心，故以「人性」及「人倫」為道之基本，【見〈為政〉第十九至二十一句】，二者亦人性善所由。中國思想始終唯以「人」為對象，非如哲學之以其他「存有」或以「世界」為首先對象。儒學所言「道」故也只人倫之道，是不能以「國家」立於「家」之上而以為更根本者。所謂人倫，非只人與人如父子、夫婦、兄弟、君臣、朋友等關係而已，而更是說：人活在世、其首先責任，也為對上述關係，盡其應有道義。對向人，是人存在唯一真實所在，故不應以為面對抽象之國家、社會、甚至如上帝般真理始為存在真實，更不應對人只求為利益、有所自我、或以他者（如國家法令等超越體）駕馭於人上，失卻人性道義之根本。在政治與人倫兩者間，孔子故唯以人倫為本：「《書》云：『孝乎惟孝，友于兄弟』，施於有政，是亦為政。奚其為為政？」〈為政〉。這是說：人首要也只如有父母而盡孝、有兄弟而盡友，如此而已；非以為有所謂國家、政治、鬼神等而先求為對向此而活。「人倫」非只關係而已，更是人存在首先甚至唯一真實所在，其他非為必然、非為道義，此「人倫」所有意義。若非上述具體關係，如對向一般人，這時道理，也即「仁」而已：不離「立人」（人之為人）而言善，始終仍以單純對向「人作為人」之真實為先。而「人」，應先從其「人性」、非從其作為「自我」言。「人性」非人『行為』之潛在決定因素，【康德或佛洛伊德所言「本能」】，而是人與人關係中共同並普遍之「性向感受」、那使人「相近」而非「相遠」之感受。如人有對人之思念、有對親愛者之特殊情感、有對受苦者之哀矜、甚至有對一切生命之同感……，如是一切「為人」之性向感受，始人性所在。【以上所言人性之美善，非僅德性而已，更是如自然般「規律」，非可有可無。「規律」意思是說：如身體健康有一定規律，人當然可不依循而致疾病，但始終無法不正視。人性同樣：人類一切都只依從其人性感受反應而已，雖可不從順而違逆，但其感受不會因此而改變，縱使於強弱仍然】。人性（作為感受）所以必然善，亦因使人與人相近而已；自我個己之欲望及智思始相互對反，惡亦順承人與人之離異（對立）始產生。性惡所言，故只「自我」之習性；因使人與人相遠甚至敵對，故與人性絲毫無關。人性唯從對向他人作為人言而已，與人自我無關。人性故見於對人之心，如孟子所言惻隱、羞惡、辭讓、是非等心感受；或如禮之敬、和與情感，因為「與人」之心，故亦為人性向度。這樣心與感受，於人類是伴隨着人之有限性而發生，如因老弱而有孝悌、因有成家之期望故有情愛、因有物事需要故須言義與忠信、因有人之齊平與差異故須言禮……，由如是有限事實，始見人性之落實而具體。若只為一「理性存有者」，如康德以為，因再無如此存有制限事實，故只為絕對（自由）意志，此時更言人性，故顯得荒謬。由有限，人其為惡故非完全自由，曾子與子貢故有言：「上失其道，民散久矣。如得其情，則哀矜而勿喜」、「紂之不善，不如是之甚也」〈子張〉。若言真正自主與自由，唯為善或為仁始是，二者無礙亦無必須條件，此孔子「仁遠乎哉。我欲仁，斯仁至矣」〈述而〉意思。對人，故不能視為絕對地自由而咎責，自由意志於康德故亦只能為假設。「人只有限或受限之存有」，人倫之道所以具有差異性、人必須人性地對待，實由此。人性這一切，故不能從人作為「自我」言；人講求「自我」之權利，由是亦虛假。所能立為道者，故只人其「人性」，即人類存在普泛之必然，與人其自我性無關，自我是無以言「為人」之性向感受者。儒學因而不從自我個體權利、只從相互人性之道言，所重非自我法律人格，只人對向他人之人性感受。若必須從權利正義等言，儒學唯以「民」為主體、非以「自我個體」為主體。【有關人性，亦請參閱〈陽貨〉「性相近，習相遠」句】。

三、儒學作為思想：儒學非如哲學那樣以思想為思想、非以體系構造性為真理。因只求為對「人類存在及其現實」總覽，並反省其應有人性道義，故為正道性格。如此思想故非只觀點想法，更非孤懸地求分科知識，如視政治、科學、藝術等為門類而思辨。人性之思既不磨滅差異性、亦不會以單一觀點（如正義或平等）看待一切，因而對父攘羊而子為父隱，不會以此為不義，此「直在其中矣」〈子路〉意思：在正義外，仍知人性故。思想故仍須順承人性真實，甚至歸向人性而不移。儒學反對墨子兼愛亦由此：不能單一化或單向化事情所有善之差異故。

四、中庸價值：從價值取向言，儒學摒棄一切超越性，非以顯赫偉大為向往；價值應回歸人人平素素樸而平實，為百姓所能常態者。一如孟子所言：「何以異於人哉？堯舜與人同耳」〈離婁下〉，「偉大」唯以人性平凡真實為本，甚至往往隱微至如不見，如泰伯之「讓」、如堯之「則天」，均「民無能名焉」。從庸道言，價值非能悖逆平凡性而仍有其美之真實。儒學所求價值，故只在人性平實幅度內，由中庸而致，非求為價值所可能之極致與非凡、非求為藝之神性。

五、個體性：有關個體性，儒學非從人之「自我」言；自我實只由對反他人言而已，其本性如佛洛伊德所指出，為對立甚至毀滅性格，因而始終非人真實獨立性所在。「自我」或「我性」之源起在耶和華（上帝）之「我是自有者」或「我永是那永是者」（Èhiè ashèr èhiè）。「自我」如是絕對性，只求為居上、亦形成對超越性向往，使存在離異。其小者使人與人對立，其大者則如巴塔耶（Bataille）所言「越度」（transgression），為對「一切禁限」之踰越。縱使在現實種種枷鎖中、縱使事實只淪為奴隸，自我仍堅持一種「自我姿態」、只由「姿態」而自我，盲目地欲求放縱而以為自由。人類存在故落為虛無無所價值，絲毫無向上而立之可能。人其應有獨立性，或在人格、【如「人不知而不慍」〈學而〉主體】、或在「我欲仁，斯仁至矣」〈述而〉自主獨立之善或德行；人若能言自由，唯由此。儒學所言一切道理與德行，都單純立於此人之自己：非作為自律意志，而是作為自覺其自身為人之人性懿美。人由為人而言德行，非自律於道德下。主體性故是作為人性、非作為知性或理性「我思」之自我言；只「為人」、非「為我」。【見〈子罕〉篇。有關主體性，亦參考〈衛靈公〉十九至二十二句，及孟子〈萬章上〉】。

六、仁：儒學以仁為本，非因仁即泛言愛人：人對與己無關者難言愛。然無論對方為友抑敵，人始終必須視對方為「人」地對待，更期望對方能「成人」、作為人而真實，此人性基本。如此對待與期盼，即「仁」根本。孔子故以「己立立人、己達達人」〈雍也〉為仁之方向，己立亦立人於相互人性間。仁如是較愛（愛人）更廣泛、亦更真實而根本。愛始終須特殊關係，或如君對民、或於親情愛者間，故較狹窄。唯視對方為人，人與人始真正無害，情愛仍可傷故。善故仍須從人性甚至「成人」言，非只表面善意而已。能成一人性世界，仁故為至高理想，亦一切作為不能違背者。王者之治，故以仁為最終目的：「如有王者，必世而後仁」〈子路〉。於共體，仁雖由禮而致，【「一日克己復禮，天下歸仁焉」〈顏淵〉】，然始終，禮或一切制度，仍須以仁為根本。【「人而不仁，如禮何？人而不仁，如樂何？」〈八佾〉】。此仁所以為人類德行之至。

七、共體：共體因須為人性關係，故唯由禮與文而立。成就共體之為共體者，是不能以對立人性甚或外於人性之機制制度成就。若非由禮，縱使有君，仍不如單純以禮為國，故「夷狄之有君，不如諸夏之亡也」〈八佾〉。禮非法制規範，而「文」更不可能是物質開發與發展。以為法制能治國，然從法治下仍罪惡猖獗、人於法制前仍疾忿地反應便可看到，人仍是須以人性禮始能和平和睦，法律仍只另一種暴戾而已。至於物事發展，須以民生之「義」為上，非如經濟以致富之假象為目的：追求富有只更造就貧困而已，故「有國有家者，不患寡而患不均，不患貧而患不安。蓋均無貧，和無寡，安無傾」〈季氏〉。經濟故應直在養民上，非以財富積累為目的，更非利用生存之迫不得已以達強弱之階級劃分、對人控制對立。文明中一切亦然：「文」仍以人性體現及成人為目的，非如藝術只求個人觀法與技藝之突破、滿足感官對形象享受為務。「文」之德性唯在「後」（居後）「素」〈八佾〉之美，其美因亦人性故始「盡美矣，又盡善也」〈八佾〉。

八、為政：為政亦教民（「立於禮」及致於德行）與養民（民、食、喪、祭）而已，故以人倫為本，【「子曰：《書》云：『孝乎惟孝，友于兄弟』，施於有政，是亦為政。奚其為為政？」〈為政〉】，非為力量發展與政制制訂、更非以社會中權力或國家間政治為務。政治之道，盡於〈子路〉與〈堯曰〉，其為天下之道，見於〈顏淵〉。

以上為儒學幾點立場。【請參考下面「《論語》思想核要」所作主題分類】。

二、儒學道理

如我們曾說，儒學嚴格言非思想理論、非有特殊觀點立場。人類存在有多少層面，便有多少反省與道理，儒學是如此形成。正因非特殊觀點，故儒學所教人道理，可平常至如一般平凡常識，只求為反映真實、絲毫不作理論或想法上之造作。

若我們對儒學道理作層次分別，可有如下方面：

一、平常道：平居生活之道、民德。

二、人作為自我個體之道：君子。

三、政治之道：為仕之道、為政或治理之道、及為政者之德行。

四、人類存在之道：「人倫與人性」作為存在真實、「治道」及「禮」作為政治與共體之本、「樂與文」作為存在意義（創制）與終極、「中庸」作為存活之正。

若稍微觀察，以上四層面必然：

一、平常道：因人類存在本中庸而平凡，故道理必有對人人言平常之方面，此即平常道。這平常道理，若再作區分，主要有兩面：或為平居生活之道、或為民德；二者都與百姓平素有關。後者所以從民德言，因縱使平凡，然若為道理上正確者，始終可視為德行。這類道理，如「吾日三省吾身。為人謀而不忠乎？與朋友交而不信乎？」、「學則不固」、「過則勿憚改」、「慎終追遠」、「和為貴」、「敏於事而慎於言」、「富而無驕」、「己所不欲，勿施於人」等等，其為德行平常至如常識，為人類存活之基本守則。此外，平居生活之道，主要見於〈鄉黨〉與〈季氏〉，前者從儀容容色、衣服、食事、及行作態度四方面言，後者則為對朋友、悅樂、言語、欲望、敬畏等平素道理總覽。至於前述民德，則主要見於〈學而〉，亦為對百姓言，基本道理之總綱。這人民百姓之德行，若撇開至為真實如「思無邪」之心態心況，主要亦以下幾點：人民百姓性情應「直」，而「直」從直於人性真實、非從今所謂正義言；正義也只政治概念而已，與人性無關。此外，人民百姓行作之真實性，從其自己言為「忠信」、而從客觀方面言則為「孝悌」與「義」（依真實需要或必須而行），二者一從內、一從外言。若從百姓存在本身言，人倫關係及其道、與友與樂（悅樂）等道理亦屬平常道；而若從人與人關係或態度言，則主要為「恭」與「恕」，恭從相互面對、而恕則從有所困難甚至傷害時，如心地面對。以上為平常道至基本方面；其他如求取時之「溫良恭儉讓」、「不驕」「不諂」等，則為更進一步道理。這人人平素德行，雖非人人實行，【現實只講求至大利益，故鮮言道義德性】，然作為道理，平常至無疑惑可能。於此，儒學仍較其他一切述說方式更為正確與單純。甚至，如《論語》，更對這樣道理作完整整理，故孔子直言「忠恕」（「主忠信」）為一貫之道。雖常言公眾道德重要，然現今社會所缺，正唯如此平凡平常道之教育而已，其重於水火由此。

二、人作為自我個體之道：除百姓存在外，人作為個體由「學」而自立與升進，成為真實之人。此時所言德行，故不限定為平常。《論語》作為經典，主要並大部份從這樣道理言。所謂個體，只從人自身、不考慮其是否為仕或從政，這些特定份位，屬道理之第三層次。因一般百姓非強調其個體性，故求為真實個體而學者，《論語》稱為「君子」：真實之人。如我們多次指出，「學」非指我們今日知識，今日知識也只求為職業所必須而已，與求為自身之立及為人致力無關，後者始「學」之真實。此所以「古之學者為己，今之學者為人」〈憲問〉。儒學所以強調個體品格德行，因一旦有更高自覺努力與覺識，此時人再不應只為自我、更須從品格德行及道之真實性言；若反利用這樣優越性只求為個人自我之事，如此個體，實連平實百姓也不如。這以德行為致力之個體，主要見於以下各篇：〈為政〉〈里仁〉〈述而〉〈泰伯〉〈子罕〉〈衛靈公〉，其主要面相有下列四方面：一、因德性個體先從真實性言，故與人自身真實性最有關，〈學而〉之「君子食無求飽，居無求安。敏於事而慎於言，就有道而正焉。可謂好學也已」即為此最核要描述，亦〈里仁〉所細緻地分言。至如這樣個體之學與思，其認知方面之真實性，則見於〈為政〉。二、這樣個體必從德行之自覺並努力言，而此主要見於〈泰伯〉。三、因個體正作為「自我」而為個體，而自我性往往為人虛假所在，故個體其道理之正即在「無我」或「無自我」上，此〈子罕〉所言。四、最後，在真實性、德行、及自我問題外，個體本亦有其生命與生命作為等方面，此為〈述而〉所論述。〈述而〉所論說，故為個體生命之道。個體所有道理，主要亦上述四方面而已。

三、政治之道：因「政」為「事」中之至涵攝者，其對人影響亦巨，故往往為儒學特殊地討論，亦獨立為道理單一方面。這政治或為政之道，主要從三面言：為仕之道、為政或治理之道、及為政者個人之德行。三者主要見於〈顏淵〉〈子路〉〈堯曰〉三篇，其他則隨主題散落他篇：如言君王德行可見於〈泰伯〉、言不為仕者之人格與德行則獨立為〈微子〉、為仕為政者之與現實有關方面則見於〈憲問〉、政治作為現象總覽則見於〈季氏〉、為仕為政者之極致則見於〈衛靈公〉等。除以上外，政治雖為共體必須之事，然其本身始終只事而已、為人（民）服務之事而已，不應視為本身真實，人倫生活始最終根本。【見：「《書》云：『孝乎惟孝，友于兄弟』，施於有政，是亦為政。奚其為為政」】。有關政治問題，〈子路〉〈堯曰〉二篇實已相當完備。以上為政治之道。

四、人類存在之道：人類存在之道涵攝最廣，亦「道」所以為「道」正確所指。人類存在之道主要從四方面言：一、至真實或至為終極目的，應為人類自身，其代表即人民；故人類存在之真實性或真理性，在「人倫」及「人性」二者上，此儒學從來立場。然從人類歷史所見，反往往以國家始為本，亦西方政治學之所由。或若從思想所能追及之真理言，如哲學之「存有」、科學之物構建、以致宗教之上帝，都一如國家法權，在人民生活外以獨立真理性呈現，顛倒着存在之價值。故縱使百姓生活未能安定，仍極盡耗費地求為智思與物質開發，對人類困境視若無睹。如是，存在非為人而為存在，人類亦再無知於人自身應有地位、無知於人性與德行之美麗。此所以儒學與一切思想價值從來對反。二、「為國以禮」：因人類必然以共體方式存在，而能於共體中真正使人相近並一體者唯人性，故共體唯一真正基礎在禮。【共體之人性由禮體現，見〈八佾〉】。縱使言刑法與政治制度，仍須以禮先行。【見：「禮樂不興則刑罰不中」〈子路〉。亦參考：「知及之，仁能守之，不莊以涖之，則民不敬。知及之，仁能守之，莊以涖之，動之不以禮，未善也」〈衛靈公〉】。此「為國以禮」〈先進〉意思。西方因從不對人性肯定，故無「禮」之真實。【禮貌只同於「恭」。雖近於禮（「恭近於禮」〈學而〉），然始終非能等同，仍未落實於人倫與事之人性體現故】。在嚴苛之制度外，故只能對反而極端地求放縱，如言酒神精神或物欲享受而虛無。中國所言「禮」，既一面求達人性理想，【和、敬、情感之體現】，亦另一面有鑒於人倫關係之特殊而節約，使無論人與物、上與下，均無以踰越其應有人性分寸與真實，此禮所以無法為法治所取代之原因，後者只執行秩序與傷害事之訴訟而已，與人性無關。人必須由禮而立，此禮所以為存在根本；【「興於《詩》，立於禮，成於樂」〈泰伯〉、「不學禮，無以立」〈季氏〉】；禮甚至為「天下歸仁」之本，存在實求為人性而已。【見：「一日克己復禮，天下歸仁焉」〈顏淵〉】。於人與人或國與國、甚或政府與人民，其關係故均應以禮行而已。若今日只言理性，終也只以利益為準繩而已，若非從個人、仍只與國家或世界之利益有關，始終非以人性為本。三、「文」與「樂」：作為生命意義或悅樂，並對人性有所教育之創為，亦「文」與「樂」二者：文如《詩》（詩），為對人性心之興發，而「樂」（如〈韶〉）因人性地雅正，故盡善盡美。人文創制不應標榜自我個性、不應造作或求「紫之奪朱」般諂媚價值，為欲望而欲望。美學亦不應止於物技作品，更應從存在或生活本身言。「文」「雅」淡素始終為創制之價值、亦人所有懿美之體現。「文」之向往，由是始能超拔於現實及人智思與欲望，有作為文明創為時之懿美與真實。縱使有如神性之技藝與形象，【作為表象，藝術形象無能以素雅為對象，必也求一定表現力，此藝術所以如「紫之奪朱」、如「鄭聲之亂雅樂」〈陽貨〉】，其所喚起始終仍只觀法與欲望、或人對超越性之向往，雖可為現實之對反，然非能真正超拔於世俗。從當今藝術更可見：藝術所表象醜陋與虛無，只自我表現或對現實之寫實而已，因背離人心與人性感受，故更沉淪惑亂。四、中庸之道：最後，因存活往往由利益而為現實，故對現實或世俗性之分析，實與道之明白攸關。【有關現實之分析，見《論語・憲問》及《孟子》〈梁惠王上〉與〈告子下〉】。除求為利益外，現實或為世俗往往以大與高遠者為價值，失卻人性存活之平實平常性，此所以存在亦以中庸之道為本，其義在教人回歸平常道或平素微漸之真實，不妄求極端而失卻「中道」。中庸之道始終為存在根本，適切於人性而為正。否則如今日，存在只充斥着種種超越體而使人類受制並落為奴役而已，如今日人工智能之開發便如此。【有關中庸之道，見〈雍也〉篇】。

從上可見，人倫人性、禮樂與「文」、中庸之道三者，實為從存在言，人性正道所在。【與存在正道有關篇章，主要見於〈八佾〉〈公冶長〉〈雍也〉〈顏淵〉〈憲問〉及論虛假性之〈陽貨〉】。

以上為《論語》儒學道理之簡單勾勒。

我們始終認為，若非因強調人性或人之重要性，否則儒學所言均常理，非作為思想有所刻意獨特。然其對「人」之不棄，又多麼使其為唯一正道；其他一切思想，由於「他者」實無窮，故始終無以終究地真實、更遑論唯一，甚至往往只見為欲望而已，非人性道所是。非儒學因而獨裁，存在只人之存在而已；其非為思想主張，亦人不得不正視自身之為人而已。以上為儒學道理簡說。

*

若撇開《詩》《書》，《孟子》亦為儒學之代表。《孟子》之陳述方式與《論語》不同，其上下六篇【〈盡心〉只偽作，非屬《孟子》】所勾勒道理結構，可簡略如下：

〈梁惠王〉論現實之最高範疇與個體之現實面相

〈公孫丑〉論心之面相

〈滕文公〉論道、與君子之道

〈離婁〉論人類存在與事情之本、及對真偽之辨

〈萬章〉論主體性、與客體性

〈告子〉論人性、及人之世俗性格

《孟子》以上對道理之層次編排，雖仍可見現實與政治、或於論心之面相仍見有論人自我等道理，〈滕文公下〉甚至直等同《論語》言君子之道，然《孟子》與《論語》所不同在於：無論從《論語》自身篇章主題、抑從我們區分為四層次可見，《論語》仍直從對象主題作討論，故有專論禮樂、政治、現實、德行、中庸等不同篇章，《孟子》不同。《孟子》似化解了這樣主題對象，探入其深層所是，從內而構建其主題，故政治與現實性因模態一致同視為一事；或：政治除為現實一面外，從存亡言則屬人類存在真偽問題，故列於〈離婁上〉；為政者之真偽則置於論真偽之

〈離婁下〉；如是而同一對象主題分散於不同篇章範圍下。而有關人，又非區分為一般人與君子，而更從「心」這內在真實看，如指出：無論是哪類人，「心」始終為其真偽所在，對向人之欲望或自我仍然。如是而篇兩兩一組，分三組：〈梁惠王〉與〈公孫丑〉言現實與心、〈滕文公〉與〈離婁〉言道與本（真偽之本）、〈萬章〉與〈告子〉言人其主客存在與人性世俗性，如是對孟子言，構成其心中思想者，非僅對象而已，更是在不同對象主題背後、「觀法」深層之分析；故如「現實」，由七個範疇面相構成，【見〈梁惠王上〉】，同樣，對人類存在，都視為應探入其內裡觀察：或從現實性、或從人心、或從道、或從事情之真偽、或從人存在主客姿態（主動自主與被動對待）、或從人性與世俗性，而這一切，實構成「人類存在」之內核。無論主題為何，孟子於觀見中所關注，亦以上面相而已。其所關懷，故非事情對象本身，而是其背後所體現之「現實性」、「人心」、「道」、「（事情之）真偽」、「人之存在」、「人性及世俗性」等，此始為孟子思想或觀見之內核，故與《論語》不同。雖同為道理而關注於道，《論語》仍先從對象觀，然《孟子》所求為觀見則更集中而內在，為對心、道、真偽、人性、人自身存在、及對現實與世俗其偽之發見等。由是孟子思想更是「知言」、知分辨或求為分辨，非為言對象之應是而已，其正道性格更由此而突顯。

三、儒學與哲學

儒學本非思想理論，之所以似如此，因其他思想各有自身立場，致使儒學亦似有所特殊而已。思想所以必須理論，因其所言真實非直在眼前，故須藉由理論之構造以建立所言為真實。儒學因唯以人為對象，故無理論主張可能：人作為真實，非能由構造而致故。

理論觀法之所以獨特，因各選取現象中特殊基點而立論，舉哲學史為例：【有關我們對西方思想之分析，請參閱拙著《形上史論》】

柏拉圖由關注事物本質差異而求為規範秩序，替法權國家立論，瓦解人倫與人性；亞里士多德見事物獨立個體無以言規範，故從相互間因果與影響關係求索律則，啟經驗研究分門之先河，然由此亦失卻思惟應有對存在總覽之意義；中世紀以上帝之圓善思考善與存在，徹底取代人性善之可能；笛卡爾主體論（方法論）成就科學知識之「構造性」，以「物」之虛構構建性取代「人」之真實，後者只為偶然無真理性之實踐、無直觀必然性可能，故從不列入哲學反省範圍；史賓諾莎雖求為探討人類情感，然只以情感為激情、為奴役地被動性，與理性對反，因而史賓諾莎只求助於理性、借由對至高存有之觀照以達至福，仍只對人倫人性否定而已；康德由現象之確立使「世界」統合為一體，並以思惟回歸經驗知識、以理性替自然立法，成就理性思想對世界存在之統一化（理性之絕對性），連道德實踐也一如法律，只為理性之事，人性如是只為惡、而人類更本然為自我欺騙者；由黑格爾，「現實」被提昇為思辨對象、為思想所理性化甚至精神化（否定之否定）；然「人類現實」實由黑格爾如是「精神之真理性」轉化為假象：雖似言現實之一切（故以「否定性」為規律），然實借由理性，對現實中醜惡全然掩蓋，達「凡存在必合理」地步，對人類困窮處境完全蔑視，此其哲學所以虛偽。故之後馬克思、尼采與佛洛伊德，均求為去精神之假象性：馬克思指出物質生產所造成人類存在之異化疏離與剝削；尼采從思想文化及現實見人性之病態，並求為改造人類使其健康而自由；佛洛伊德則突破心靈之人性性質而見其生物本能性欲望，對現實中人類既盲目亦毀滅性欲望作深層分析。縱使今日萊維納斯雖極力回歸人對向人而求為重立倫理，然以人與人只為「他者」，始終無以肯定人性事實，存在由是仍只以現實為真實，無以教誨人其人性而仁。若盧梭似無以上觀點之執着而見「人」，始終，其對人類現實之解答，非回歸人倫人性自身，而只訴諸於一種自然狀態、從求為自然狀態而解答一切可能困境。

從以上勾勒可見，西方哲學與儒學所以差異、其所以不能回歸至對人性肯定與明白，原因正在：表面上雖求為超越性真理，然西方自始至終仍唯「以現實為唯一」（所本）：對人或人性否定皆因『現實人』之自我習性、所求為真理始終仍唯依據經驗現實，故或以法制規範之強行為道、或只視一切如物性、或所言圓善仍必包含現實幸福始為是（宗教所求至福）、或只見人性現實性為非理性激情、或頂多為自然、甚至純然一味從對立感性現實言理性與精神、或落為以一切歸咎於存活境況：無論是經濟、共體群體性、或生存生命本能，都因而只現實中構設或事實，不知「人作為人」本然獨立性與真實性、不知「人之立」正唯對向現實而言，因而有其自身在現實外高度之可能、而此可與人性平凡性一致而真實。言孝悌雖由於人有老弱事實，然若非超拔於利益、自我、甚至現實，孝悌無以可能。人「作為人」正是從其超拔於現實言，否則亦自我而已、只講求利害而已，是無以為人者。西方思想故從來在現實發展後面，鞏固或烘托着現實。縱使對現實批判，仍只現實地對立，非知回歸人其所是、非回歸仁而獨立。【「我欲仁，斯仁至矣」（述而）】。若回溯：柏拉圖只反映希臘城邦興起時求為法律政治之建立、中世紀思想也只基督宗教之延伸、理性主義只伴隨物理學及科技之誕生、盧梭及十八世紀也只人文歷史及人道主義興起之結果、康德黑格爾只求為理性之絕對化與世界化，藉以涵攝一切事物自身之本然差異性而言「現象」，【即一切須為理性思惟統攝、並只為理性思惟統攝時之現象】，而理性始終只為現實理性，非更有以人性為本。馬克思確然首次揭示超越體之形成，因而功不可沒，然一如尼采與佛洛伊德，只停駐在對現實批判，始終未能跳脫現實而見「道」。當今「解構」或批判哲學仍然。德里達雖明白思想（西方傳統）之錯誤，但其對思想所作突破，始終非作為人，而仍只在思想自身內、仍過於自視思想為唯一，如以往形上學那樣。【「解構」如是仍只以現實為唯一，因而反助長其真理性，甚或鞏固着思想本身之優越地位，無法去思想主導性而回歸人性真實。西方始終唯以思想主導並主決人類世界，如現今之「自由民主」口號仍然。解構故仍只扭曲着其他思想傳統而已，把一切其他思想傳統都解釋為如西方思想傳統那樣，為權力中心化而已，如把父權觀念視為一切其他傳統所有，因而單一化「父母」與人倫之人性真實。西方這一切，必須重新反省並探討】。

由是應明白，順承現實與跳脫現實，此中西思想差異之關鍵。西方思想縱使對現實批判，然因唯見現實、無見人性與道之根本，故無法有思想更高價值與取向可能、始終仍只屈從於現實下。【西方以為超越，故始終只假象。一如向往天國，實仍只世俗欲望而已】。中國思想則正由明白人本應超拔於現實，故唯以人性與道始為正。非攻乎異端，唯在現實外致力於人性與道之經統而已。若非作為人，思想也只能從現實汲取一切、與現實同步；此似其優點、實亦其缺點：雖受時代肯定、然亦受時代限定。中國思想雖似與時代相違，然因人性始終恆常「在人」、非「墜於地」，故「賢者（仍能）識其大者，不賢者識其小者」，非不能為真確。

那麼，面對儒學之被視為專制，怎樣回答？權力解構者所不明是：言「性與道」雖似如言「理性」那樣絕對，然一者求為在現實外、另一者正唯以現實為唯一所是；一者求為人性、另一者求為反人性而極權；解構所欲瓦解，應唯後者而已，否則若明對逆人性，是亦與極權思想無異。若只對極權批判而不言人性，其所能依據，仍只思想自身而已；故如德里達等解構，最終所能訴諸，始終只是西方如「正義」「平等」「自由」等思想想法，再無其他。思想如是始終重複着思想所有觀念、重複着自身價值與偏見，無能跳脫。唯如中國傳統，不以思想為優先，以智若非為仁仍無以為正道，唯如此，始在思想外有真正「他者」可能，而此，亦人及人性而已。

人非物、非現象、更非只為思想者(「我思」)，其獨特或特殊在此：對向人，再不能單純言理論，而須直接地、人性地行動。人性故非理論而是行動，對向人時之行動。儒學所言，故非人類現象分析，而直下只對向人時行動之真實、其德行。儒學故非理論思惟，只求為人與人行動之正而已。人類無論多不是，若只自我否定、否定人與人間其人性，也只自絕而已。對向人而理論，也只行動之延遲延宕而已，是不會因此而更善、也不會因此而有所修正：人只求為人性地被對待，非求為他人對自己立論。是否為人，故非由於有無思想，由有無人性而已。

以人性為惡、以現實必為負面，始終只一種自我分裂、一種自我否定。獨以智思而行，此亦思想者自我之欲望，一如「正義」、「精神」、「自由心靈」等概念，若非本於人性，始終也自欺：

「人而不仁，如禮何？人而不仁，如樂何？」〈八佾〉。

自有哲學以來，思想便被視為根本事，既獨立又主控着一切。思想可不受限於人之思，這是其獨立性與主控性之假象。哲學真理實由這樣思想狀態而致。然思想者始終是人，因而受着人自身種種限制：其價值取向、志向與心懷、視野與傳統，若以為能純粹而為真理，始終因上述因素而仍可非為正道。能為正道，故非在思想之精密與獨特，在其人性心懷而已；思想之錯誤故非由思想本身，由思想者其人與其心。以為思想可獨立致為真理而無視人心，這只思想從來錯誤。

人往往只未正而已，非相反地邪惡。無道至如無理性般，這始終不能為常態；人類不能失去其人性而以為能常態地活。以為唯有現實，只不見人性同為現實而已，否則人類只純然禽獸般弱肉強食，是無以仍為人類世界者：「文武之道，未墜於地，在人。賢者識其大者，不賢者識其小者，莫不有文武之道焉」〈子張〉。若人類始終只能是人，是無以以其他道理作為道理的。人道是否已現實地行是一回事，人是否能放棄其作為人又是另一回事。人若一日始終為人，致力於人之道仍無可選擇，非現實之是與不是所能改變或妥協。如是而人類種種理論真理，也只種種欲望而已。而所以有欲望，實由於存在未真有所得而已。人類沾沾自喜之成就與得獲，無論怎樣，與為仁之生命無可相比。能致道為仁之光明、如此生命之肯定，始真有所自得而安。道與儒學，如是無可取代或質疑，更非可議論其行與不行。【讀者請亦參閱我們《形上史論》「儒學對形上學及超越性之回答」一節】。

四、儒學之意義

在這最後，仍想略談儒學對當今世界之意義。

撇開人始終是個體、始終有着別於世界之獨立存在，因而須對自己生命負責，甚至求為自身真實昇進之可能，因而由「己立立人」「己達達人」而豁達，或如孟子般「我善養吾浩然之氣」〈公孫丑上〉、孔子之「仁者安仁」〈里仁〉、「仁者不憂，知者不惑，勇者不懼」〈憲問〉、甚或最低限度：「內省不疚」〈顏淵〉……，若撇開這個人方面，仍須從儒學對世界之意義一談。我們應明白：人性不但是人類自身唯一規律、亦是存在唯一種善，既無法擺脫、擺脫亦無法有其他善可能，只無奈或自欺地忍受而已；人對人性感受之訴求，始終無法免去，否則已非是人了。如疾病必須醫治，世界之人性問題亦然。表面上世界現實確充斥着種種超越體、而人類勞役甚至箝制於其下，而超越體因為超越故似絕對無可改變，如資本主義那樣，但事實仍然是：超越性實只一種模態而已；就算現實所有一切不改變，如仍只法治、仍只企業主導民生等等，然因人性與任何事本無所背逆，故若能進一步地改善，其為人性始終為人性，無絕對是與非或可與不可之對立。執行法律若多點人性，是不會因此而有絲毫損失的；其他一切均然。若連「富而〔仍能〕好禮」〈學而〉、「君使臣〔亦〕以禮」〈八佾〉，存在縱使仍有貧與富、上與下，一切將仍為美善。多行人性，於事本無所失，所得更大更善而已。孔子對向現實境況故說：「《詩》云：『如切如磋，如琢如磨』，其斯之謂與？」〈學而〉。縱使為現實，存在一切始終仍可切磋琢磨地改善；改善其人性模態，人只會更悅樂於此，非有損、亦非不能。如是超越性始終非絕對，由微漸改變仍可歸仁地人性，無絕對不能改變之原因。唯人類必須重視並受教於此，對自身人性了解明白，知其重大意義，如此縱使其他不改變，世界仍可「必世而後仁」〈子路〉。超越性之對立人性，故非絕對，仍只如明暗，由旭日而明。此儒學道理之真實，亦中國文化對世界將有意義。

公元二零二一年三月十六日修訂

《論語》思想核要

我們以下從《論語》選取代表其思想核要、並為必讀之語句，稍作主題分類，以供讀者參考。主題分為六，如下：

一、道之本（孝弟與仁、忠信、義、禮、樂、君子人格、道）

二、德行（平素德行、君子之德、待人之德、中庸之德、至德）

三、政治（非政治、為政以道、為政以德、為政以禮、為政基本、為政方法、為政目標、權力問題、從政者，政治評論）

四、現實之道（求得、物態度、能力問題、現實性）

五、世態之偽（表面之偽、利益之偽、好物之偽、權力之偽、朋黨之偽、品格之偽、價值之偽）

六、其他（民、人生、存在態度、思與學、作為、價值、戒畏、外表態度、庸簡之道、平居、好樂、父母、子女、友與人）

道之本

【孝弟與仁】

其為人也孝弟，而好犯上者鮮矣。不好犯上而好作亂者，未之有也。君子務本。本立而道生。孝弟也者，其為仁之本與。〈學而〉

人而不仁，如禮何？人而不仁，如樂何？〈八佾〉

里仁為美。擇不處仁，焉得知。〈里仁〉

仁者安仁，知者利仁。〈里仁〉

務民之義，敬鬼神而遠之，可謂知矣。仁者，先難而後獲，可謂仁矣。〈雍也〉

如有博施於民，而能濟眾，何如？可謂仁乎？子曰：何事於仁，必也聖乎。堯舜其猶病諸。夫仁者，己欲立而立人，己欲達而達人。能近取譬，可謂仁之方也已。〈雍也〉

【忠信】

人而無信，不知其可也。大車無輗，小車無軏，其何以行之哉。〈為政〉

參乎，吾道一以貫之。曾子曰：唯。子出。門人問曰：何謂也？曾子曰：夫子之道，忠恕而已矣。〈里仁〉

主忠信。毋友不如己者。過則勿憚改。〈子罕〉

【義】

信近於義，言可復也。因不失其親，亦可宗也。〈學而〉

子貢曰：貧而無諂，富而無驕，何如？子曰：可也。未若貧而樂，富而好禮者也。子貢曰：《詩》云：『如切如磋，如琢如磨』，其斯之謂與？子曰：賜也，始可與言《詩》已矣。告諸往而知來者。〈學而〉

先進於禮樂，野人也。後進於禮樂，君子也。如用之，則吾從先進。〈先進〉

【禮】

禮之用，和為貴。先王之道，斯為美。小大由之，有所不行。知和而和，不以禮節之，亦不可行也。〈學而〉

孟懿子問孝。子曰：無違。樊遲御。子告之曰：孟孫問孝於我。我對曰：無違。樊遲曰：何謂也？子曰：生事之以禮。死葬之以禮，祭之以禮。〈為政〉

恭近於禮，遠恥辱也。〈學而〉

夷狄之有君，不如諸夏之亡也。〈八佾〉

子夏問曰：『巧笑倩兮，美目盼兮』。素以為絢兮，何謂也？子曰：繪事後素。曰：禮後乎？子曰：起予者商也。始可與言《詩》已矣。〈八佾〉

子入大廟，每事問。或曰：孰謂鄹人之子知禮乎？入大廟，每事問。子聞之，曰：是禮也。〈八佾〉

入大廟，每事問。〈鄉黨〉

射不主皮，為力不同科，古之道也。〈八佾〉

質勝文則野，文勝質則史。文質彬彬，然後君子。〈雍也〉

棘子成曰：君子質而已矣，何以文為？子貢曰：惜乎，夫子之說君子也，駟不及舌。文猶質也，質猶文也。虎豹之鞟，猶犬羊之鞟。〈顏淵〉

知及之，仁不能守之，雖得之，必失之。知及之，仁能守之，不莊以涖之，則民不敬。知及

之，仁能守之，莊以涖之，動之不以禮，未善也。〈衛靈公〉

【樂】（音樂）

樂其可知也。始作，翕如也。從之，純如也，皦如也。繹如也，以成。〈八佾〉

子謂〈韶〉：盡美矣，又盡善也。謂〈武〉：盡美矣，未盡善也。〈八佾〉

【君子人格】

學而時習之，不亦說乎。有朋自遠方來，不亦樂乎。人不知而不慍，不亦君子乎。〈學而〉

若臧武仲之知，公綽之不欲，卞莊子之勇，冉求之藝，文之以禮樂，亦可以為成人矣。曰：今之成人者何必然？見利思義，見危授命，久要不忘平生之言，亦可以為成人矣。〈憲問〉

君子義以為質。禮以行之，孫以出之，信以成之。君子哉。〈衛靈公〉

【道】

夫子之文章，可得而聞也。夫子之言性與天道，不可得而聞也。〈公冶長〉

志於道、據於德、依於仁、遊於藝。〈述而〉
人能弘道，非道弘人。〈衛靈公〉
克己復禮、為仁。一日克己復禮，天下歸仁焉。為仁由己，而由人乎哉？〈顏淵〉
子所雅言：《詩》、《書》、執禮，皆雅言也。〈述而〉
子不語：怪、力、亂、神。〈述而〉
子以四教：文、行、忠、信。〈述而〉
興於《詩》，立於禮，成於樂。民可，使由之。不可，使知之。〈泰伯〉
小子何莫學夫《詩》？《詩》可以興、可以觀、可以羣、可以怨；邇之事父，遠之事君；多識於鳥獸草木之名。子謂伯魚曰：女為〈周南〉〈召南〉矣乎？人而不為〈周南〉〈召南〉，其猶正牆面而立也與？〈陽貨〉
子張問善人之道。子曰：不踐迹，亦不入於室。子曰：論篤是與，君子者乎？色莊者乎？〈先進〉
季路問事鬼神。子曰：未能事人，焉能事鬼。曰：敢問死？曰：未知生，焉知死。〈先進〉
子張問十世可知也？子曰：殷因於夏禮，所損益，可知也。周因於殷禮，所損益，可知也。

其或繼周者，雖百世，可知也。〈為政〉

【人性】

性相近也，習相遠也。唯上知與下愚不移。〈陽貨〉

人未有自致者也，必也親喪乎？〈子張〉

孟莊子之孝也，其他可能也，其不改父之臣與父之政，是難能也。〈子張〉

上失其道，民散久矣。如得其情，則哀矜而勿喜。〈子張〉

紂之不善，不如是之甚也，是以君子惡居下流，天下之惡皆歸焉。〈子張〉

君子之過也，如日月之食焉。過也，人皆見之；更也，人皆仰之。〈子張〉

文武之道，未墜於地，在人。賢者識其大者，不賢者識其小者，莫不有文武之道焉。夫子焉不學，而亦何常師之有？〈子張〉

德行

【平素德行】

弟子入則孝，出則弟。謹而信，汎愛眾而親仁，行有餘力則以學文。〈學而〉

賢賢，易色。〈學而〉

君子不重則不威。學則不固。主忠信。毋友不如己者。過則勿憚改。〈學而〉

恭而無禮，則勞。慎而無禮，則葸。勇而無禮，則亂。直而無禮，則絞。君子篤於親，則民興於仁。故舊不遺，則民不偷。〈泰伯〉

【君子之德】

朝聞道，夕死可矣。〈里仁〉

君子食無求飽，居無求安。敏於事而慎於言，就有道而正焉。可謂好學也已。〈學而〉

君子博學於文，約之以禮，亦可以弗畔矣夫。〈雍也〉

好仁不好學，其蔽也愚；好知不好學，其蔽也蕩；好信不好學，其蔽也賊；好直不好學，其

蔽也絞；好勇不好學，其蔽也亂；好剛不好學，其蔽也狂。〈陽貨〉

德之不脩，學之不講，聞義不能徙，不善不能改，是吾憂也。〈述而〉

不患人之不己知，患不知人也。〈學而〉

不患人之不己知，患其不能也。〈憲問〉

不患無位，患所以立。不患莫己知，求為可知也。〈里仁〉

莫我知也夫。子貢曰：何為其莫知子也？子曰：不怨天，不尤人，下學而上達。知我者其天乎。〈憲問〉

見善如不及，見不善如探湯，吾見其人矣，吾聞其語矣。隱居以求其志，行義以達其道，吾聞其語矣，未見其人也。〈季氏〉

【待人之德】

子路曰：願車馬、衣輕裘，與朋友共，敝之而無憾。顏淵曰：願無伐善、無施勞。子路曰：願聞子之志？子曰：老者安之，朋友信之，少者懷之。〈公冶長〉

子路問君子。子曰：脩己以敬。曰：如斯而已乎？曰：脩己以安人。曰：如斯而已乎？曰：

脩己以安百姓。脩己以安百姓，堯舜其猶病諸。〈憲問〉

仁遠乎哉。我欲仁，斯仁至矣。〈述而〉

子貢問曰：有一言而可以終身行之者乎？子曰：其恕乎？己所不欲，勿施於人。〈衛靈公〉

【中庸之德】

中庸之為德也，其至矣乎。民鮮久矣。〈雍也〉

回也，其心三月不違仁。其餘，則日月至焉而已矣。〈雍也〉

【至德】

泰伯其可謂至德也已矣。三以天下讓，民無得而稱焉。〈泰伯〉

齊景公有馬千駟，死之日民無德而稱焉。伯夷、叔齊餓于首陽之下，民到于今稱之。其斯之謂與？〈季氏〉

政治

【非政治化】

《書》云：孝乎惟孝，友于兄弟，施於有政，是亦為政。奚其為為政。〈為政〉

冉子退朝。子曰：何晏也？對曰：有政。子曰：其事也。如有政，雖不吾以，吾其與聞之。〈子路〉

【為政以道】

子貢問政。子曰：足食，足兵，民信之矣。子貢曰：必不得已而去，於斯三者何先？曰：去兵。子貢曰：必不得已而去，於斯二者何先？曰：去食。自古皆有死，民無信不立。〈顏淵〉

君君，臣臣，父父，子子。公曰：善哉，信如君不君，臣不臣，父不父，子不子，雖有粟，吾得而食諸？〈顏淵〉

政者，正也。子帥以正，孰敢不正？〈顏淵〉

衛君待子而為政，子將奚先？子曰：必也正名乎。子路曰：有是哉？子之迂也，奚其正？子曰：野哉由也。君子於其所不知，蓋闕如也。名不正則言不順，言不順則事不成，事不成則禮樂不興，禮樂不興則刑罰不中，刑罰不中則民無所錯手足。故君子名之必可言也，言之必可行也。君子於其言，無所苟而已矣。〈子路〉

聽訟，吾猶人也。必也使無訟乎。〈顏淵〉

葉公語孔子曰：吾黨有直躬者，其父攘羊而子證之。孔子曰：吾黨之直者異於是：父為子隱，子為父隱，直在其中矣。〈子路〉

【為政以德】

為政以德。譬如北辰，居其所而眾星共之。〈為政〉

季康子問政於孔子曰：如殺無道以就有道，何如？孔子對曰：子為政，焉用殺？子欲善而民善矣。君子之德，風；小人之德，草；草上之風必偃。〈顏淵〉

無為而治者，其舜也與？夫何為哉，恭己正南面而已矣。〈衛靈公〉

民之於仁也，甚於水火。水火，吾見蹈而死者矣，未見蹈仁而死者也。〈衛靈公〉

堯曰：咨爾舜，天之曆數在爾躬，允執其中。四海困窮，天祿永終。舜亦以命禹。〈堯曰〉

曰：予小子履，敢用玄牡，敢昭告于皇皇后帝：有罪不敢赦，帝臣不蔽，簡在帝心。朕躬有罪，無以萬方；萬方有罪，罪在朕躬。周有大賚，善人是富。雖有周親，不如仁人。百姓有過，在予一人。〈堯曰〉

【為政以禮】

道之以政，齊之以刑，民免而無恥。道之以德，齊之以禮，有恥且格。〈為政〉

能以禮讓為國乎，何有。不能以禮讓為國，如禮何。〈里仁〉

夫子何哂由也？曰：為國以禮，其言不讓。〈先進〉

魯、衛之政，兄弟也。〈子路〉

【為政基本】

道千乘之國，敬事而信，節用而愛人，使民以時。〈學而〉

【為政方法】

定公問一言而可以興邦，有諸？孔子對曰：言不可以若是其幾也；人之言曰：為君難，為臣不易。如知為君之難也，不幾乎一言而興邦乎？〈子路〉

《書》云：高宗諒陰，三年不言。何謂也？子曰：何必高宗，古之人皆然。君薨，百官總己以聽於冢宰三年。〈憲問〉

以不教民戰，是謂棄之。〈子路〉

顏淵問為邦。子曰：行夏之時，乘殷之輅，服周之冕。樂則〈韶〉舞。放鄭聲，遠佞人。鄭聲淫，佞人殆。〈衛靈公〉

能行五者於天下，為仁矣。請問之？曰：恭、寬、信、敏、惠。恭則不侮，寬則得眾，信則人任焉，敏則有功，惠則足以使人。〈陽貨〉

謹權量，審法度，脩廢官，四方之政行焉。〈堯曰〉

寬則得眾，信則民任焉，敏則有功，公則說。〈堯曰〉

子張問於孔子曰：何如斯可以從政矣？子曰：尊五美，屏四惡，斯可以從政矣。子張曰：何謂五美？子曰：君子惠而不費，勞而不怨，欲而不貪，泰而不驕，威而不猛。子張曰：

何謂惠而不費？子曰：因民之所利而利之，斯不亦惠而不費乎？擇可勞而勞之，又誰怨？欲仁而得仁，又焉貪？君子無眾寡，無小大，無敢慢，斯不亦泰而不驕乎？君子正其衣冠，尊其瞻視，儼然人望而畏之，斯不亦威而不猛乎？子張曰：何謂四惡？子曰：不教而殺謂之虐，不戒視成謂之暴，慢令致期謂之賊，猶之與人也，出納之吝謂之有司。〈堯曰〉

【為政目標】

所重：民、食、喪、祭。〈堯曰〉

庶矣哉。冉有曰：既庶矣，又何加焉？曰：富之。曰：既富矣，又何加焉？曰：教之。〈子路〉

子謂衛公子荊善居室。始有，曰：苟合矣。少有，曰：苟完矣。富有，曰：苟美矣。〈子路〉

善人為邦百年，亦可以勝殘去殺矣。誠哉是言也。〈子路〉

如有王者，必世而後仁。〈子路〉

葉公問政。子曰：近者說，遠者來。〈子路〉

興滅國，繼絕世，舉逸民，天下之民歸心焉。〈堯曰〉

【權力問題】

不在其位，不謀其政。〈泰伯〉

不在其位，不謀其政。曾子曰：君子思不出其位。〈憲問〉

君子不施其親，不使大臣怨乎不以。故舊無大故，則不棄也。無求備於一人。〈微子〉

【從政者】

季康子問仲由可使從政也與？子曰：由也果，於從政乎何有。曰：賜也可使從政也與？曰：賜也達，於從政乎何有。曰：求也可使從政也與？曰：求也藝，於從政乎何有。〈雍也〉

工欲善其事，必先利其器。居是邦也，事其大夫之賢者，友其士之仁者。〈衛靈公〉

直哉史魚。邦有道如矢，邦無道如矢。君子哉蘧伯玉。邦有道則仕，邦無道則可卷而懷之。〈衛靈公〉

子謂顏淵曰：用之則行，舍之則藏，唯我與爾有是夫。子路曰：子行三軍則誰與？子曰：『暴虎』『馮河』，死而無悔者，吾不與也。必也臨事而懼，好謀而成者也。〈述而〉

邦有道，危言危行；邦無道，危行言孫。〈憲問〉

賢者辟世，其次辟地，其次辟色，其次辟言。〈憲問〉

周任有言曰：陳力就列，不能者止。危而不持，顛而不扶，則將焉用彼相矣。丘也聞有國有家者，不患寡而患不均，不患貧而患不安。蓋均無貧，和無寡，安無傾。吾恐季孫之憂不在顓臾，而在蕭牆之內也。〈季氏〉

志士仁人，無求生以害仁，有殺身以成仁。〈衛靈公〉

微子去之，箕子為之奴，比干諫而死。孔子曰：殷有三仁焉。〈微子〉

【政治評論】

天下有道，則禮樂征伐自天子出；天下無道，則禮樂征伐自諸侯出。自諸侯出，蓋十世希不失矣；自大夫出，五世希不失矣；陪臣執國命，三世希不失矣。天下有道，則政不在大夫。天下有道，則庶人不議。〈季氏〉

子貢曰：管仲非仁者與？桓公殺公子糾，不能死，又相之。子曰：管仲相桓公，霸諸侯，一匡天下，民到于今受其賜。微管仲，吾其被髮左衽矣。豈若匹夫匹婦之為諒也，自經於溝瀆而莫之知也。〈憲問〉

子言衛靈公之無道也。康子曰：夫如是，奚而不喪？孔子曰：仲叔圉治賓客，祝鮀治宗廟，王孫賈治軍旅。夫如是，奚其喪？〈憲問〉

現實之道

【求得】

子禽問於子貢曰：夫子至於是邦也，必聞其政。求之與？抑與之與？子貢曰：夫子溫、良、恭、儉、讓，以得之。夫子之求之也，其諸異乎人之求之與。〈學而〉

子釣而不綱，弋不射宿。〈述而〉

【物態度】

君子不器。〈為政〉

樊遲請學稼。子曰：吾不如老農。請學為圃。曰：吾不如老圃。樊遲出。子曰：小人哉，樊須也。上好禮，則民莫敢不敬；上好義，則民莫敢不服；上好信，則民莫敢不用情。

夫如是，則四方之民襁負其子而至矣，焉用稼？〈子路〉

【能力問題】

孟武伯問子路仁乎？子曰：不知也。又問。子曰：由也，千乘之國，可使治其賦也，不知其仁也。求也何如？子曰：求也，千室之邑，百乘之家，可使為之宰也，不知其仁也。赤也何如？子曰：赤也，束帶立於朝，可使與賓客言也，不知其仁也。〈公冶長〉

【現實性】

不仁者，不可以久處約，不可以長處樂。〈里仁〉

士而懷居，不足以為士矣。〈憲問〉

驥不稱其力，稱其德也。〈憲問〉

君子無所爭。必也射乎，揖讓而升，下而飲。其爭也君子。〈八佾〉

子貢曰：我不欲人之加諸我也，吾亦欲無加諸人。子曰：賜也，非爾所及也。〈公冶長〉

南宮适問於孔子曰：羿善射，奡盪舟，俱不得其死然。禹、稷躬稼而有天下。夫子不答。

南宮适出，子曰：君子哉若人，尚德哉若人。〈憲問〉

君子尚勇乎？子曰：君子義以為上。君子有勇而無義為亂，小人有勇而無義為盜。〈陽貨〉

不逆詐，不億不信，抑亦先覺者，是賢乎？〈憲問〉

以直報怨，以德報德。〈憲問〉

吾之於人也，誰毀誰譽？如有所譽者，其有所試矣。斯民也，三代之所以直道而行也。〈衛靈公〉

吾猶及史之闕文也，有馬者借人乘之。今亡矣夫。〈衛靈公〉

世態之偽

【表面之偽】

巧言令色，鮮矣仁。〈學而〉

【利益之偽】

非其鬼而祭之，諂也。見義不為，無勇也。〈為政〉

【好物之偽】

禮云禮云，玉帛云乎哉？樂云樂云，鐘鼓云乎哉？〈陽貨〉

【權力之偽】

孔子謂季氏：八佾舞於庭，是可忍也，孰不可忍也。〈八佾〉

【朋黨之偽】

人之過也，各於其黨。觀過，斯知仁矣。〈里仁〉

【品格之偽】

鄉原，德之賊也。〈陽貨〉

道聽而塗說，德之棄也。〈陽貨〉

古者民有三疾，今也或是之亡也：古之狂也肆，今之狂也蕩；古之矜也廉，今之矜也忿戾；古之愚也直，今之愚也詐而已矣。〈陽貨〉

君子亦有惡乎？子曰：有惡。惡稱人之惡者，惡居下流而訕上者，惡勇而無禮者，惡果敢而窒〔窒〕者。曰：賜也亦有惡乎？惡徼以為知者，惡不孫以為勇者，惡訐以為直者。〈陽貨〉

【價值之偽】

惡紫之奪朱也，惡鄭聲之亂雅樂也，惡利口之覆邦家者。〈陽貨〉

其他

【民】

《詩》三百，一言以蔽之，曰：思無邪。〈為政〉

人之生也直，罔之生也幸而免。〈雍也〉

【人生】

吾十有五而志于學。三十而立。四十而不惑。五十而知天命。六十而耳順。七十而從心所欲，不踰矩。〈為政〉

【存在態度】

或問禘之說。子曰：不知也。知其說者之於天下也，其如示諸斯乎。指其掌。〈八佾〉

富而可求也，雖執鞭之士，吾亦為之。如不可求，從吾所好。〈述而〉

飯疏食、飲水，曲肱而枕之，樂亦在其中矣。不義而富且貴，於我如浮雲。〈述而〉

子疾病。子路請禱。子曰：有諸？子路對曰：有之。〈誄〉曰：禱爾于上下神祇。子曰：丘之禱久矣。〈述而〉

奢則不孫，儉則固。與其不孫也，寧固。〈述而〉

君子坦湯湯，小人長戚戚。〈述而〉

子溫而厲。威而不猛。恭而安。〈述而〉

君子泰而不驕，小人驕而不泰。〈子路〉

予欲無言。子貢曰：子如不言，則小子何述焉？子曰：夫何言哉？四時行焉，百物生焉。夫何言哉？〈陽貨〉

【思與學】

生而知之者，上也；學而知之者，次也；困而學之，又其次也；困而不學，民斯為下矣。〈季氏〉

學而不思則罔，思而不學則殆。〈為政〉

吾嘗終日不食，終夜不寢，以思，無益，不如學也。〈衛靈公〉

溫故而知新，可以為師矣。〈為政〉

君子周而不比，小人比而不周。〈為政〉

浸潤之譖，膚受之愬，不行焉，可謂明也已矣。浸潤之譖，膚受之愬，不行焉，可謂遠也已矣。〈顏淵〉

人無遠慮，必有近憂。〈衛靈公〉

賜也，女以予為多學而識之者與？對曰：然。非與？曰：非也。予一以貫之。〈衛靈公〉

知德者鮮矣。〈衛靈公〉

【作為】

述而不作，信而好古，竊比於我老彭。〈述而〉

辭達而已矣。〈衛靈公〉

子絕四：毋意、毋必、毋固、毋我。〈子罕〉

不降其志，不辱其身，伯夷、叔齊與？謂柳下惠、少連：降志辱身矣；言中倫，行中慮，其斯而已矣。謂虞仲、夷逸：隱居放言，身中清，廢中權。我則異於是，無可無不可。〈微子〉

麻冕禮也。今也純，儉，吾從眾。拜下禮也。今拜乎上，泰也，雖違眾，吾從下。〈子罕〉

席不正不坐。〈鄉黨〉

康子饋藥，拜而受之，曰：丘未達，不敢嘗。〈鄉黨〉

朋友死，無所歸，曰：於我殯。〈鄉黨〉

【價值】

君子上達，小人下達。〈憲問〉

吾未見好德如好色者也。〈衛靈公〉

古之學者為己，今之學者為人。〈憲問〉

君子求諸己，小人求諸人。〈衛靈公〉

知者不惑，仁者不憂，勇者不懼。〈子罕〉

君子道者三，我無能焉：仁者不憂，知者不惑，勇者不懼。子貢曰：夫子自道也。〈憲問〉

君子矜而不爭，羣而不黨。〈衛靈公〉

君子不以言舉人，不以人廢言。〈衛靈公〉

【戒、畏】

君子有三戒：少之時，血氣未定，戒之在色；及其壯也，血氣方剛，戒之在鬬；及其老也，血氣既衰，戒之在得。〈季氏〉

君子有三畏：畏天命，畏大人，畏聖人之言。小人不知天命而不畏也，狎大人，侮聖人之

言。〈季氏〉

【外表態度】

剛毅木訥，近仁。〈子路〉

君子有九思：視思明，聽思聰，色思溫，貌思恭，言思忠，事思敬，疑思問，忿思難，見得思義。〈季氏〉

【庸簡之道】

仲弓問子桑伯子。子曰：可也，簡。仲弓曰：居敬而行簡，以臨其民，不亦可乎？居簡而行簡，無乃大簡乎？子曰：雍之言然。〈雍也〉

子謂仲弓曰：犁牛之子，騂且角，雖欲勿用，山川其舍諸？〈雍也〉

【平居】

子之燕居，申申如也，夭夭如也。〈述而〉

【好樂】

學而時習之，不亦說乎。有朋自遠方來，不亦樂乎。〈學而〉

知之者，不如好之者。好之者，不如樂之者。〈雍也〉

益者三樂，損者三樂：樂節禮樂，樂道人之善，樂多賢友，益矣。樂驕樂，樂佚遊，樂宴樂，損矣。〈季氏〉

知者樂水，仁者樂山。知者動，仁者靜。知者樂，仁者壽。〈雍也〉

莫春者，春服既成，冠者五六人，童子六七人，浴乎沂，風乎舞雩，詠而歸。夫子喟然歎曰：吾與點也。〈先進〉

飯疏食、飲水，曲肱而枕之，樂亦在其中矣。不義而富且貴，於我如浮雲。〈述而〉

一簞食，一瓢飲，在陋巷。人不堪其憂，回也不改其樂。〈雍也〉

【父母】

父母之年，不可不知也。一則以喜，一則以懼。〈里仁〉

子生三年，然後免於父母之懷。夫三年之喪，天下之通喪也。〈陽貨〉

【子女】

陳亢問於伯魚曰：子亦有異聞乎？對曰：未也。嘗獨立，鯉趨而過庭。曰：學《詩》乎？對曰：未也。不學《詩》，無以言。鯉退而學《詩》。他日又獨立，鯉趨而過庭。曰：學禮乎？對曰：未也。不學禮，無以立。鯉退而學禮。聞斯二者，陳亢退而喜曰：問一得三：聞《詩》，聞禮，又聞君子之遠其子也。〈季氏〉

【友與人】

君子以文會友，以友輔仁。〈顏淵〉

益者三友，損者三友：友直，友諒，友多聞，益矣。友便辟，友善柔，友便佞，損矣。〈季氏〉

鄉人皆好之，何如？子曰：未可也。鄉人皆惡之，何如？子曰：未可也。不如鄉人之善者好之，其不善者惡之。〈子路〉

附：《論語》德性總表

以下德行總表，只列舉正面者；反面者如不驕、不佞、不欲、不厭、不倦、不憂、不懼、不伐、不怨、不尤、不惑、不同、不比、不虐、不暴、不爭、不淫、不惰、不貪、不奢、不詐等等，因可從正面德性引申出，故沒有列入。又：每類細分之名目，亦可在其他類別中出現，如矜、威、敏等德性，非只為仕、亦可為君對民。我們只從每德性最基本源出處分類而已，德性本身不該有所限制。

〔一〕處人處事態度或外表上德性（針對身而言）：

一、一般的：如溫、良、恭、儉、讓、和、敬、安、泰、友、孫、愿。

二、為仕的：如重、矜、厲、威、敏、慎言（訥、訒言）、簡、清。

三、上對下（如君對民）：如莊、寬、惠、儼。

〔二〕人倫與為事中基本德性（針對行而言）：

一、對人：如孝悌、忠信、恕諒、愛人、聖（博施濟眾）。

二、對事：如習、謹、篤、恆、節、約、謀、明、聰、中庸、公、正、貞、周。

〔三〕德性自體：

一、德行之基礎（本）：學。

二、德行自體：仁、義、禮、知。

三、性情之德性：直、勇、剛、毅。

有關德性自體，孔子往往用「好」字言，如「好學」、「好勇」、「好仁」、「好禮」、「好義」、「好德」。這是因為：德性自體與每人自己志向或心懷有關；至於如孝悌、忠信等人人基本德行，則不應用「好不好」言，為每人自然必須者。正因仁、義、禮、知先與人「志於道」有關，故亦為人昇進時之真實。〈學而〉之「君子務本，本立而道生。孝弟也者，其為仁之本與」、與「信近於義」「恭近於禮」已顯德性此兩層次。